Excel人力资源管理实操

主　编　高　峰
副主编　孙　梦

中国人民大学出版社
·北京·

前　言

在信息化时代的大背景下，学习掌握计算机知识、提高计算机应用能力已经成为每一位即将踏入职场的学生和职场人士的必备技能之一。Microsoft Excel 是 Microsoft Office 办公软件的重要组成部分，是专业化的电子数据表格处理工具，其功能强大且实用，尤其在人力资源管理方面的计算和分析更具灵活、实用、直观、高效等特点。

在人力资源管理日常工作中，Excel 软件的应用极其广泛。本书深入浅出、图文并茂，以案例的形式介绍了 Excel 软件在人力资源管理工作领域的应用。读者通过学习书中的案例，可以加深对企业人力资源管理过程中数据处理的理解，熟练使用 Excel 软件的数据管理、处理和分析功能，从而解决实际工作中遇到的问题和难点，提高人力资源管理效率，实现科学的人力资源管理。

本书的案例均来自人力资源管理工作的实际场景，包括制作智能的人事资料表、员工信息查询、劳动合同日期管理、员工考勤管理、薪酬管理、培训管理、绩效考核管理以及人力资源管理数据的综合统计分析。案例均经过精挑细选，具有很强的实用性和针对性，每个案例在内容上独立，制作方法和形式上又相互联系，形成了一个完整的应用体系。

本书分别对 Microsoft Excel 软件函数的组合运用、数组公式、数据透视表、数据有效性、动态图表等功能进行了重点讲解，对控件和宏的应用做了简要介绍。

本书具有以下特点：

(1) 实用性强。采用情景教学，理论与实践相结合，清晰可见的操作截图与通俗易懂的文字讲解相结合，便于读者使用案例，掌握操作技巧。

(2) 针对性强。本书案例均来自日常的人力资源管理场景，针对工作中遇到的实际问题和应用难点，提供解决方案，提高工作效率。

(3) 适用广泛。本书对案例的讲解由浅入深，即使读者毫无 Excel 软件使用经验，也可跟随案例介绍一步步地学会复杂的操作技巧，从而熟练掌握软件。读者也可根据书中案例举一反三解决工作中遇到的问题。

本书适合人力资源管理的从业人员、行政办公一线人员、需要使用 Excel 软件提高工作效率的职场人士、Office 软件的爱好者以及高校人力资源管理、行政管理专业的学生等使用。

本书所有的案例均在 Microsoft Excel 2010 版本中实现。读者可通过扫描封底二维码或登录中国人民大学出版社网站获取案例素材。

目　录

第一章 人力资源日常管理

本章从人力资源管理部门日常实际工作出发，以人力资源管理中经常遇到的几个场景为基础介绍 Excel 软件在人力资源管理中的应用。

本章主要内容包括制作智能的人事资料表、员工信息查询、劳动合同日期管理、考勤管理等。

本章运用的 Excel 工作簿文件是“人事资料表”。

第一节 制作智能的人事资料表

人事资料表是人力资源管理工作的基础数据表，记录了员工的人事信息，用于绩效管理、培训管理、工资发放、统计分析人事数据等工作中。

本节人事资料表要实现如下功能：

（1）智能检查员工身份证号码的长度是否正确；

（2）根据员工身份证号码计算员工的“出生日期”“性别”“年龄”；

（3）运用下拉列表方式输入员工“最高学历”等信息项；

（4）智能检验员工“身份证号码”及“员工编号”是否重复，并提示输入者检验输入信息；

（5）运用 Excel 软件保护单元格、工作表、工作簿文件，防止未授权的查询与修改；

（6）应用打印设置功能打印工作表文件；

（7）运用“自动套用表格样式”功能设置工作表的整体格式。

本节制作智能人事资料表需要运用 Excel 软件的如下功能：

（1）数据有效性功能；

（2）运用记录单功能输入数据；

（3）运用冻结窗格功能方便数据录入；

（4）设置打印标题、页眉、页脚方便打印；

（5）批量插入员工照片；

（6）Excel 的安全保护功能。

本节制作智能人事资料表主要应用了如下 Excel 软件的函数：MID、IF、COUNTIF、DATEDIF、TODAY 、TEXT 等。

本节运用的工作表是“人事资料基础表”，智能人事资料表的制作方法如下。

一、在工作表中输入身份证号码

1. 设置身份证号码信息所在列单元格数据类型为文本类型

身份证号码是人事资料基础表中必需的、基本的人事数据项目，公民的身份证号码信息一般由阿拉伯数字组成，默认情况下 Excel 软件将输入的全部由阿拉伯数字组成的身份证号码作为数值型数据保存。身份证号码中包含了许多信息，如出生日期、性别、籍贯等，为了从身份证号码中获得这些信息，在日常数据处理中需要将身份证号码作为文本字符型数据保存。

知识链接

数据类型

Excel 软件数据一般分为以下几种类型。

1. 数值型数据

在 Excel 软件中，数值型数据由 0～9 中的数字以及含有正号、负号、小数点、分数符号“/”、百分号“%”、指数符号“E”或“e”、货币符号“¥”或“$”和千位分隔号“,”等组成。默认情况下，数值自动沿单元格右边对齐。

2. 文本型数据

文本型数据是指汉字、英文，或由汉字、英文、数字组成的字符串。默认情况下，输入的文本会沿单元格左侧对齐。在公式中以双引号（""）括起来的内容表示文本，如"12345"就是 5 个字符的文本（与数值 12345 不同）。如果要输入的字符串全部由数字组成，如邮政编码、电话号码、存折账号等，为了避免 Excel 软件把它按数值型数据处理，在输入时可以先输一个单引号（'），再接着输入具体的数字。

3. 日期与时间型数据

日期与时间型数据实质是一个数值，以 1900/1/1 为 1 起算，每一天累加数值 1 表示，小时为 1/24，分钟为 1/24/60，秒为 1/24/60/60。

输入日期时用斜杠“/”或者“—”来分隔日期中的年、月、日部分，如 2011- 3-1。

输入时间时可用冒号（:）分开时、分、秒，系统默认输入的时间是按 24 小时制的方式输入的，如 14:00:25。

4. 逻辑值

只有“TRUE”和“FALSE”两个值，一般用于返回逻辑判断表达式的结果，前者表示逻辑判断为“真”，后者表示逻辑判断为“假”。

5. 错误值

因为某些计算原因，公式不能返回正确结果，Excel 软件显示为错误值，例如，单元格中输入公式“=5/0”时系统返回错误值“#DIV/0!”。

为了从身份证号码中提取信息及方便数据输入，需要设置身份证号码所在列数据类型为文本型数据，设置方法如下。

（1）批量选择单元格。

知识链接

批量选择单元格

在使用 Excel 软件过程中设置单元格样式、设置单元格数据类型、设置数据有效性规则及自动填充公式等操作都涉及选择除标题行之外整列单元格区域的问题，在 Excel 软件中快捷批量选择单元格区域有多种方法，在本案例中批量选择单元格的方法如下：

单击选择工作表列中的第一个备选单元格，然后按下组合键“Ctrl+Shift”后按下“↓”键。例如：单击选择工作表“人事资料基础表”中的 C3 单元格，然后按下组合键“Ctrl+Shift”后按下“↓”键，即可选中 C 列中除 C1、C2 之外的所有单元格区域。

在当前工作表中用批量选择单元格方法选择 C 列（即“身份证号码”数据列）中除第一行和第二行之外的所有单元格，点击鼠标右键，如图 1-1 所示。

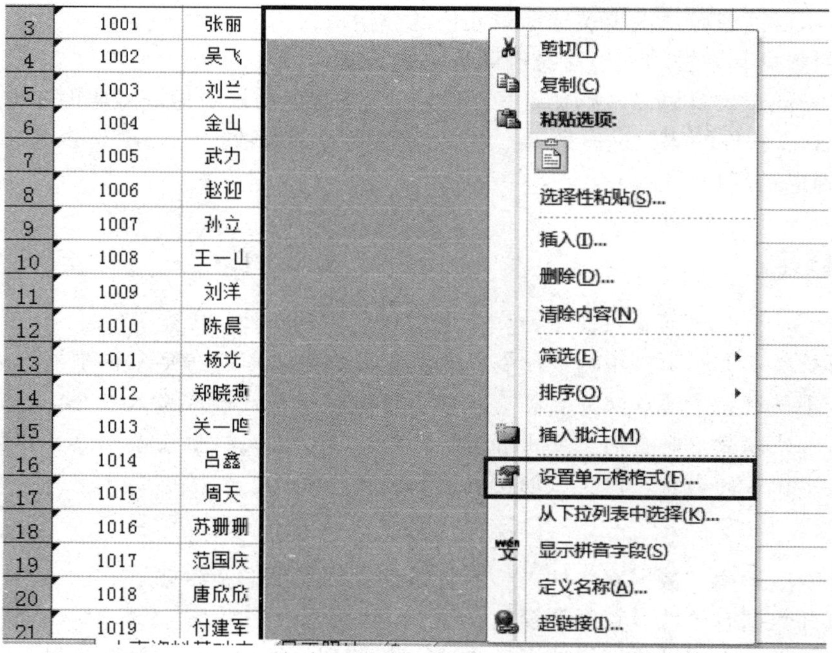

图 1-1　批量选择单元格鼠标右键菜单

（2）设置单元格的数据类型。

在鼠标右键菜单中选择“设置单元格格式（F）…”选项，打开“设置单元格格式”对话窗口，如图 1-2 所示。

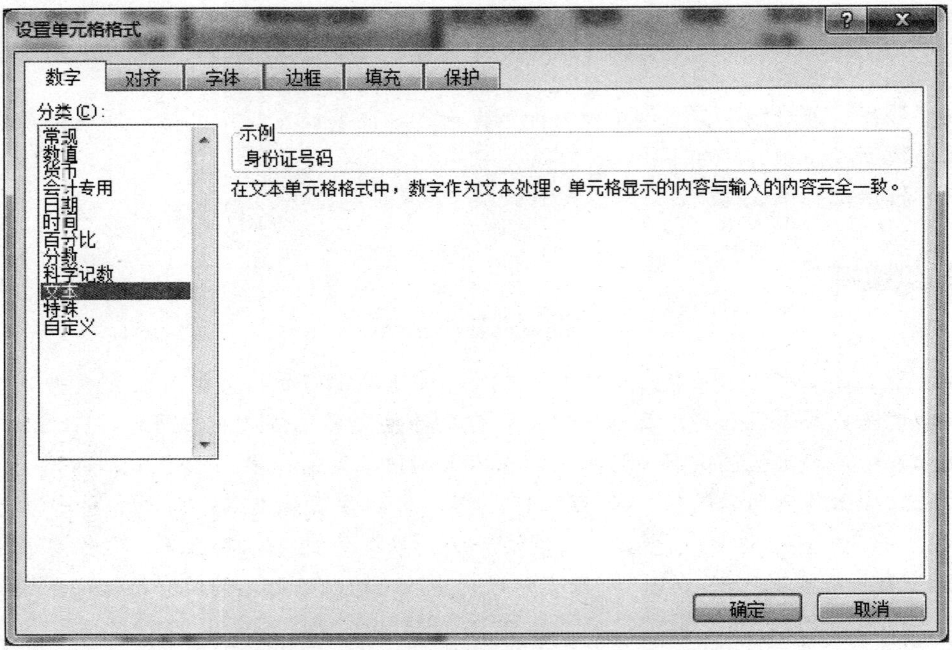

图 1-2　设置单元格数据类型为“文本”

在对话窗口“数字”选项卡“分类（C）”选项列表中选择“文本”选项，点击“确定”按钮关闭对话窗口，设定被选择单元格的数据格式为“文本”类型。

2. 运用数据有效性功能检验身份证号码的长度

按照国家规定，身份证号码长度为 18 位，为了避免录入身份证号码时出现长度错误，可以运用 Excel 软件的“数据有效性”功能检验输入字符数据的长度是否为 18 位，如果不是 18 位则提示用户。

知识链接

数据有效性介绍

数据有效性是 Excel 软件的一种常用功能，用于定义可以在单元格中输入或应该在单元格中输入哪些数据。通过配置数据有效性，可以防止用户输入无效数据，当用户尝试在单元格中输入无效数据时会向其发出警告。此外，可以定义提供一些消息，以提示用户期望在单元格中输入的内容，以及帮助用户更正错误的说明。

在工作表中运用“数据有效性”检验身份证号码长度的步骤如下：

(1) 打开数据有效性设置对话窗口。

在当前工作表中用批量选择单元格方法选择 C 列（即“身份证号码”数据列）中除第一行和第二行之外的所有单元格，点击“数据”菜单，在“数据工具”分组中点击“数据有效性”快捷按钮，打开下级菜单如图 1-3 所示。

点击菜单选项“数据有效性（V）…”，打开“数据有效性”设置窗口，如图 1-4 所示。

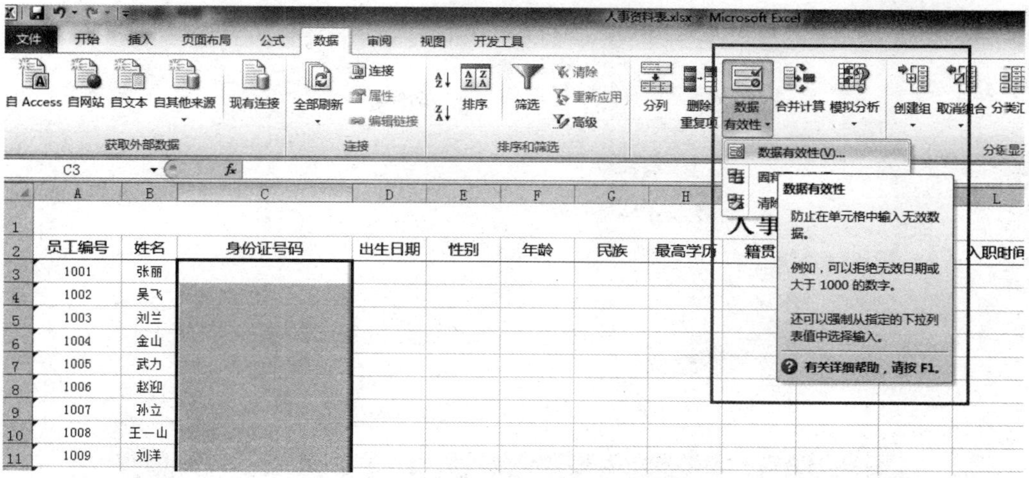

图 1－3　数据有效性操作菜单

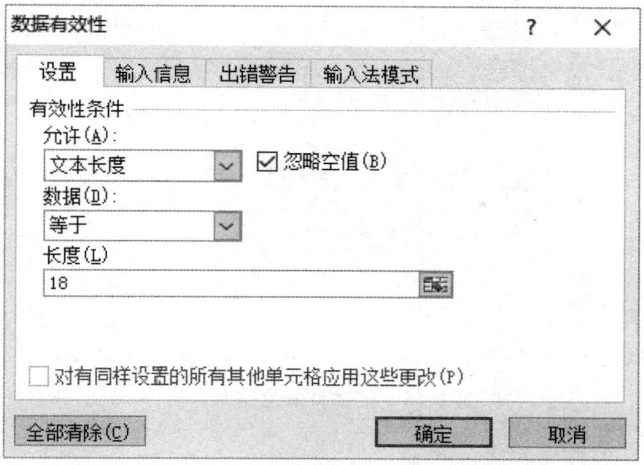

图 1－4　数据有效性窗口设置单元格数据有效性条件

（2）设置数据有效性检测条件。

在对话窗口“设置”选项卡页面的“有效性条件”分组中设置如下属性：

单击“允许(A)：”下拉列表框按钮，在列表选项中选择“文本长度”选项；

单击“数据(D)：”下拉列表框按钮，在列表选项中选择“等于”选项；

单击“长度(L)”下的文本框，输入数据“18”。

说明：

上述设置代表被选择单元格数据有效性检测条件为“当前单元格的文本字符数据长度为 18 位”。

（3）设置数据有效性提示信息。

在对话窗口中点击“输入信息”选项卡，在该选项卡页面设置当用户选择“身份证号码”列单元格时的提示信息，设置窗口及属性值如图 1－5 所示。

设置“输入信息”提示后，当用户选择“身份证号码”列的单元格后，系统显示已经设置的提示信息如图 1－6 所示。

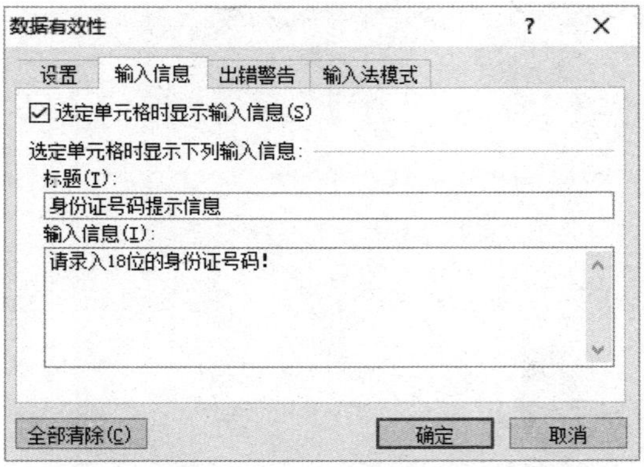

图 1-5　数据有效性窗口设置单元格提示信息

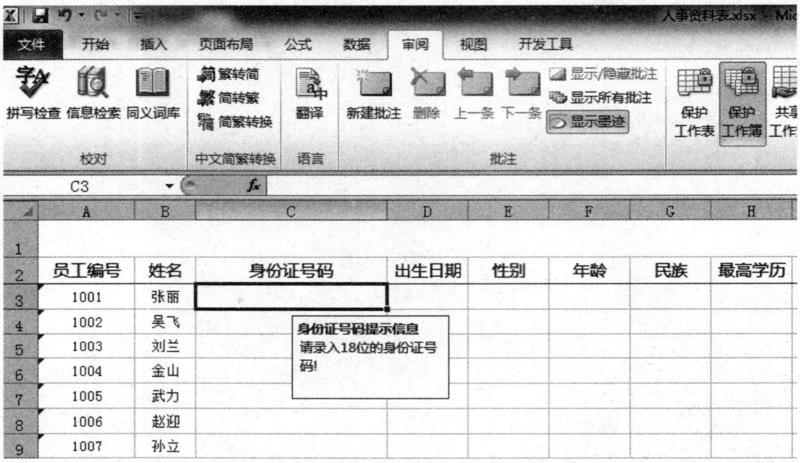

图 1-6　数据有效性提示信息

（4）设置数据有效性出错警告信息。

在对话窗口中点击“出错警告”选项卡，在该选项卡页面设置当用户输入的身份证号码长度不是 18 位时的警告信息，设置窗口及属性值如图 1-7 所示。

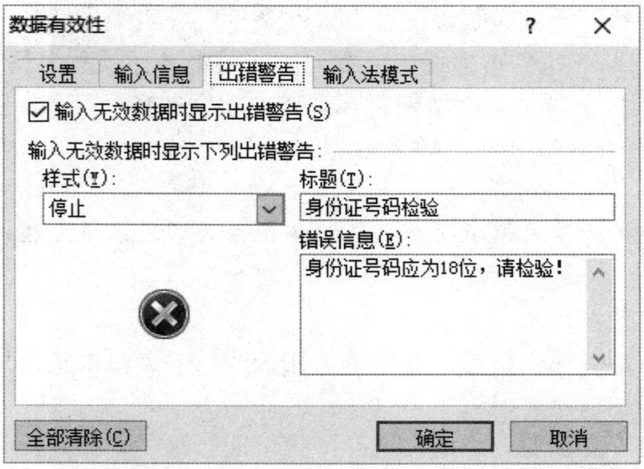

图 1-7　数据有效性窗口设置单元格数据错误警告信息

当用户输入位数不正确的身份证号码时，系统将提示警告信息，如图 1－8 所示。

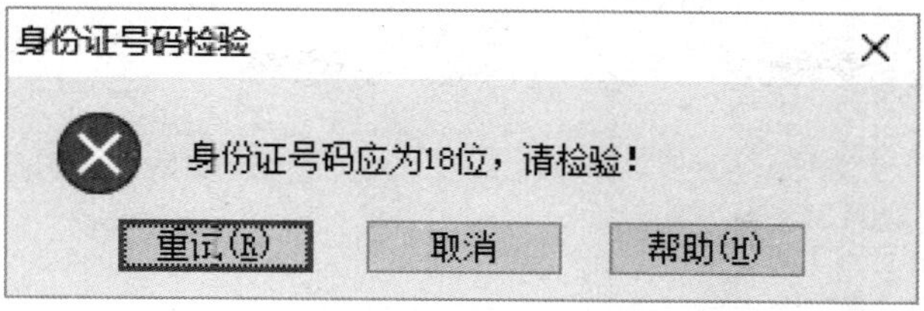

图 1－8　身份证号码长度检验报错警告信息

备注：

按照相同的方法设置检验“员工编号”的长度为 4 位。

二、根据身份证号码提取出生日期信息

根据身份证号码的编制规则，身份证号码的第 7 位至第 14 位为身份证所有人的出生日期，运用函数 MID 可以从身份证号码中提取身份证所有人的出生日期，不需要用户手工输入员工出生日期信息，从而能够提高工作效率和数据准确率。

知识链接

MID 函数说明

功能：返回文本字符串中从指定位置开始的特定数目的字符，该数目由用户指定。

语法：MID(text, start _ num, num _ chars)

函数参数：

- text：必需项。包含要提取字符的文本字符串。
- start _ num：必需项。文本字符串中要提取的第一个字符的位置。在 Excel 软件中文本字符串第一个字符的 start _ num 值为 1，以此类推。
- num _ chars：必需项。指定希望 MID 从文本字符串中返回字符的个数。

函数说明：

- 如果 start _ num 大于文本长度，则 MID 返回空文本（""）。
- 如果 start _ num 小于文本长度，但 start _ num 加上 num _ chars 超过了文本的长度，则 MID 只返回直到文本末尾的字符。
- 如果 start _ num 小于 1，则 MID 返回错误值“#VALUE!”。
- 如果 num _ chars 是负数，则 MID 返回错误值“#VALUE!”。

在工作表“人事资料基础表”中根据身份证号码提取出生日期信息的步骤如下：

（1）在当前工作表中选择 D3 单元格，点击“公式”菜单，在“函数库”分组中点击最左侧快捷按钮“插入函数 fx”，打开“插入函数”对话窗口。

（2）在对话窗口“选择类别(C)：”选项的下拉列表中选择“全部”选项，在对话窗口“选择函数(N)：”选项的选择列表中选择函数 MID，如图 1－9 所示。

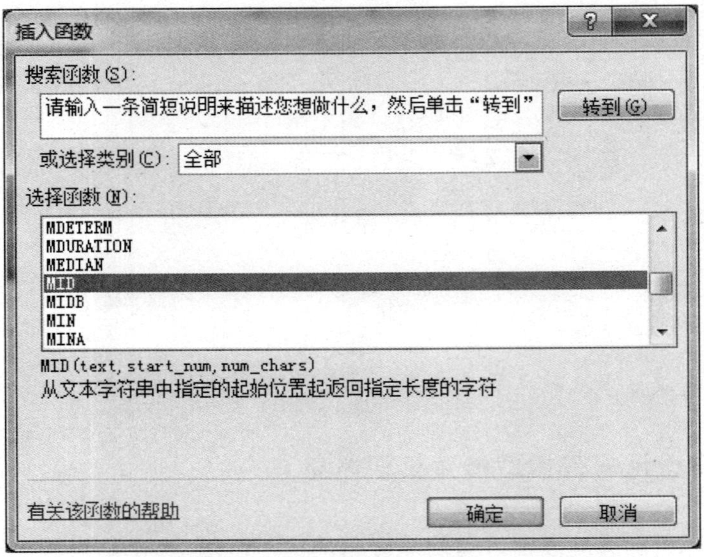

图 1-9　插入函数对话窗口选择函数 MID

（3）选择函数 MID 后，点击窗口下方的“确定”按钮，打开 MID 函数“函数参数”设置窗口，如图 1-10 所示。

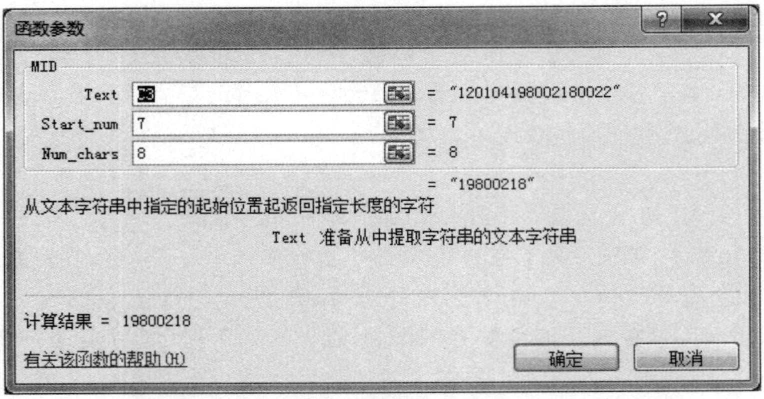

图 1-10　MID 函数参数对话窗口

（4）按照图 1-10 所示，为 MID 函数设置参数，设置完成后点击窗口下方的“确定”按钮关闭对话窗口，在当前单元格中输入公式：“=MID(C3,7,8)”。

公式说明：

- 公式“MID(C3,7,8)”的功能是截取 C3 单元格文本型数据，从第 7 位开始连续截取 8 位字符。C3 单元格中的数据为身份证号码，截取从第 7 位开始连续 8 位的字符即身份证所有人的出生日期信息。
- 函数 MID 仅仅应用于文本型数据，因此需要保证 C3 单元格中的数据为文本型。

（5）批量复制公式。在当前工作表中选择 D3 单元格，用批量选择单元格方法选择 D 列（即“出生日期”数据列）中除第一行和第二行之外的所有单元格，将光标放在“公式编辑栏”后按下组合键“Ctrl+Enter”即可在选中的单元格中批量输入如 D3 单元格的公式。

三、根据员工身份证号码提取性别信息

根据身份证号码的编制规则，身份证号码的第 17 位数字代表身份证所有人的性别信息，如果此位数值为奇数则代表性别为男，为偶数则代表性别为女。

联合运用 IF 函数、MID 函数和 MOD 函数可以实现从身份证号码中提取被录入员工的性别信息，采用这种方法不需要用户手工输入员工性别信息，从而提高了工作效率。

知识链接

IF 函数说明

功能：IF 函数是 Excel 软件中最常用的函数之一。IF 函数可以对值和期待值进行逻辑比较，如果指定条件的计算结果为“TRUE”，IF 函数将返回某个值；如果该条件的计算结果为“FALSE”，则 IF 函数返回另一个值。

语法：IF(logical_test, value_if_true, value_if_false)。

函数参数：

- logical_test：必需项。计算结果可能为“TRUE”或“FALSE”的任意值或表达式。此参数可使用任何比较运算符。
- value_if_true：可选项。logical_test 参数的计算结果为“TRUE”时所要返回的值。
- value_if_false：可选项。logical_test 参数的计算结果为“FALSE”时所要返回的值。

函数说明：

对满足条件的数据进行处理，条件满足则输出第二个参数的内容，不满足则输出第三个参数的内容。可以省略第二个参数或第三个参数，但不能同时省略。

知识链接

MOD 函数说明

功能：返回两数相除的余数。结果的符号与除数相同。

语法：MOD(number, divisor)

函数参数：

- number：必需项。要计算余数的被除数。
- divisor：必需项。除数。

在工作表“人事资料基础表”中根据身份证号码提取员工性别的步骤如下：

1. 输入公式

在当前工作表中选择 E3 单元格，在公式编辑栏中输入公式：

“=IF(C3="","",IF(MOD(MID(C3,17,1),2)=0,"女","男"))”。

公式说明：

- 在上面的公式中嵌套使用 IF 函数。
- 第一个 IF 函数首先判断 C3 单元格是否为空，即是否输入了身份证号码，如果没有输入身份证号码则 IF 函数返回空值，否则计算身份证号码所有人的性别。
- 当正确输入身份证号码后运用 MID 函数得到身份证号码的第 17 位。
- 公式 MOD(MID(C3,17,1),2)运用 MID 函数的返回结果除以 2 取余数，其结果为 0（身份证号码的第 17 位为偶数）或者 1（身份证号码的第 17 位为奇数）。
- 第二个 IF 函数判断 MOD 函数的返回值是否为 0，如果为 0 则 IF 函数返回该身份证号码的所有人性别为“女”，否则返回该身份证号码的所有人性别为“男”。

2. 批量复制公式

按照前面的方法在当前工作表的 E 列批量输入公式，计算员工性别。

四、运用下拉列表功能简便、准确输入员工最高学历信息项

员工最高学历信息的内容是有固定选项的，公司规定员工最高学历的内容选项如下：“中专”“大专”“大学本科”“硕士研究生”“博士研究生”等。

在录入员工最高学历信息时采用下拉列表，用户点击选择备选项的输入方式可以提高录入速度，降低录入难度，保证数据统一。Excel 软件“数据有效性”功能提供的设置数据“序列”功能可以为单元格提供下拉列表的输入方式。

在工作表“人事资料基础表”中运用“数据有效性”设置数据“序列”的实现方法如下：

1. 批量选择单元格

在当前工作表中用批量选择单元格方法选择 H 列（即“最高学历”数据列）中除第一行和第二行之外的所有单元格。

2. 为单元格设置数据“序列”

点击菜单“数据”，在“数据工具”分组中选择“数据有效性”按钮，打开“数据有效性”对话窗口。

在对话窗口“设置”选项卡页面“有效性条件”中设置如下属性：

单击“允许(A)：”下拉列表框按钮，在列表选项中选择“序列”选项；

单击选择“来源(S)”下面的文本框，在其中输入数据：中专，大专，大学本科，硕士研究生，博士研究生。

设置方式及属性值如图 1-11 所示。

设置完成后点击窗口下方的“确定”按钮关闭对话窗口，完成单元格数据“序列”下拉列表值选项设定。

3. 应用单元格数据“序列”功能输入数据

运用“数据有效性”功能设定“最高学历”数据列单元格的数据“序列”后，当选择“最高学历”数据列中的单元格录入最高学历信息时单元格右侧将显示一个向下的下拉三角，点击下拉三角即可显示已经设置“序列”的数据选项内容，点击选择数据选项即可完成数据输入操作，如图 1-12 所示。

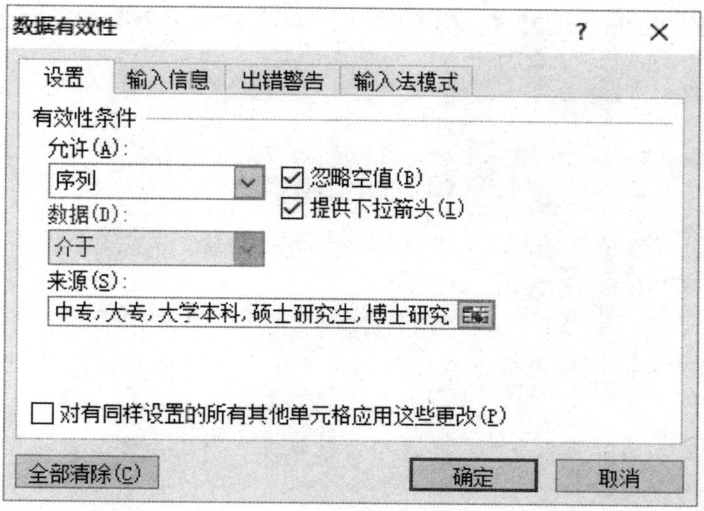

图 1－11　运用数据有效性功能设置单元格数据序列

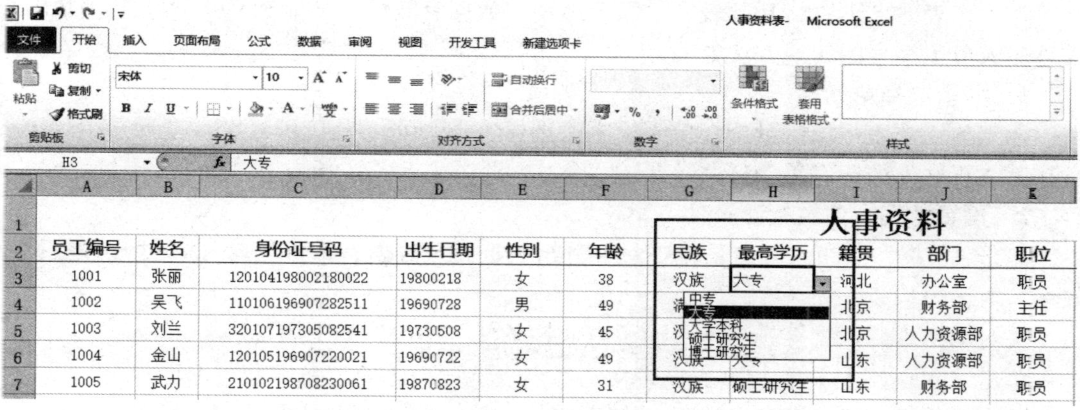

图 1－12　最高学历单元格设置数据有效性的数据序列下拉选项

备注：

参照相同的方法设置"民族""籍贯""部门""职位""员工状态""政治面貌""婚姻状态"信息项的数据序列。

"民族"数据序列的选项：中国 56 个民族的名称。

"籍贯"数据序列的选项：中国各个省、市、自治区的名称。

"职位"数据序列的选项：职员、主管、主任、部门经理、总经理。

"部门"数据序列的选项：总经理办公室、销售部、生产部、研发部、财务部、人事部。

"在职状态"数据序列的选项：在职、离职、试用期。

五、运用数据有效性功能防止重复输入员工编号信息项

当公司员工人数较多时，在录入员工编号时有可能因误操作造成员工编号重复，为

了防止出现错误，可联合运用“数据有效性”功能和 COUNTIF 函数来防止重复数据录入。

知识链接

COUNTIF 函数说明

功能：计算指定区域中满足给定条件的单元格的个数。

语法：COUNTIF(range, criteria)。

函数参数：

- range：必需项。一个或多个要计数的单元格，其中包括数字或名称、数组或包含数字的引用。
- criteria：必需项。为确定哪些单元格将被计算在内的条件，其形式可以为数字、表达式、单元格引用或文本。

在工作表“人事资料基础表”中联合运用“数据有效性”功能和 COUNTIF 函数防止重复输入员工编号的实现方法如下。

1. 批量选择单元格

在当前工作表中用批量选择单元格方法选择 A 列（即“员工编号”数据列）中除第一行和第二行之外的所有单元格。

2. 设置数据有效性检测条件

点击“数据”菜单，在“数据工具”分组中选择“数据有效性”按钮，打开“数据有效性”对话窗口。

在对话窗口“设置”选项卡页面“有效性条件”中设置如下属性：

单击“允许(A)：”下拉列表框按钮，在列表选项中选择“自定义”选项；

单击“公式(F)”下面的文本框，在其中输入公式“=COUNTIF(A:A,A3)=1”。

“数据有效性”窗口设置信息如图 1－13 所示。

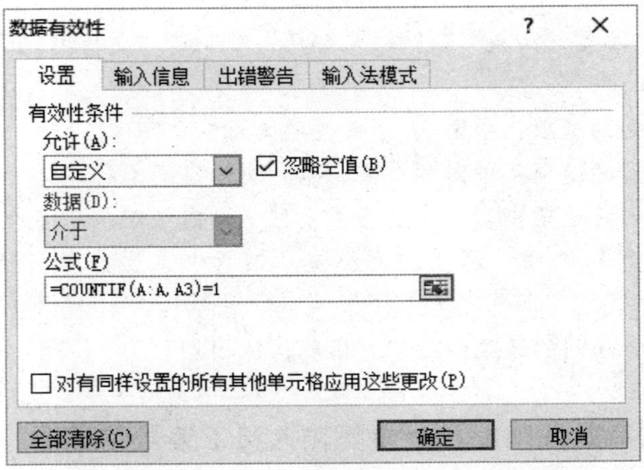

图 1－13　数据有效性窗口设置信息

数据有效性设置中的公式说明：

● 公式的意义是计算 A 列中与单元格 A3 内容相同的单元格数目。

● 公式“COUNTIF(A:A,A3)”中第一个参数“A:A”代表函数 COUNTIF 计数的单元格范围为 A 列。

● 逻辑判断式“COUNTIF(A:A,A3)=1”判断公式“COUNTIF(A:A,A3)”的计算结果是否等于“1”，如果计算结果等于“1”则返回逻辑值“TRUE”，代表当前单元格输入的员工编号与前面录入的员工编号有重复，否则返回逻辑值“FALSE”，代表没有重复的员工编号。

3. 设置当录入重复员工编号时的错误提示信息

在对话窗口中点击“出错警告”选项卡，在该选项卡页面设置当输入已经存在的员工编号时的提示信息，设置窗口及属性值如图 1-14 所示。

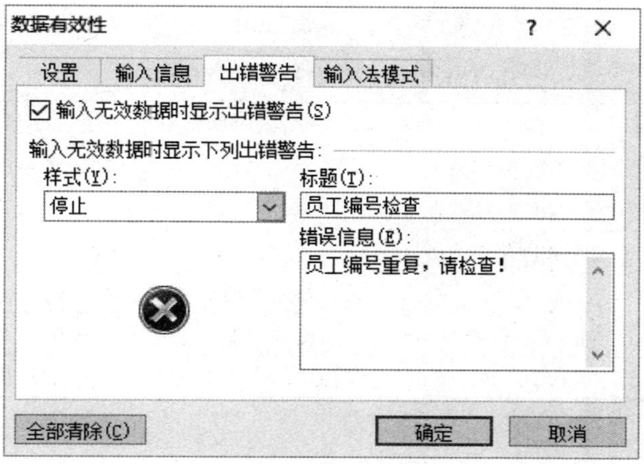

图 1-14　设置员工编号重复的错误提示信息

当在单元格中输入已经存在的员工编号时就会弹出已经设置的错误提示信息，如图 1-15 所示。

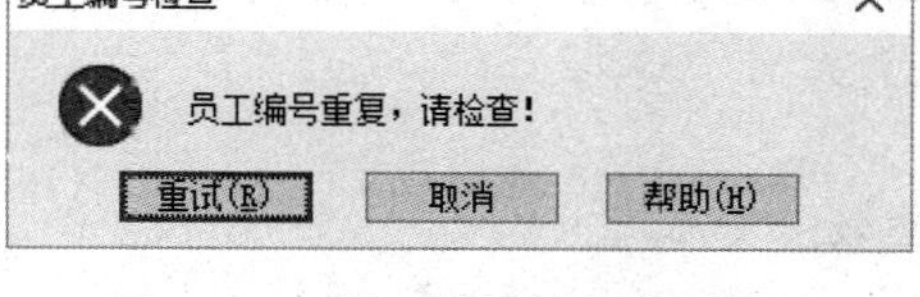

图 1-15　员工编号重复错误提示

备注：

参照相同的方法设置检验身份证号码信息是否重复。

六、运用 DATEDIF 等多个函数计算员工年龄

在工作表“人事资料基础表”中员工的年龄信息可以用当前计算机系统日期减员工出生日期而获得，避免手工录入年龄信息项，从而提高工作效率。

在本案例中联合运用IF函数、DATEDIF函数、TODAY函数、TEXT函数，根据计算机当前系统日期动态计算、更新员工的年龄信息项，不但减少用户的输入工作量、提高输入速度、提高工作效率、保证数据准确，还可以保证年龄信息随当前日期实时更新。

知识链接

DATEDIF函数说明

功能： 计算两个日期间相差的年数、月数或天数。

语法： DATEDIF(start_date, end_date, unit)

函数参数：

- start_date：必需项。代表一段时期的首日或起始日的日期。
- end_date：必需项。代表一段时期的最后一日或终止日的日期。
- unit：可选项。要返回信息的类型。参数unit取值及函数返回值如表1-1所示。

表1-1 DATEDIF函数中参数unit取值说明

unit值	函数返回值
"Y"	返回一段时期内的整年数
"M"	返回一段时期内的整月数
"D"	返回一段时期内的天数
"MD"	返回start_date和end_date之间相差的天数，忽略日期中的月份和年份
"YM"	返回start_date和end_date之间相差的月数，忽略日期中的天和年份
"YD"	返回start_date和end_date之间相差的天数，忽略日期中的年份。

知识链接

TODAY函数说明

功能： 返回当前系统日期的序列数。序列数是Excel软件用于日期和时间计算的日期-时间代码。如果在输入该函数之前单元格格式为“常规”或“数字”，运用该函数后Excel软件会将单元格格式更改为“日期”。

语法： TODAY ( )

函数参数： TODAY函数没有参数。

函数说明：

运用该函数输入的日期是可以更新的，当重新打开工作簿或重新计算工作表（如按F9键）时已插入的日期会更新为当前的系统日期。如果TODAY函数并未按预期更新当前系统日期，则需要更改控制工作簿或工作表何时重新计算的设置。设置方法如下：

第一步：点击Excel软件工作界面窗口左上角的“文件”菜单，在“文件”菜单待选项目中点击“选项”按钮。

第二步：点击“选项”菜单，打开“Excel选项”窗口，在对话窗口中点击左侧“公式”选项，在右侧“计算选项”类中确保“工作簿计算”项目中的“自动重算(A)”功能被选中。操作界面如图1-16所示。

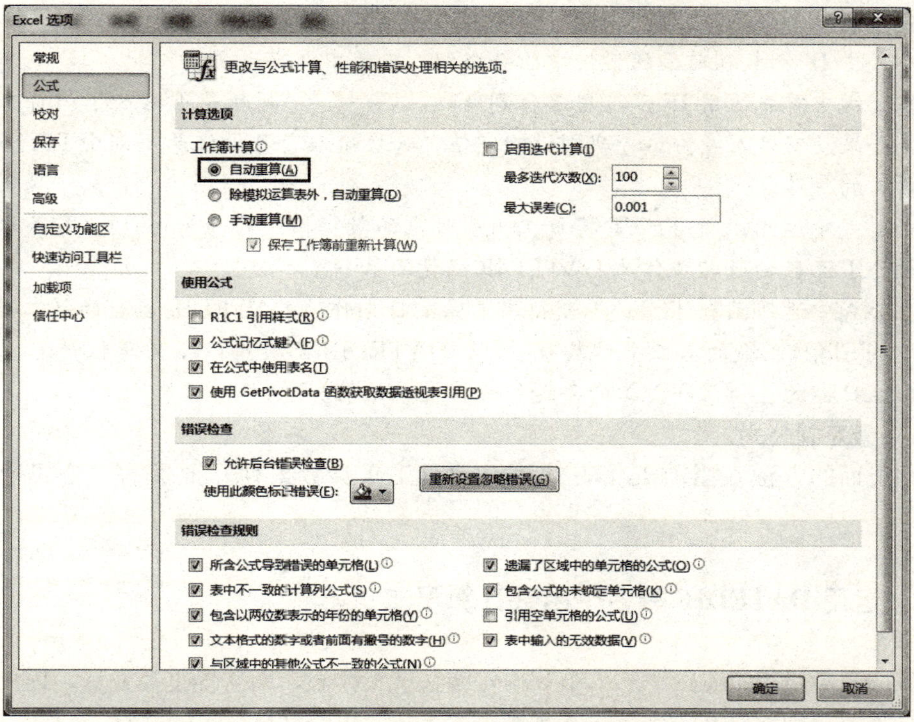

图 1－16　在 Excel 选项窗口中设置自动计算功能

知识链接

TEXT 函数说明

功能：将指定的数值格式转换为文本，并且用户可以通过使用特殊格式字符串来指定显示格式。

语法：TEXT(value, format _ text)

函数参数：

- value：必需项。数值、计算结果为数值的公式，或对包含数值的单元格的引用。
- format _ text：必需项。使用双引号（英文状态）括起来作为文本字符串的数字格式，例如："m/d/yyyy" 或 "#,##0.00"。

在工作表“人事资料基础表”中运用 DATEDIF 等函数计算员工年龄的实现方法如下：

1. 输入公式

在当前工作表中选择 F3 单元格，在公式编辑栏输入如下公式：

“=IF(C3="","",DATEDIF(TEXT(D3,"0000-00-00"),TODAY(),"y"))”。

当在 C3 单元格中输入当前员工正确的身份证号码后，该公式将自动计算返回该员工的年龄填入 F3 单元格。

公式说明：

- 公式中 IF 函数在前面的案例中已经介绍，附录中也有说明。
- 在公式中首先运用 IF 函数用逻辑判断式“C3=""”判断是否输入了该员工的身份证号码，如果没有输入身份证号码则返回空值，如果输入了身份证号码则由 DATEDIF 函数计算员工的年龄。
- 在公式中运用函数 TEXT 将员工出生日期的数据格式修改为由 TEXT 函数指定的格式，TEXT 函数的返回值作为 DATEDIF 函数的第一个参数。
- 在公式中运用函数 TODAY 获得当前系统日期作为 DATEDIF 函数的第二个参数。
- DATEDIF 函数的第三个参数是 "y"，DATEDIF 函数将以年为单位计算当前系统日期与出生日期的差值（即员工的年龄）作为返回结果。

2. 批量复制公式

按照上面的方法在当前工作表 F 列（即员工年龄数据列）批量输入公式计算员工年龄。

七、运用 DATEDIF 等多个函数计算员工工龄

员工的工龄是很重要的一项人事数据，涉及员工休假、调薪等重要业务，因此工龄的计算往往需要精确到月甚至到天，本案例以“天”为单位计算员工的工龄。

人力资源部在日常工作中仅计算当前在职员工的工龄，对于离职的员工以离职时间计算。工龄的计算方法与员工年龄的计算方法类似，用计算机当前系统日期与员工的入职日期二者相减获得。在计算工龄过程中除了用到计算员工年龄涉及的函数之外，还用到了连接符“&”。

知识链接

连接符“&”说明

功能：将多列的内容合并到一列中。例如：将 A、B、C 几列中的数值或文本合并到 D 列中表示，则在 D 列单元格中输入公式：“=A&B&C”。

说明：引用汉字时需要用英文状态的双引号引住。

在工作表“人事资料基础表”中运用 DATEDIF 等函数计算员工年龄的实现方法如下：

1. 输入公式

在当前工作表中选择 M3 单元格，在公式编辑栏输入如下公式：

“=IF(C3="","",DATEDIF(L3,IF(N3="离职",R3,TODAY()),"Y")&"年"&DATEDIF(L3,IF(N3="离职",R3,TODAY()),"YM")&"个月"&DATEDIF(L3,IF(N3="离职",R3,TODAY()),"MD")&"天")”。

当在 C3 单元格中输入当前员工的身份证号码，入职时间后公式将自动计算该员工的

工龄填入 M3 单元格。

公式说明：

● 公式中涉及的函数 IF、DATEDIF、TODAY 在前面的案例中已经介绍，附录中也有说明。

● 在公式中首先用 IF 函数利用逻辑判断式“C3=""”判断是否输入了员工的身份证号码，如果没有输入身份证号码则代表该行没有录入员工信息，不必计算而返回空值，如果输入了身份证号码则代表输入了员工信息，由 DATEDIF 函数计算员工的工龄。

● 在计算员工工龄的过程中运用三个 DATEDIF 函数分别计算员工工龄中的年、月、日数据。

● 第一个 DATEDIF 函数以年为单位计算员工的工龄，函数的第二个参数“IF(N3="离职",R3,TODAY()),”的作用是用 IF 函数判断，若当前员工状态是“离职”，则用单元格 R3 中的“离职时间”计算工龄，否则用当前计算机的系统时间计算工龄。该 DATEDIF 函数中的其他部分与计算员工年龄的方法相同。

● 第二个 DATEDIF 函数以月为单位计算员工的工龄，函数的第三个参数“YM”代表计算当前计算机系统时间与单元格 L3 中的入职时间之间的月份之差，忽略日期中的天和年份。该 DATEDIF 函数中的其他部分与第一个 DATEDIF 函数相似。

● 第三个 DATEDIF 函数以天为单位计算员工的工龄。DATEDIF 函数中的第三个参数“MD”代表计算当前计算机系统时间与单元格 L3 中的入职时间之间的天数之差，忽略日期中的月份和年份。该 DATEDIF 函数中的其他部分与第一个 DATEDIF 函数相似。

● 在公式中“&”为连字符。三个 DATEDIF 函数的返回结果通过“&”连接符合并为一个字符串以“×年×月×天”作为结果返回，其中×代表 DATEDIF 函数计算返回的数字。

2. 批量复制公式

按照上面的方法在当前工作表 M 列（即员工工龄数据列）批量输入公式计算员工工龄。

八、运用“记录单”功能高效准确录入数据

人力资源部门员工在大量录入数据的过程中采用传统逐行录入人事信息的方式会很快产生疲劳感，甚至会出现串行或输错信息的工作失误，采用 Excel 软件自带的记录单功能可很好地解决这个问题。

知识链接

记录单功能介绍

记录单功能为在无须水平滚动的情况下在单元格区域或表格中输入或显示一整行信息提供了一种便捷方式。当数据的列数超过可以在屏幕上查看的数据列数时，使用记录单可以使数据输入变得更容易，而无须在列之间进行移动。

记录单在一个对话框中将所有列标题都显示为标签。每个标签旁边都有一个空白文本

框，用户可以在其中输入每一列的数据，最多可以输入 32 列数据。在记录单中，可以输入新的行、查找行，或（基于单元格内容）更新行和删除行。如果单元格中包含公式，公式结果显示在记录单中，但不能使用记录单更改公式。

在工作表“人事资料基础表”中运用 Excel 软件记录单功能输入数据的实现方法如下：

1. 添加“记录单”功能按钮

Excel 软件的“记录单”功能不在 Excel 软件工作窗口默认的快捷按钮中，当需要使用该功能时需要添加该功能按钮。

添加“记录单”功能按钮的过程如下：

（1）点击 Excel 软件工作窗口界面左上角的“文件”菜单，在“文件”菜单的待选项目中点击“选项”按钮。

（2）点击“选项”菜单，打开“Excel 选项”窗口，在对话窗口中选择左侧菜单的“自定义”选项，在右侧“从下列位置选择命令(C)”下拉列表选项中选择“所有命令”，在“所有命令”的下拉列表选项框中选择“记录单…”选项，单击“添加(A)>>”按钮，将“记录单…”功能添加到右侧“自定义快速访问工具栏(O)”下面的列表中，设置完成后点击“确定”按钮关闭对话窗口。

在 Excel 选项窗口添加记录单功能按钮设置如图 1－17 所示。

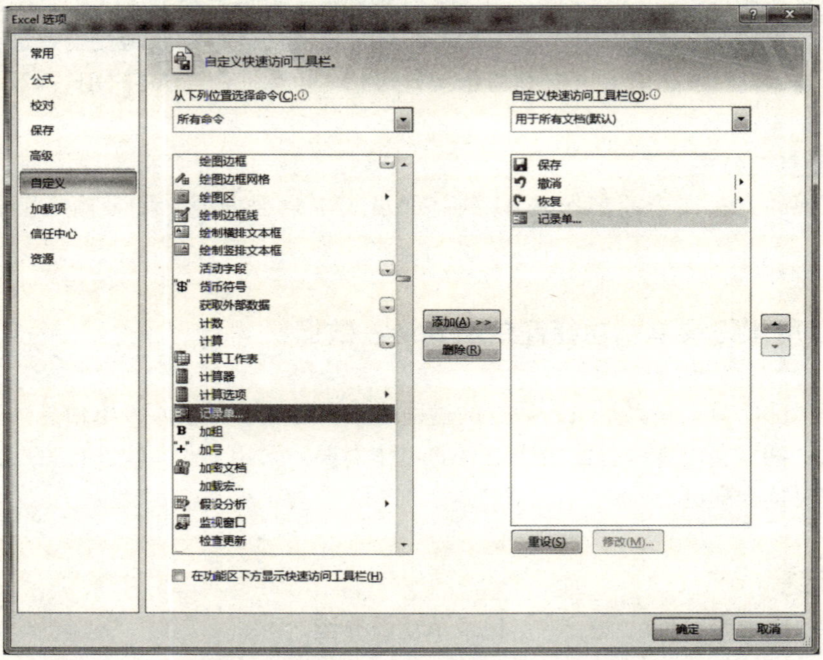

图 1－17 Excel 软件工作窗口界面中添加记录单功能按钮

成功添加“记录单”快捷功能按钮后，在 Excel 工作界面窗口的左上方将出现“记录单”按钮，如图 1－18 所示。

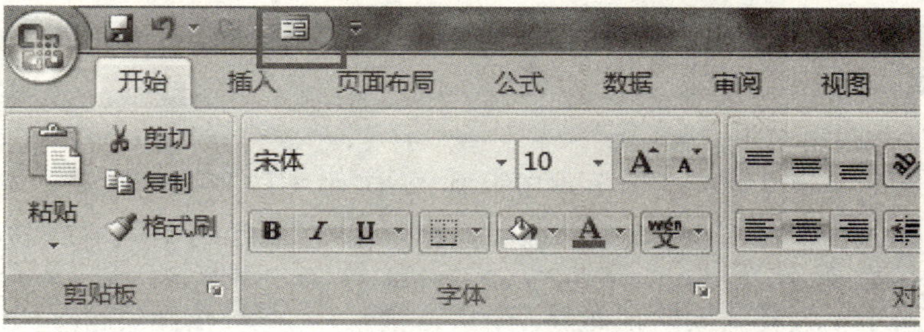

图 1－18　Excel 软件工作界面的“记录单”功能按钮

2. 运用“记录单”功能输入数据

在 Excel 软件工作窗口中单击“记录单”功能按钮即可打开记录单输入与编辑窗口，在记录单窗口中可以增加、删除、编辑数据。在输入和编辑数据的过程中，可以用“Tab”键进行数据项目的换行录入与编辑。

在本案例的记录单编辑窗口中“出生日期”“性别”“年龄”“工龄”数据项由公式计算得到数据，这些数据项不需要手工输入与编辑，因此在记录单编辑窗口中仅以文字形式显示，表示不可输入与编辑，其余字段均为可输入、编辑状态。

运用记录单功能输入、编辑人事数据的工作窗口如图 1－19 所示。

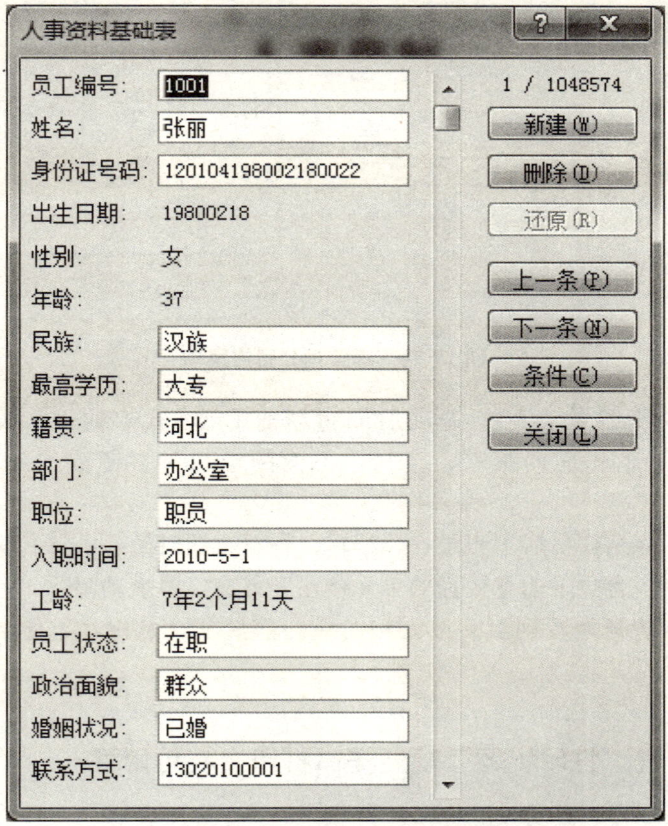

图 1－19　运用记录单功能输入、编辑人事数据

九、运用“冻结窗格”功能方便数据录入

人力资源部门员工在工作表“人事资料基础表”中输入公司员工信息数据的过程中，随着人数的增加，标题行所在的第二行将不能显示在当前窗口中，在输入数据时不能看到当前输入信息项的名称，因而有可能输入错误的数据。运用Excel软件“冻结窗格”功能可以解决上述操作不便的问题，该功能可以保证指定的多行数据始终保持在Excel软件工作窗口的顶部，方便查看与录入数据。

在工作表“人事资料基础表”中运用Excel软件“冻结窗格”功能固定显示标题行的实现方法如下：

在当前工作表中选择第三行，点击“视图”菜单，在“视图”菜单工具中的“窗口”按钮组中单击“冻结窗格”按钮，在按钮的下拉菜单中选择第一个菜单项“冻结拆分窗格(F)”，操作窗口如图1-20所示。

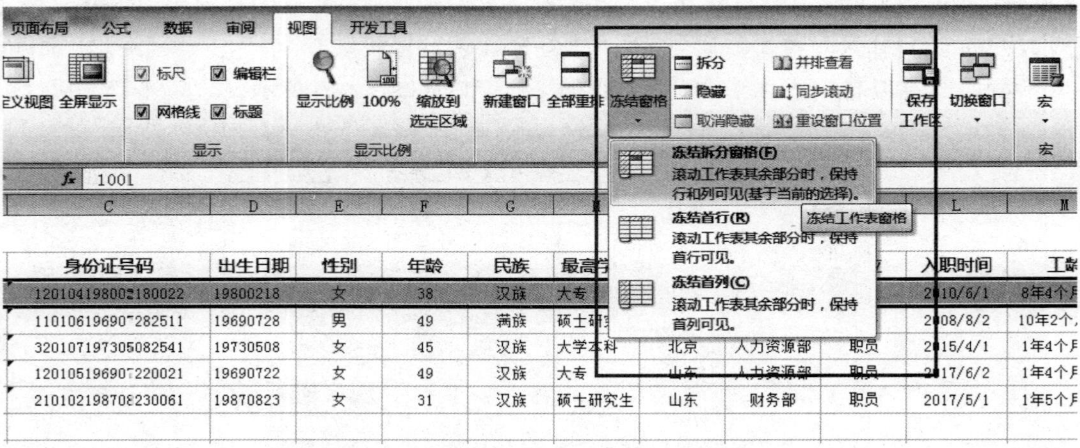

图1-20 冻结拆分窗格菜单

点击“冻结拆分窗格(F)”选项后即将当前Excel软件的工作窗口分为两部分，上面的窗口包含了工作表的第一、二行，下面的窗口包含了除第一、二行之外的所有行。

按照上述方法冻结窗格后，当录入、编辑、查看数据时第一、二行标题信息始终保持在窗口顶部，下面包含员工信息数据的单元格在下方窗口中滚动显示。当员工信息数据行较多时操作者可以清晰地看到当前单元格对应的信息项目名称，方便录入、编辑与查看数据。

十、运用设置“打印标题”功能提高打印文档可读性

当公司员工人数较多时，在打印员工信息列表时员工信息将被打印到多页打印纸中，但是员工信息的标题行内容仅仅出现在第一页，其余各页均不显示标题行信息，打印材料

的可读性较差，查看阅读很不方便。为了在打印材料的每一页打印标题行信息，可以运用 Excel 软件的设置打印标题功能，使标题行信息出现在每一页中。

在工作表“人事资料基础表”中运用 Excel 软件设置“打印标题”的实现方法如下：

1. 设置打印标题

在当前工作表中点击“页面布局”菜单，在“页面设置”分组中单击“打印标题”按钮，打开“页面设置”对话窗口。

在“工作表”选项卡“打印标题”区域中单击“顶端标题行(R)”右侧的单元格选择按钮，即可打开“页面设置—顶端标题行”对话框，在对话框中选择“人事资料基础表”工作表的第一行和第二行，则在“页面设置—顶端标题行”对话框中将显示“$1:$2”，选择完成后单击“确定”按钮，关闭对话框返回“页面设置”的“工作表”对话窗口，点击对话框下方的“确定”按钮，关闭窗口完成设定。

“顶端标题行”页面设置窗口如图 1-21 所示。

图 1-21 顶端标题行页面设置窗口

2. 打印预览

设置“顶端标题行”后，在图 1-21“页面设置”对话窗口中单击“打印预览”按钮打开打印预览窗口，在打印预览结果中可以看到打印结果中的每一页都将包含被选定工作表的第一、二行信息即工作表标题行信息。

打印预览效果如图 1-22 所示。

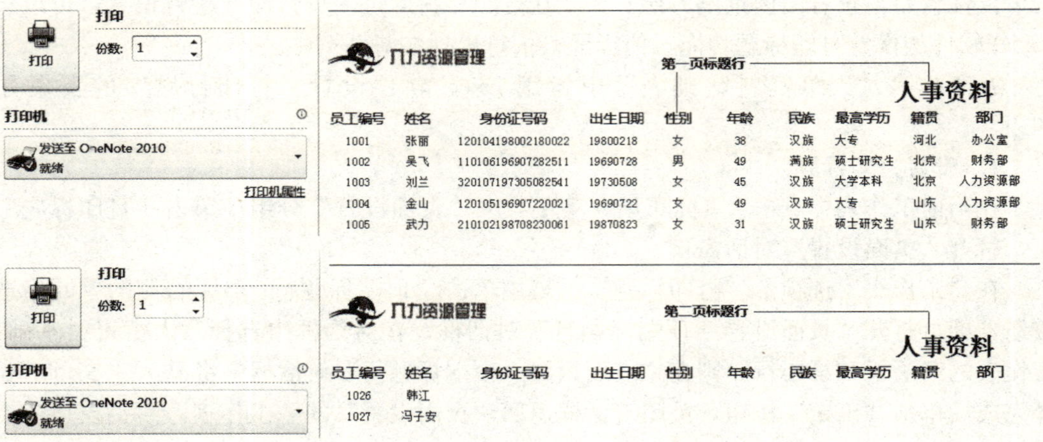

图 1－22 打印预览窗口

十一、运用“页眉、页脚”功能美化文件打印效果

在打印文档时通常需要在每页的顶部显示公司的 LOGO，在底部显示“打印日期”“打印人”“页码”等信息，运用 Excel 软件的“页眉/页脚”功能可实现该需求。

运用 Excel 软件设置页眉、页脚的实现方法如下：

1. 设置简单的页眉、页脚

在“人事资料基础表”工作表中点击“页面布局”菜单，在“页面布局”菜单的“页面设置”分组中单击右下角的小按钮，打开“页面设置”对话框窗口。

在“页面设置”对话框窗口中单击“页眉/页脚”选项卡，打开页眉、页脚设置窗口，如图 1－23 所示。

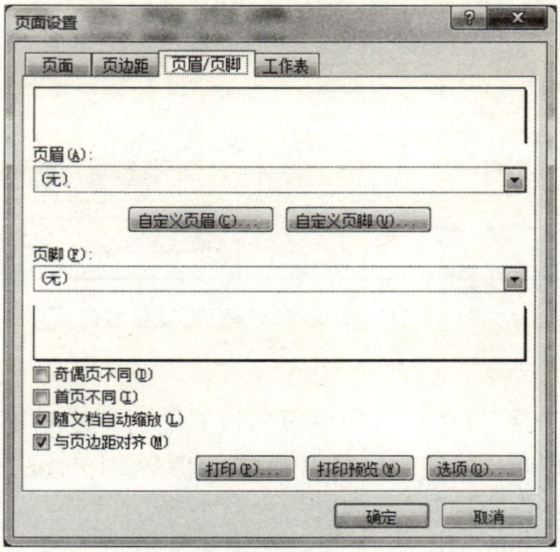

图 1－23 设置页眉/页脚

2. 自定义设置页眉、页脚

默认情况下，在页眉、页脚设置窗口中仅在页眉、页脚位置设置简单的文字，当需要设置较复杂的页眉和页脚时需要运用自定义设置功能。

(1) 自定义设置页眉。

在“页眉/页脚”设置窗口中点击“自定义页眉(C)…”按钮打开“页眉”设置窗口设置较复杂的页眉。

自定义页眉操作中将页眉分为左、中、右三个部分，本案例中在页眉左侧插入公司LOGO图标。

在页眉设置窗口左侧“左(L):”下面的文本框中点击窗口中部控件按钮行从右侧数第二个按钮选择本案例提供的公司LOGO照片。

自定义页眉的设置如图1-24所示。

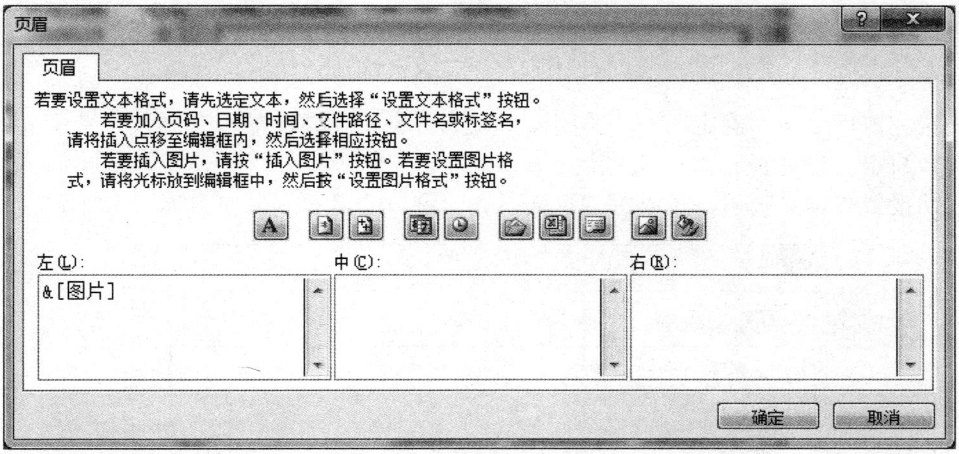

图1-24　自定义设置页眉

设置完成后点击“确定”按钮关闭窗口，完成自定义页眉设置。

(2) 自定义设置页脚。

在“页眉/页脚”设置窗口中点击“自定义页脚(U)…”按钮，打开“页脚”设置窗口设置页脚。同自定义页眉一样自定义页脚操作也将页脚分为左、中、右三个部分。本案例中在页脚左侧插入“打印人：张晨”，在中部插入页码和总页数，在右侧插入“打印日期”。

1）设置打印人。在页脚设置窗口左侧“左(L):”下面的文本框中输入文字：“打印人：张晨”。

2）设置文档页数。在页脚设置窗口中部“中(C):”下面的文本框中点击窗口中部控件按钮行从左侧数第二个按钮插入页码，点击从左侧数第三个按钮插入文档的总页数。

3）设置打印日期。在页脚设置窗口右侧“右(R):”下面的文本框中输入文字：“打印日期:”，点击窗口中部控件按钮行从左侧数第四个按钮插入计算机系统日期。

自定义页脚的设置如图1-25所示。

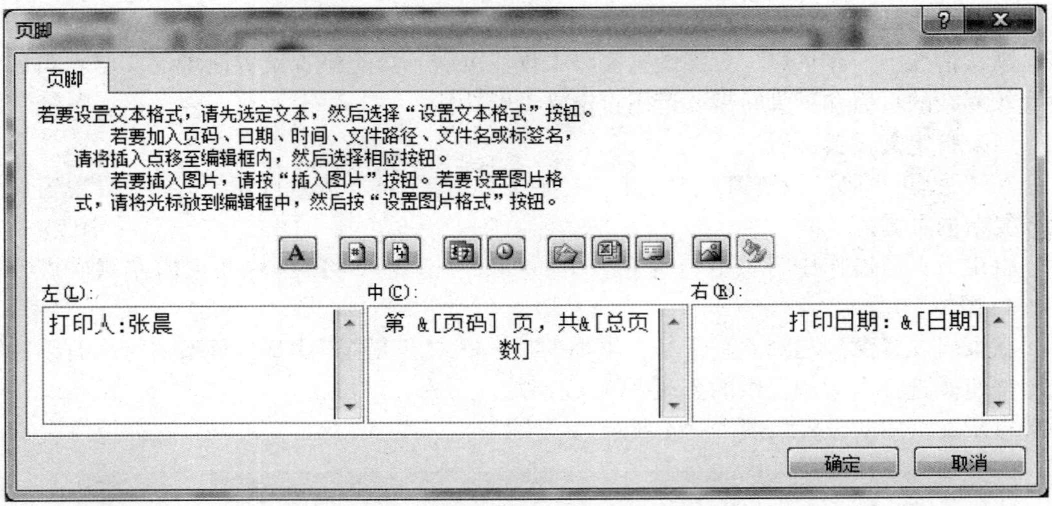

图 1-25　自定义页脚

设置完成后点击“确定”按钮关闭窗口完成自定义页脚设置。

(3) 自定义设置页眉、页脚显示效果。

成功设置自定义页眉、页脚后“页面设置”窗口的显示效果如图 1-26 所示。

图 1-26　自定义页眉/页脚显示效果

3. 打印预览

在“页眉/页脚”设置窗口中点击“打印预览(W)”按钮查看文档打印效果，如图 1-27 所示。

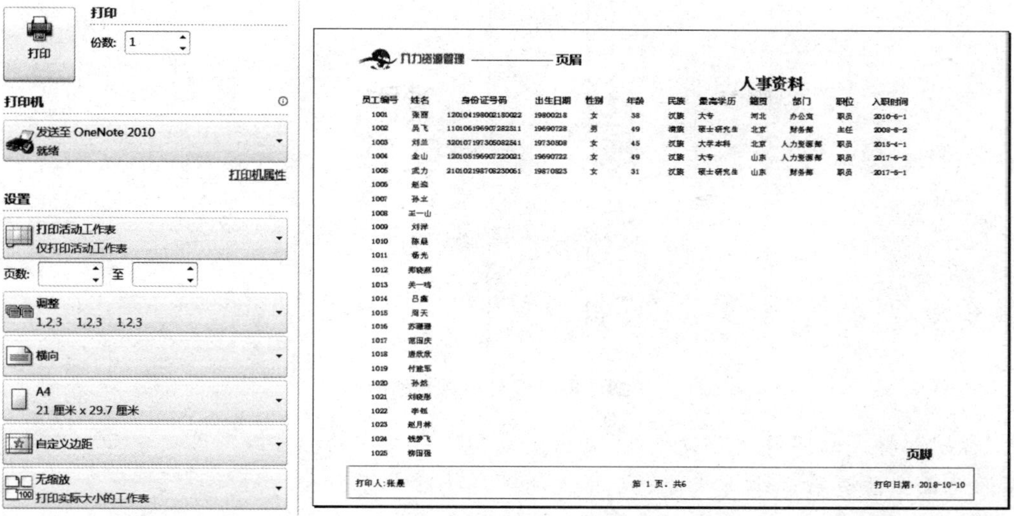

图 1－27　设置自定义页眉和页脚后打印预览

十二、在“员工照片”工作表中插入员工照片

在员工人事信息资料日常管理中常常涉及管理员工照片的问题，在 Excel 软件中有多种插入照片的方法。本案例介绍一种在 Excel 软件中批量插入照片的方法。

知识链接

Excel 软件单元格行高和列宽单位说明

在 Excel 软件中默认情况下单元格的行高和列宽的单位是不一样的。

1. 单元格行高单位

在 Excel 软件中任意选择一行，点击鼠标右键，在鼠标右键菜单中选择“行高(R)…”菜单选项，默认设置情况下单元格行高以“磅”为单位，如图 1－28 所示。

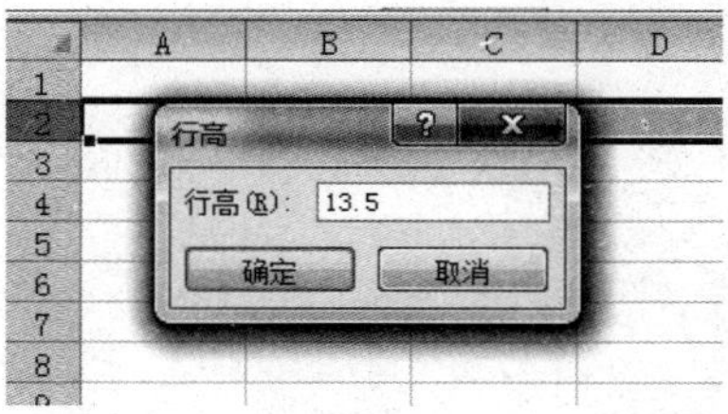

图 1－28　默认设置中单元格的行高

2. 单元格列宽单位

在 Excel 软件中任意选择一列，点击鼠标右键，在鼠标右键菜单中选择“列宽(C)…”菜单选项，默认情况下单元格列宽是以“常规”样式中一个字符的宽度为单位设置，如图 1－29 所示。

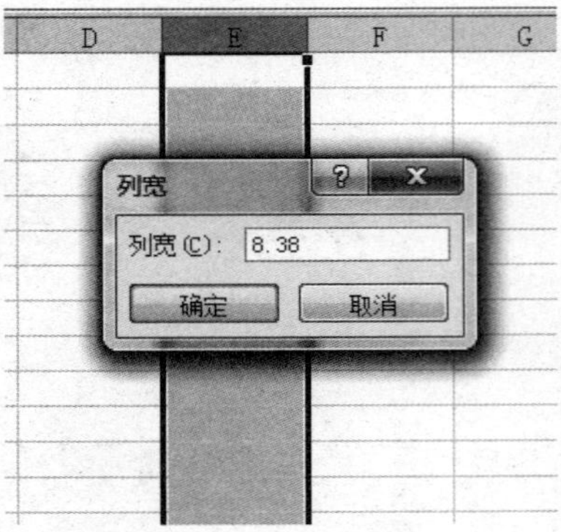

图 1-29　默认设置中单元格的列宽

“常规”样式的字符属性设置在“Excel 选项”窗口中的“常规”选项中加以定义。可以按照下面方法查看、编辑“常规”样式的字符属性设置。

第一步：点击 Excel 软件工作界面窗口左上角的“文件”菜单，在“文件”菜单的待选项目中点击“选项”按钮。

第二步：点击“选项”菜单，打开“Excel 选项”窗口，在对话窗口“常规”菜单项对应窗口中“新建工作簿时”分组的设置项“字号(Z)”定义了“常规”样式的字符大小，如图 1-30 所示。

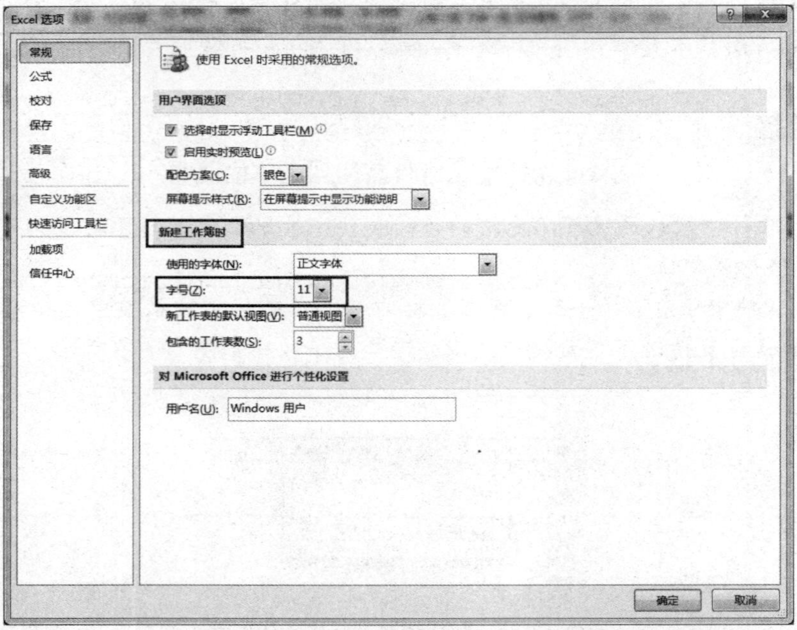

图 1-30　Excel 选项的“常规”项目设置信息

3. Excel 软件中常用的单位换算关系

1mm＝3.779 5 像素；

1 磅＝4/3 像素＝0.352 8mm。

运用 Excel 软件在工作表“员工照片”中批量插入照片的实现方法如下：

1. 按照员工照片的尺寸设置 Excel 软件中单元格的行高和列宽

在本案例中，员工照片的高和宽均为 200 像素，换算为毫米后约为 55 毫米，即 5.5 厘米。

在本案例中统一以厘米为单位设置保存员工照片单元格的行高和列宽，操作步骤如下：

（1）切换到“工作簿视图”的“页面布局”窗口。

运用快捷键“Ctrl＋A”选择当前工作表的所有单元格，点击“视图”菜单，在“工作簿视图”分组选项中点击“页面布局”按钮，如图 1－31 所示。

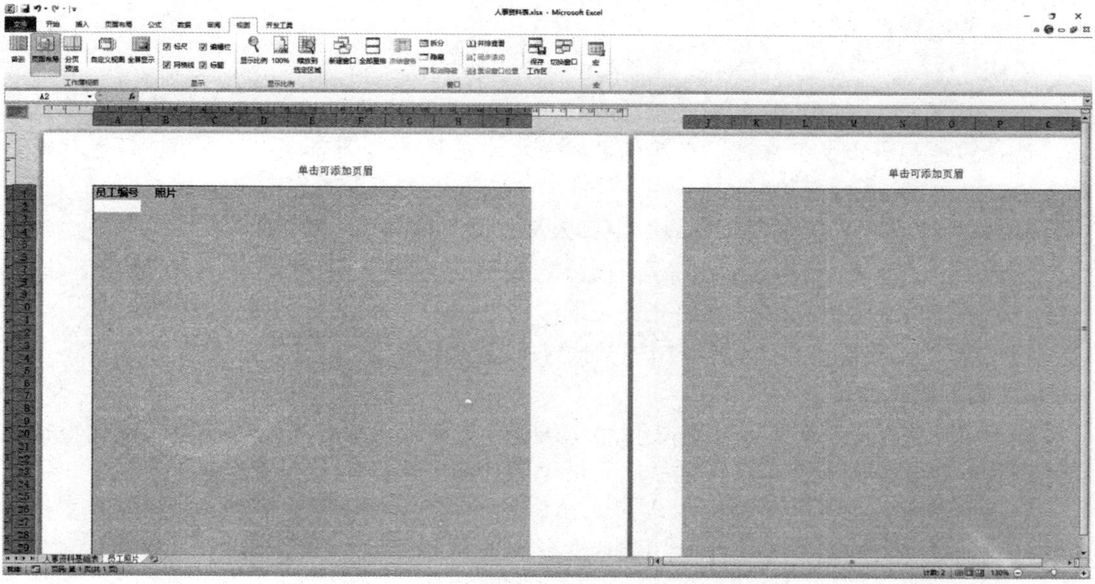

图 1－31　工作簿视图的“页面布局”窗口

（2）设置工作表所有单元格的行高。

在当前工作表左侧行号位置点单击鼠标右键，在鼠标右键菜单中选择“行高(R)…”选项，设置所有单元格的行高为 5.5cm，如图 1－32 所示。

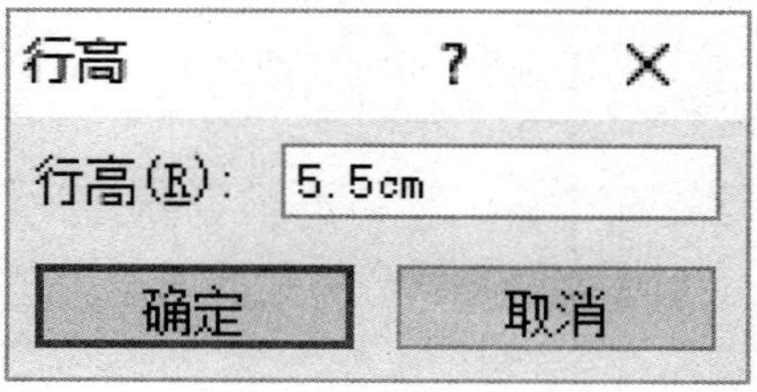

图 1－32　设置单元格行高

（3）设置员工照片所在列单元格的列宽。

在本案例中员工照片保存在当前工作表的 B 列。选择 B 列，单击鼠标右键，在鼠标右键菜单中选择“列宽(C)…”选项，设置 B 列的列宽为 5.5cm，如图 1－33 所示。

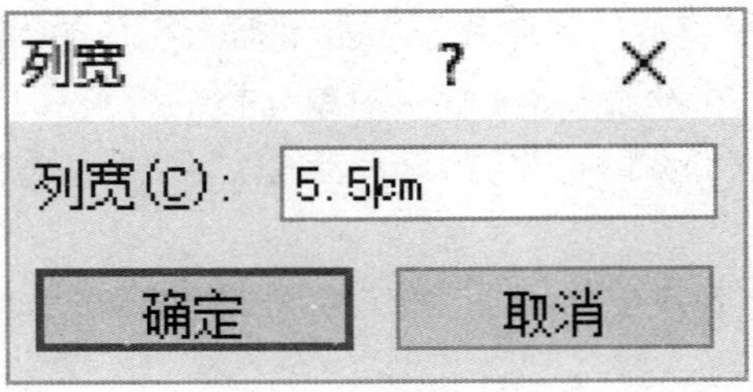

图 1－33　设置单元格列宽

(4) 完成单元格行高和列宽设置。

设置单元格的行高和列宽后，点击“工作簿视图”分组选项中的“普通”按钮，将视图切换为普通状态。

说明：

在工作表“员工照片”中第一行为表格的标题行，标题行单元格的行高需要单独设置。选择第一行点击鼠标右键，在鼠标右键菜单中选择“行高(R)...”选项，设置标题行单元格的高度为 16 磅。

2. 从工作表“人事资料基础表”中导入员工编号信息

选择当前工作表中的单元格 A2，在公式编辑栏中输入公式：“＝人事资料基础表! A3”，运用自动填充功能在 A 列填充员工编号信息。

将 A 列单元格对齐方式设置为水平和垂直“居中”对齐。

3. 插入员工照片

在 Excel 软件中有多种方法插入照片，在日常工作中可根据实际情况单张或批量插入员工照片，在本案例中介绍一种批量插入员工照片的方法。

在本案例中，员工的照片保存在“人事资料表”文件同目录下的“photos”文件夹中，员工照片文件以员工编号命名，照片文件为 JPG 格式。

批量插入员工照片的实现方法如下：

(1) 在单元格中输入含照片地址的公式。

选择工作表“员工照片”中的 B2 单元格，在公式编辑栏中输入如下公式：

“="< table >< img src=""E:\photos\"&A2&".jpg"" width=""200"" height=""200"">"”。

(2) 运用自动填充功能将公式复制到 B 列其他的单元格中。

公式说明：

● 公式中参数“width”和“height”是照片载入 Excel 软件后在单元格中显示的宽度和高度，可根据需要调整。在本案例中照片的宽度和高度均为 200 像素，保存员工照片的单元格宽度和高度也以此设定。

● “E:\ photos\ ”是员工照片存放的地址，实际工作中根据照片的具体保存地址调整。

(3) 运用“记事本”软件保存照片地址。

选择 B 列中已经填充公式的单元格区域，运用“复制”功能将被选择单元格的内容复制到 Windows 系统的粘贴板中，如图 1－34 所示。

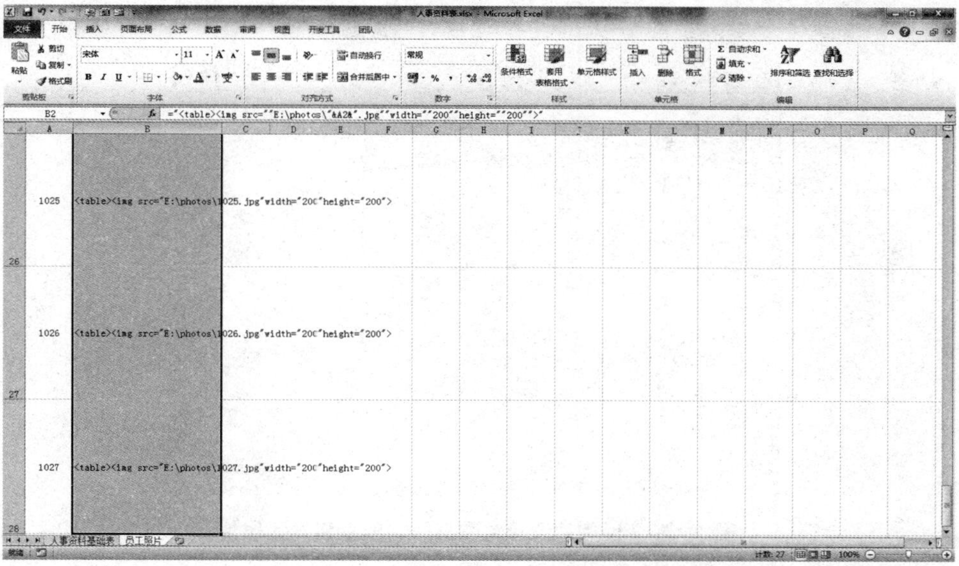

图 1－34　选择复制照片地址到 Windows 系统的粘贴板

打开 Windows 系统自带的软件“记事本”，运用“粘贴”功能将粘贴板中的内容复制到“记事本”中，如图 1－35 所示。

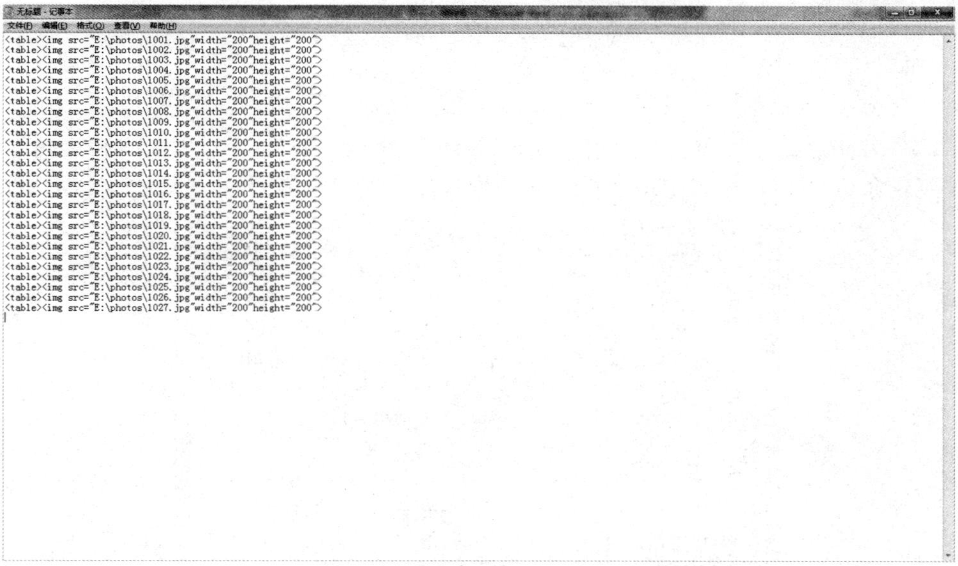

图 1－35　在记事本软件中保存照片地址

(4) 将员工照片批量导入“人事资料表”文件。

在“记事本”软件中选择文件的全部内容，将选择的内容复制到 Windows 系统的粘贴板中。

在 Excel 软件中，选择工作表“员工照片”中的 B2 单元格，点击鼠标右键，在右键菜单中选择“选择性粘贴”选项。

在“选择性粘贴”对话窗口中选择“粘贴(P)”选项，在“方式(A)”的选项列表中选择“Unicode 文本”，点击“确定”按钮。“选择性粘贴”操作如图 1 - 36 所示。

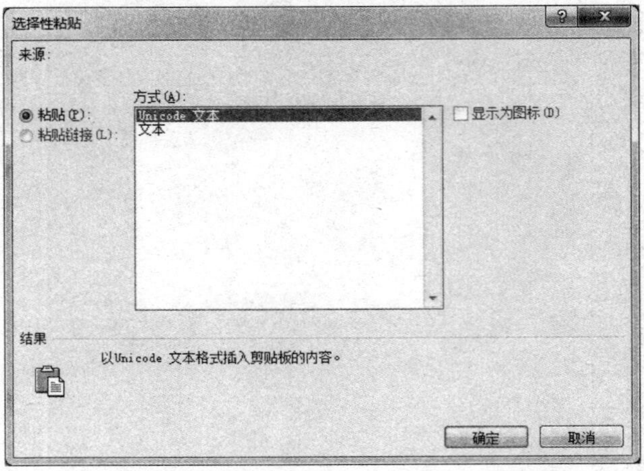

图 1 - 36　运用“选择性粘贴”功能批量导入照片

设置完成点击“确定”按钮关闭操作窗口，所有员工照片均按照员工编号的顺序导入当前“人事资料表”文件的工作表“员工照片”中。

(5) 批量调整员工照片在单元格中的位置。

员工照片插入 Excel 软件的单元格后，当需要调整员工照片在单元格中的位置保证显示效果时可以按照下面的方法调整。

1) 批量选择照片。

第一种方法：选择某一张照片，按下组合键“Ctrl+G”选中全部照片。

第二种方法：点击“开始”菜单，在“编辑”分组选项中点击“查询和选择”按钮，点击“定位条件(S)”，在“定位条件”对话窗口中选择“对象(B)”，如图 1 - 37 所示。

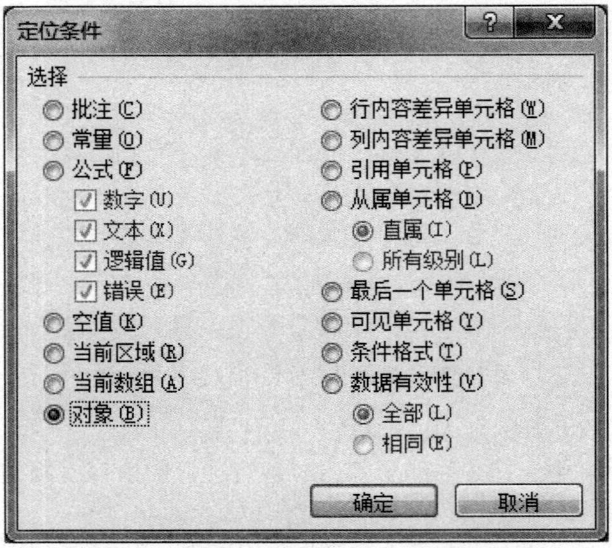

图 1 - 37　运用定位条件功能选择所有照片

在窗口中设置选择条件后，点击“确定”按钮后即可选中全部照片。

2）调整照片位置。

选择需要调整位置的照片后，运用鼠标或用组合键“Ctrl+方向键”即可调整照片的位置。

十三、运用 Excel 软件保护工作簿、工作表和单元格功能保障数据安全

知识链接

Excel 软件安全功能介绍

Excel 软件可以阻止非文档拥有者不使用密码而打开工作簿、仅授予只读权限访问工作簿，或只保护工作表。这些安全功能可以有效保证数据安全。

根据不同需求，可以采取下面不同方式保护 Excel 数据安全。

1. 文件级别

这是指通过设置密码阻止非授权用户打开或修改 Excel 文件。文件级保护有下面几种方法：

● 文件加密：选择此种方式时，用户用指定的密码锁定 Excel 文件，防止其他非授权用户打开该文件。

● 启用对不同用户的只读或编辑的访问权限：为不同用户指定不同密码打开或修改文件。例如：用户可以指定两个密码保护 Excel 文件，一个用于打开文件，另一个用于修改文件。

● 标记为最终状态：如果文档拥有者想要将文档标记为最终版本的 Excel 文件，并且想要防止其他用户作任何进一步的更改，可以使用此种方式。

● 限制访问：如果用户的组织具有使用信息权限管理（IRM）设置的权限，用户可以对文档应用任何可用的 IRM 权限。

● 数字签名：用户可以在 Excel 文件中添加数字签名。若要添加数字签名，用户需要从证书颁发机构（CA）获得有效的证书。

2. 工作簿级别

用户可以通过设置密码锁定工作簿的结构。锁定工作簿结构可以防止其他用户添加、移动、删除、隐藏或重命名工作表。

3. 工作表级别

通过使用工作表级别保护，文档拥有者可以控制用户如何在工作表内工作。文档拥有者可以指定确切的用户仅在工作表中执行特定功能，从而确保不会影响任何工作表中的重要数据。例如：文档拥有者可能希望用户只添加行和列，不能删除行和列或仅排序并使用自动筛选。启用工作表保护后，文档拥有者可以保护其他元素，如单元格、区域、公式和 ActiveX 或表单控件。

1. 保护 Excel 工作表的部分数据列不被编辑

在“人事资料基础表”工作表中，“出生日期”“性别”“年龄”“工龄”这几个信息项的数据由公式计算得到，不需要手工输入与编辑，为了防止操作者误操作而编辑这些数

据，需要对这些数据加以保护。

运用 Excel 软件锁定受保护工作表中特定单元格和区域功能可以保护指定单元格或区域不允许被编辑。保护特定单元格操作属于 Excel 软件保护工作表元素的范畴，需要在工作表被保护的状态下进行。

在 Excel 软件中保护特定单元格操作包含两个步骤：锁定单元格和保护工作表，实现的方法与步骤如下：

(1) 锁定单元格。

在 Excel 软件的默认情况下，工作表中的单元格均处在“锁定”状态。保护工作表后，默认情况下会锁定所有单元格，这意味着将无法编辑所有单元格。为了能够编辑单元格，同时仅将部分单元格锁定，需要在保护工作表之前先取消对所有单元格的锁定，然后仅锁定特定的单元格或区域。

1) 清除工作表全部单元格的“锁定”标记。

在工作表“人事资料基础表”中单击“全选”按钮选定整个工作表。选择方式如图 1－38 所示 。

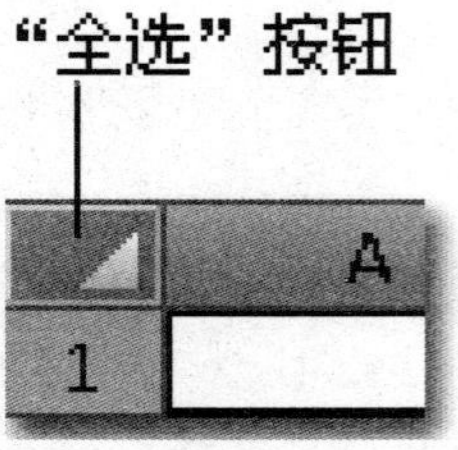

图 1－38 全选按钮

点击鼠标右键，在右键菜单中选择“设置单元格格式(F)”，在“设置单元格格式”窗口中点击“保护”选项卡，在该选项卡页面中清除“锁定(L)”复选框内的被选中标记“√”。如图 1－39 所示。

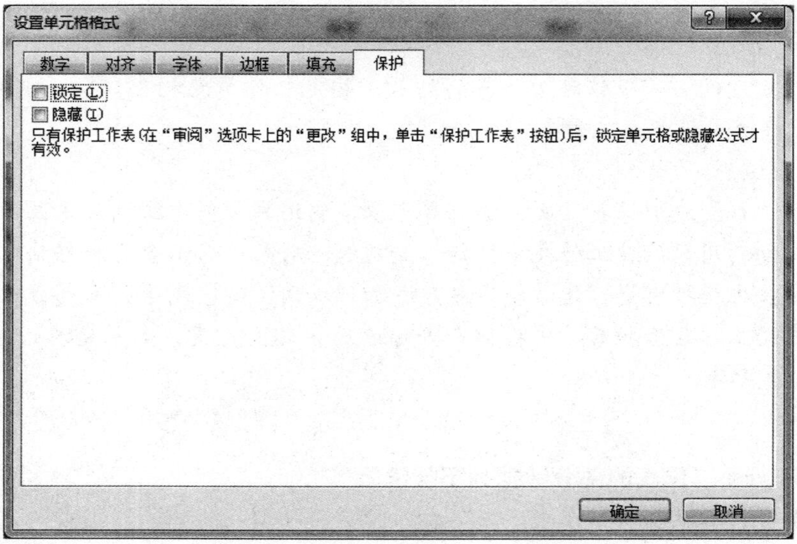

图 1－39 取消单元格的“锁定”属性

2）保护特定数据列单元格。

在工作表“人事资料基础表”中选择“出生日期”“性别”“年龄”“工龄”所在数据列，点击鼠标右键，在鼠标右键菜单中选择“设置单元格格式(F)”，在“设置单元格格式”窗口中点击“保护”选项卡，在该选项卡页面中确保被选择单元格的“锁定(L)”属性前面的复选框为被选择状态（即标记为“√”）。操作界面与取消单元格的“锁定”属性相同。

(2）保护工作表。

在 Excel 软件工作窗口中点击“审阅”菜单，在“更改”组中单击“保护工作表”按钮，打开“保护工作表”对话窗口，如图 1－40 所示。

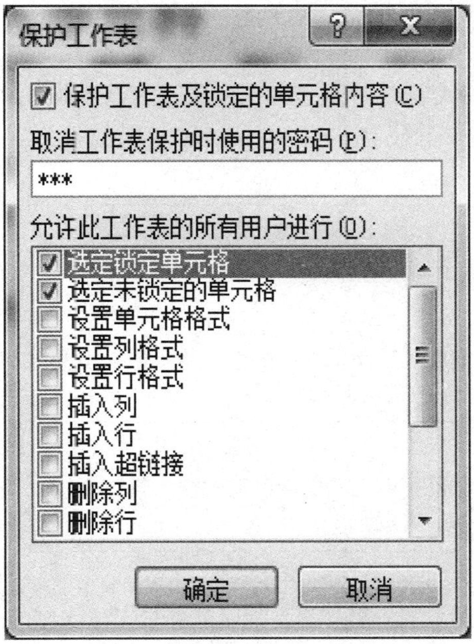

图 1－40　保护工作表窗口

在对话窗口中设置“取消工作表保护时使用的密码(P)”，密码为“123”。

在对话窗口中“允许此工作表的所有用户进行(O)”操作选项的列表中，按照图 1－40 设置。

知识链接

“允许此工作表的所有用户进行”列表中选项含义

保护工作表中工作表元素含义如表 1－2 所示。

表 1－2　　保护工作表中工作表元素含义

清除此复选框	禁止用户
选定锁定单元格	将鼠标移动到在“设置单元格格式”对话框的“保护”选项卡上已为其选中“锁定”复选框的单元格。默认情况下，允许用户选择锁定单元格

续前表

清除此复选框	禁止用户
选定未锁定的单元格	将鼠标移动到在“设置单元格格式”对话框的“保护”选项卡上已为其清除“锁定”复选框的单元格。默认情况下，用户可以选择未锁定的单元格，并且可以按 Tab 键在受保护工作表上的未锁定单元格之间来回移动
设置单元格格式	更改“设置单元格格式”或“设置条件格式”对话框中的任意选项。如果在保护工作表之前应用了条件格式，则在用户输入满足不同条件的值时，格式设置将继续发生更改
设置列格式	使用任何的列格式设置命令，其中包括更改列宽度或隐藏列（“开始”选项卡、“单元格”组和“样式”按钮）
设置行格式	使用任何的行格式设置命令，其中包括更改行高度或隐藏行（“开始”选项卡、“单元格”组和“样式”按钮）
插入列	插入列
插入行	插入行
插入超链接	在未锁定单元格中插入新的超链接
删除列	删除列 （注释：如果“删除列”是受保护的而“插入列”不受保护，则用户可以插入其无法删除的列。）
删除行	删除行 （注释：如果“删除行”是受保护的而“插入行”不受保护，则用户可以插入其无法删除的行。）
排序	使用任何命令对数据进行排序（“数据”选项卡→“排序和筛选”组） （注释：无论如何设置，用户都不能对受保护工作表中的包含锁定单元格的区域进行排序。）
使用自动筛选	在应用“自动筛选”时使用下拉箭头更改对区域进行的筛选 （注释：无论如何设置，用户都不能在受保护的工作表上应用或删除自动筛选。）
使用数据透视表	设置格式、更改布局、刷新或修改数据透视表，或者创建新的报表
编辑对象	执行以下任一操作： （1）更改图形对象（包括地图、嵌入图表、形状）、文本框和保护工作表前没有解除锁定的控件。例如，如果工作表中具有一个运行宏的按钮，则用户可以单击该按钮来运行相应的宏，但不能删除此按钮。 （2）对嵌入图表进行任何更改，例如更改格式设置。当用户更改图表的源数据时，该图表仍将继续更新。 （3）添加或编辑批注
编辑方案	查看已隐藏的方案，更改已禁止对其进行更改的方案，并删除这些方案。如果可变单元格不受保护，则用户可以更改其中的值并添加新的方案

在“保护工作表”对话窗口中设置完成后点击“确定”按钮关闭当前窗口，打开保护工作表“确认密码”窗口，如图 1－41 所示。

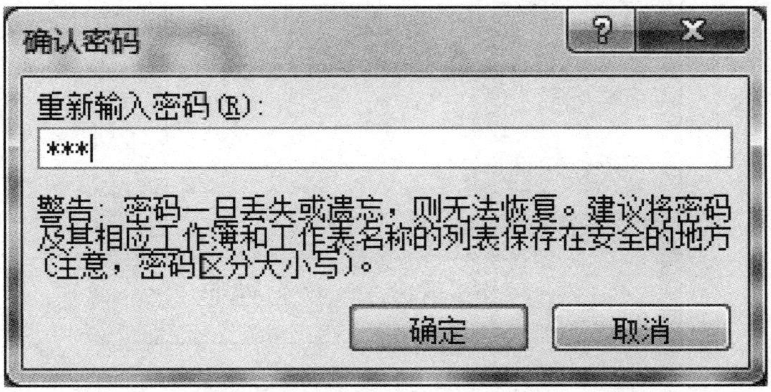

图 1－41　密码确认对话窗口

对“出生日期”“性别”“年龄”“工龄”信息项所在数据列设置保护后，当选择这些列中的单元格编辑时软件系统将提示用户输入工作表的保护密码，如图 1－42 所示。

图 1－42　编辑被保护单元格时提示输入密码

2. 保护工作簿文件“人事资料表”的结构

工作簿文件“人事资料表”中的每个工作表都有自身功能，人力资源部门的操作人员不能随意在工作簿中建立工作表，不能随意删除、隐藏工作簿中已有的工作表。工作簿中每张工作表的名称代表了工作表中数据的用途，因此工作表的名称也不能被修改。为了满足上述安全方面的要求，我们需要对工作簿文件的结构采取保护操作。

在 Excel 软件中保护工作簿文件结构的实现方法如下：

点击“审阅”菜单，在“更改”组中单击“保护工作簿”按钮，如图 1－43 所示。

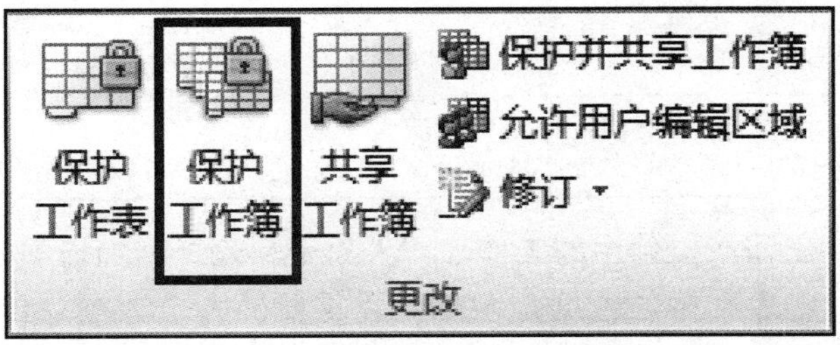

图 1－43　保护工作簿按钮

在“保护结构和窗口”对话窗口中设置“保护工作簿”属性，在“密码（可选）(P):”的文本框中设置密码为“123”，如图 1－44 所示。

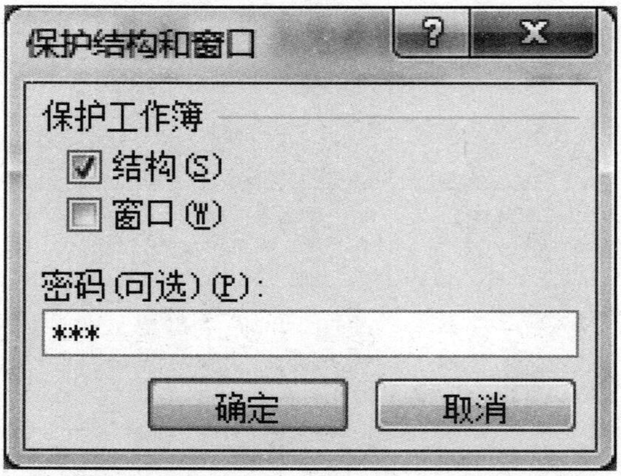

图 1－44　保护结构和窗口对话窗设置密码

知识链接

“保护结构和窗口”对话窗口涉及属性说明

- 若要保护工作簿的结构，请在“保护结构和窗口”对话窗口选中“结构”复选框。
- 若要使工作簿窗口在每次打开工作簿时大小和位置都相同，请在“保护结构和窗口”对话窗口选中“窗口”复选框。
- 若要防止其他用户删除已设置的工作簿保护选项，请在“保护结构和窗口”对话窗口“密码（可选）(P):”框中，键入密码，单击“确定”，然后重新键入密码以进行确认。
- “保护结构和窗口”对话窗口中的工作簿元素说明如表 1－3 所示。

表 1－3　　保护工作簿元素说明

选中此复选框	防止用户执行以下操作
结构	查看已隐藏的工作表。 移动、删除、隐藏或更改工作表的名称。 插入新工作表或图表工作表。注意：用户可以在现有工作表中插入内嵌图表。 将工作表移动或复制到另一工作簿中。 在数据透视表中，在数据区域中显示某个单元格的源数据，或者在单独的工作表上显示页字段页。 对于方案，创建方案汇总报告。 在分析工具库中，使用将结果置于新工作表上的分析工具
窗口	打开工作簿时，更改工作簿窗口的大小和位置。 移动窗口、调整窗口大小或关闭窗口。注意：用户可以隐藏及取消隐藏窗口

3. 对 Excel 软件工作簿文件中的工作表“人事资料表”增加访问权限

工作表“人事资料表”中的数据是敏感的、重要的人事数据，仅限于人力资源管理部门有权限的员工可以查看、编辑，因此需要为工作表“人事资料表”添加密码加以保护。

在 Excel 软件中为工作表“人事资料表”增加密码的实现方法如下：

(1) 保存文件。

在 Excel 软件的工作界面中点击“文件”菜单，选择“另存为”选项。

打开“另存为”对话窗口，点击对话窗口的最下边“工具(L)”按钮，在工具选项的下拉菜单中选择“常规选项(G)…”，如图 1－45 所示。

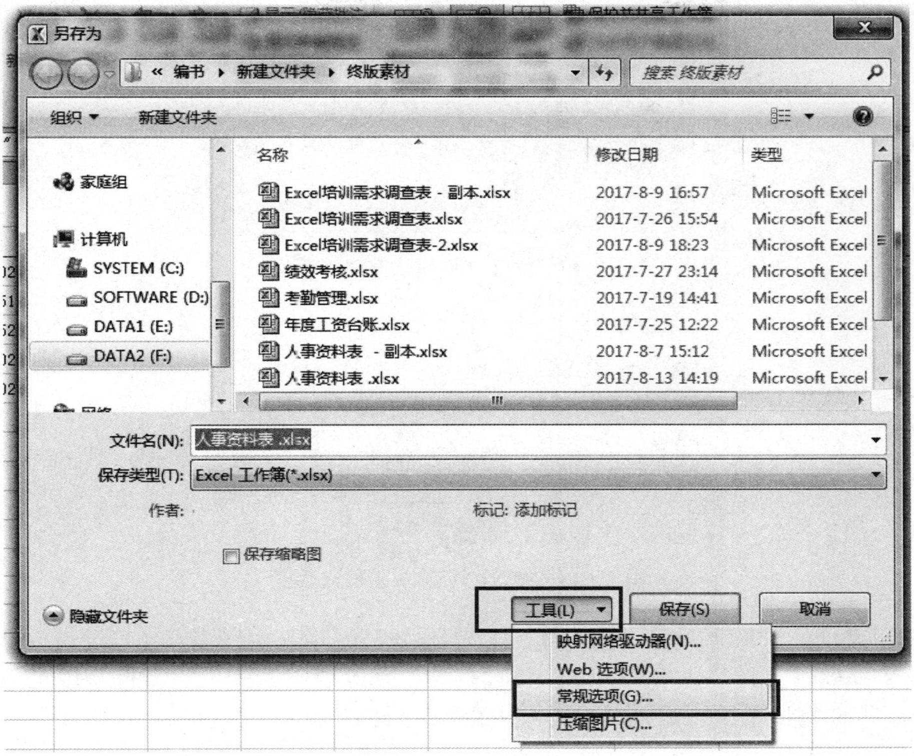

图 1－45　“另存为”对话窗口中“工具”按钮的下拉菜单选项

（2）设置密码。

点击选择“常规选项(G)…”菜单选项打开“常规选项”对话窗口。设置“打开权限密码(O):”和“修改权限密码(M):”。打开权限密码用于打开 Excel 软件的文件，修改权限密码用于修改 Excel 软件文件内容。在本案例中设置打开权限密码为“123”，修改权限密码为“456”，设置操作如图 1－46 所示。

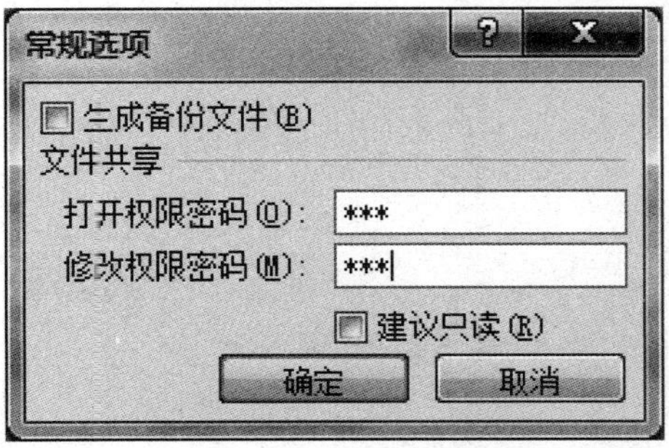

图 1－46　设置 Excel 软件文件打开和修改权限密码

（3）确认密码。

点击“确定”按钮，首先弹出打开文件“确认密码”对话窗口，如图 1－47 所示，然后弹出修改内容“确认密码”对话窗口，如图 1－48 所示，分别输入打开权限密码和修改权限密码确定后，保存 Excel 软件文件。

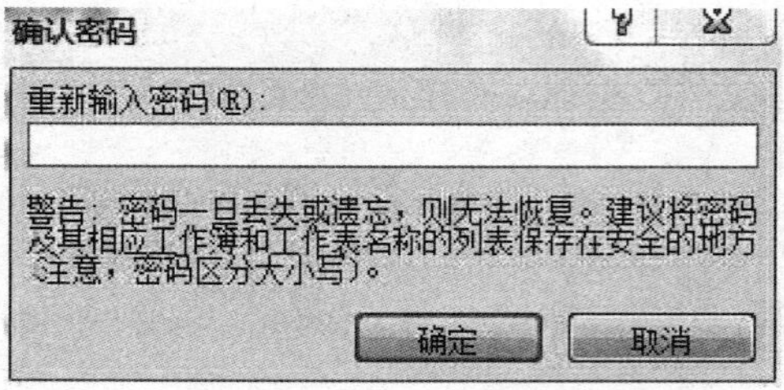

图 1－47　打开文件确认密码对话框

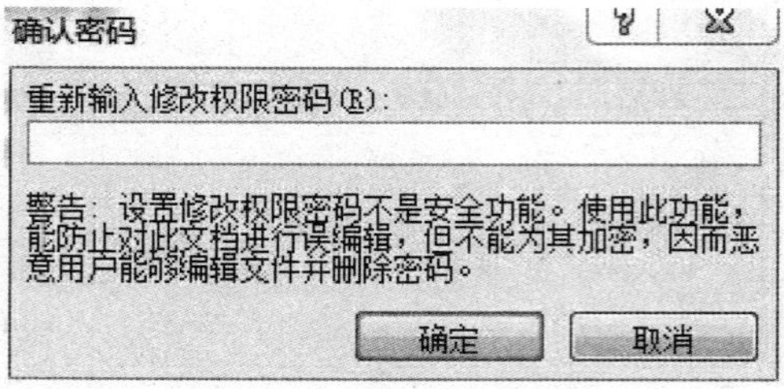

图 1－48　修改内容确认密码对话框

（4）打开受保护的 Excel 软件文件。

为 Excel 软件文件“人事资料表”设置打开、修改权限密码后，当打开该工作簿文件时，Excel 软件将提示用户输入“打开权限密码”，如图 1－49 所示。

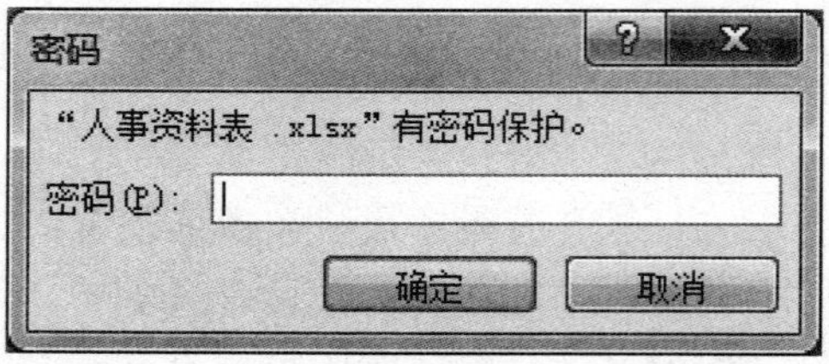

图 1－49　打开权限密码提示输入窗口

正确输入“打开权限密码”密码后，Excel 软件继续提示用户输入“修改权限密码”，此时若用户不输入“修改权限密码”，则 Excel 软件以只读方式打开工作簿文件，在此情况下当前用户仅仅可以查看数据，不能编辑文件内容。“修改权限密码”提示输入窗口如图 1－50 所示。

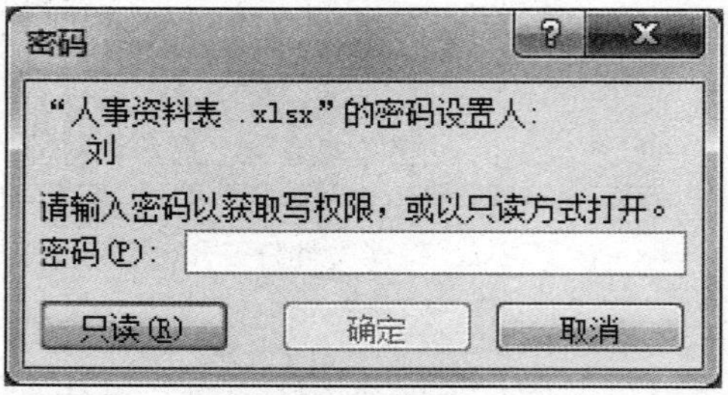

图 1－50　修改权限密码提示输入窗口

第二节　员工信息查询与筛选

员工信息查询与筛选是人力资源管理部门的日常工作之一。Excel 软件提供了丰富的查询函数和功能，将这些函数和功能用于员工信息查询与筛选可极大地提高工作效率。

在本节案例中，员工信息查询是指在员工人事档案中按照条件精确查询显示员工信息，员工信息筛选是指根据给定的条件显示符合条件的员工信息。

在本节案例中，主要用到了如下 Excel 软件函数：VLOOKUP、IFERROR、OFFSET、MATCH。

在本节案例中，介绍了如何根据员工信息查询结果动态显示员工照片的方法，以及如何运用 Excel 软件的数据筛选功能实现员工数据的筛选操作。

本节运用的 Excel 工作簿文件是“员工信息查询与筛选”，工作簿文件中的工作表“人事资料基础表”中保存了员工的基本信息，查询与筛选操作在这些数据之上展开。员工信息查询与筛选的实现方法如下。

一、员工信息查询

在日常工作中经常需要查询某位员工详细的人事信息资料，在工作表“人事资料基础表”中保存了公司所有员工的人事信息，但是此工作表中的数据格式不便于查看某一位员工的信息，因此需要提供一种查询员工详细信息的功能，并且需要能够按照指定的格式显示并打印被查询员工的详细信息。在本案例中“员工信息查询”工作表实现了这种功能。

在工作表“员工信息查询”中，按照公司规定的格式设计了员工人事信息明细表模板，人力资源管理部门的员工在“员工编号”单元格中输入需要查询的员工编号后，Excel 软件将以此为查询条件在工作表“人事资料基础表”中进行精确查询，Excel 软件将查询到的员工信息在员工人事信息明细表模板中按照格式显示。

说明：

在工作表“员工信息查询”中的“教育经历”“工作经历”信息可根据实际情况需要在工作表“员工经历”中补充输入。

在 Excel 软件中，实现员工信息查询涉及的函数如下：

知识链接

VLOOKUP 函数说明

功能： VLOOKUP 函数是一个查找函数。搜索表区域首列满足条件的元素，确定待检索单元格在区域中的行序号，再进一步返回选定单元格的值。默认情况下，表以升序排列。

语法： VLOOKUP(lookup_value, table_array, col_index_num, range_lookup)

函数参数：

● lookup _ value：必需项。要在表格或区域的第一列中搜索的值。lookup _ value 参数可以是值或引用。如果为 lookup _ value 参数提供的值小于 table _ array 参数第一列中的最小值，则函数 VLOOKUP 将返回错误值“＃N/A”。

● table _ array：必需项。包含被查找数据的单元格区域。可以使用对区域（例如，A2：D8）或区域名称的引用。table _ array 第一列中的值是参数 lookup _ value 搜索的区域。这些值可以是文本、数字或逻辑值。文本不区分大小写。

● col _ index _ num：必需项。指定 table _ array 参数中必须返回的匹配值的列号。

col _ index _ num 值为“1”时，返回 table _ array 第一列中的值；

col _ index _ num 值为“2”时，返回 table _ array 第二列中的值，以此类推。

如果 col _ index _ num 参数小于 1，函数 VLOOKUP 返回错误值“＃VALUE!”。

如果 col _ index _ num 参数大于 table _ array 的列数，则函数 VLOOKUP 返回错误值“＃REF!”。

● range _ lookup：可选项。一个逻辑值，指定函数 VLOOKUP 查找精确匹配值还是近似匹配值。

如果 range _ lookup 为“TRUE”或被省略，函数 VLOOKUP 将查找精确匹配值或近似匹配值。如果找不到精确匹配值，则返回小于 lookup _ value 的最大值。当 range _ lookup 为“TRUE”或被省略时，则参数 table _ array 指定区域的第一列中的值必须按升序排列，否则，函数可能无法返回正确的值。

如果 range _ lookup 参数为“FALSE”，函数 VLOOKUP 查找精确匹配值。如果 table _ array 指定区域的第一列中有两个或更多值与 lookup _ value 匹配，则使用第一个找到的值。如果找不到精确匹配值，则返回错误值“＃N/A”。

函数说明：

● 在参数 table _ array 指定区域的第一列中搜索文本值时，请确保 table _ array 第一列中的数据不包含前导空格、尾部空格、非打印字符或者未使用不一致的英文引号（' 或"）与中文引号（‘或“）。否则，函数 VLOOKUP 可能返回不正确或意外的值。

● 在搜索数字或日期值时，请确保 table _ array 指定区域第一列中的数据未被存储为文本值。否则，函数 VLOOKUP 可能返回不正确或意外的值。

● 如果 range _ lookup 为“FALSE”且 lookup _ value 为文本，则可以在 lookup _ value 中使用通配符问号（?）和星号（*）。问号匹配任意单个字符，星号匹配任意字符序列。如果要查找实际的问号或星号，请在字符前键入波形符（~）。

知识链接

IFERROR 函数说明

功能：如果公式的计算结果错误则返回用户指定的值，否则返回公式的结果。使用 IFERROR 函数可捕获和处理公式中的错误。

语法：IFERROR(value，value _ if _ error)

函数参数：

- value：必需项。检查是否存在错误的参数。
- value_if_error：必需项。公式的计算结果出现错误时返回的值。公式计算中出现的错误类型如下：#N/A、#VALUE!、#REF!、#DIV/0!、#NUM!、#NAME? 或 #NULL!，这些均可被捕获。

函数说明：

- 如果 value 或 value_if_error 是空单元格，则 IFERROR 将其视为空字符串值("")。
- 如果 value 是数组公式，则 IFERROR 为参数 value 中指定区域的每个单元格返回一个结果数组。

知识链接

COUNTA 函数说明

功能：计算区域（区域：工作表中的两个或多个单元格。区域中的单元格可以相邻或不相邻）中非空单元格的个数。

语法：COUNTA(value1,value2,…)

函数参数：

- value1：必需项。表示要计数的值的第一个参数。
- value2，…：可选项。表示要计数的值的其他参数，最多可包含 255 个参数。

函数说明：

- COUNTA 函数可对包含任何类型信息的单元格进行计数。COUNTA 函数不会对空单元格进行计数。
- 如果不需要对逻辑值、文本或错误值进行计数（换句话说，只希望对包含数字的单元格进行计数），请使用 COUNT 函数。
- 如果只希望对符合某个或多个条件的单元格进行计数，请使用 COUNTIF 函数或 COUNTIFS 函数，后面的案例将会介绍。

知识链接

OFFSET 函数说明

功能：以指定的引用为参照系，通过给定偏移量得到新的引用。返回的引用可以为一个单元格或单元格区域，并可以指定返回的行数和列数。

语法：OFFSET(reference，rows，cols,height,width)

函数参数：

- reference：必需项。作为偏移量参照系的引用区域。引用必须是对单元格或相邻单元格区域的引用，否则函数 OFFSET 返回错误值“#VALUE!”。
- rows：必需项。相对于偏移量参照系的左上角单元格向上或向下偏移的行数。例如：rows 值为 5 时，则目标引用区域的左上角单元格为 reference 下方的 5 行。rows 可为正数（在起始引用的下方）或负数（在起始引用的上方）。

- cols：必需项。相对于偏移量参照系左上角单元格的向左或向右偏移的列数。例如：cols 值为 5 时，则目标引用区域的左上角单元格为 reference 右侧的 5 列。cols 可为正数（在起始引用的右侧）或负数（在起始引用的左侧）。
- height：可选项。需要返回的引用区域的行数。height 必须为正数。
- width：可选项。需要返回的引用区域的列数。width 必须为正数。

函数说明：

- 如果 rows 和 cols 的偏移使引用超出了工作表边缘，则函数 OFFSET 返回错误值“#REF!”。
- 如果省略 height 或 width，则假设其行数或列数与 reference 相同。
- 函数 OFFSET 实际上并不移动任何单元格或更改选定区域，它只是返回一个引用。函数 OFFSET 可以与任何期待引用参数的函数一起使用。例如：公式“SUM(OFFSET(C2，1，2，3，1))”可计算 3 行 1 列区域（即单元格 C2 下方的 1 行和右侧的 2 列的 3 行 1 列区域）的和。

知识链接

MATCH 函数说明

功能：函数可在单元格区域中搜索指定项，然后返回该项在单元格区域中的相对位置。

如果需要获得单元格区域中某个项目的位置而不是项目本身，则应该使用 MATCH 函数而不是某个 LOOKUP 函数。例如：可以使用 MATCH 函数为 INDEX 函数的 row _ num 参数提供值。

语法：MATCH(lookup _ value, lookup _ array, match _ type)

函数参数：

- lookup _ value：必需项。需要在参数 lookup _ array 指定区域中查找的值。lookup _ value 参数可以为值（数字、文本或逻辑值）或对数字、文本或逻辑值的单元格引用。
- lookup _ array：必需项。要搜索的单元格区域。
- match _ type：可选项。值为数字“－1”、“0”或“1”。match _ type 参数指定 Excel 软件如何在 lookup _ array 中查找 lookup _ value 的值。此参数的默认值为“1”。match _ type 参数值含义见表 1－4。

表 1－4　match _ type 参数值解析

match _ type	行为
1 或省略	MATCH 函数查找小于或等于 lookup _ value 的最大值。lookup _ array 参数中的值必须按升序排列，例如：…－2，－1，0，1，2，…，A-Z，FALSE，TRUE

续前表

match _ type	行为
0	MATCH 函数查找等于 lookup _ value 的第一个值。lookup _ array 参数中的值可以按任何顺序排列
−1	MATCH 函数会查找大于或等于 lookup _ value 的最小值。lookup _ array 参数中的值必须按降序排列，例如：TRUE，FALSE，Z-A，…2，1，0，−1，−2，…

函数说明：

● MATCH 函数会返回参数 lookup _ array 指定区域中匹配值的位置而不是匹配值本身。例如：MATCH("b"，{"a"，"b"，"c"}，0) 会返回值“2”，即“b”在数组{"a","b","c"} 中的相对位置。

● 查找文本值时，MATCH 函数不区分大小写字母。

● 如果 MATCH 函数查找匹配项不成功，它会返回错误值“#N/A”。

● 如果 match _ type 值为“0”且 lookup _ value 为文本字符串，可以在 lookup _ value 参数中使用通配符问号(?)和星号(*)。问号匹配任意单个字符，星号匹配任意一串字符。如果要查找实际的问号或星号，请在该字符前键入波形符（~）。

实现员工信息查询的过程中涉及多种引用单元格的方法，下面介绍在 Excel 软件中对单元格的引用方法：

知识链接

单元格引用说明

Excel 软件中单元格的引用包括：相对引用、绝对引用、混合引用、通过名称引用四种方式。

(1) 相对引用：默认情况下，公式使用相对引用。单元格引用格式形如“A1”。这种对单元格的引用是完全相对的，当引用单元格的公式被复制时，新公式引用的单元格的位置将会发生改变。例如：在单元格 A1～A5 中输入数值“1，2，3，4，5”，然后在单元格 B1 中输入公式“=A1*2”，最后把 B1 单元格中的公式分别复制到 B2 至 B5，则会发现 B2 至 B5 单元格中的结果均等于其左侧单元格的数值乘以 2，如图 1-51 所示。

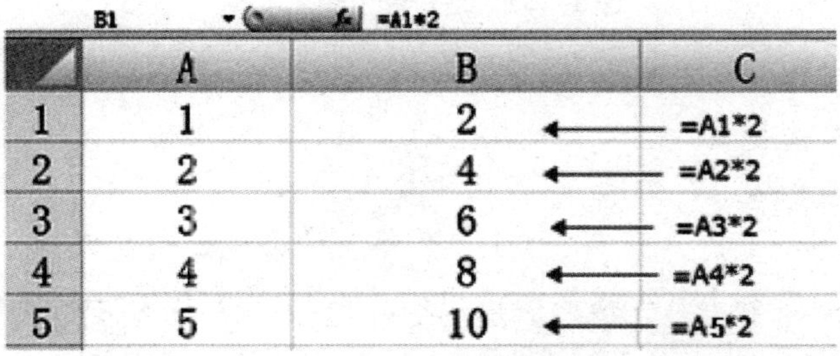

图 1-51　相对引用单元格

(2) 绝对引用：单元格引用格式形如"$A$1"。这种对单元格引用的方式是完全绝对的，即一旦使用绝对引用方式，无论公式如何被复制，对采用绝对引用的单元格的引用位置是不会改变的。例如：在单元格 A1～A5 中输入数值"1，2，3，4，5"，然后在单元格 B1 中输入公式"＝$A$1＊2"，最后把 B1 单元格中的公式分别复制到 B2 至 B5，则会发现 B2 至 B5 单元格中的结果均等于 A1 单元格的数值乘以 2，如图 1－52 所示。

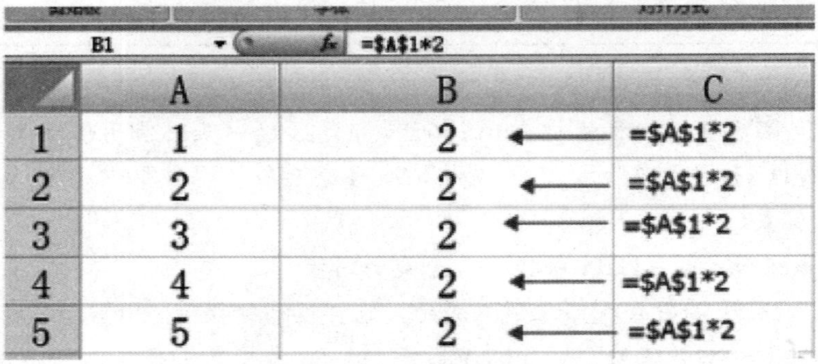

图 1－52 绝对引用单元格

(3) 混合引用：混合引用单元格分为绝对行引用和绝对列引用。

绝对行引用单元格：形式如"A$1"。这种对单元格的引用位置不是完全绝对的，当引用该单元格的公式被复制时，新公式对列的引用将会发生变化，而对行的引用则固定不变。例如：在单元格 A1 至 B5 的区域中输入数值"1,2,3,…,9,10"，然后在单元格 C1 中输入公式"＝A$1＊2"，最后将 C1 单元格中的公式分别复制到 C2 至 D5 和 D1 区域中，则会发现 C2 至 D5 和 D1 区域单元格中的结果均等于对第一行单元格的数值乘以 2，即对行的引用是固定的，如图 1－53 所示。

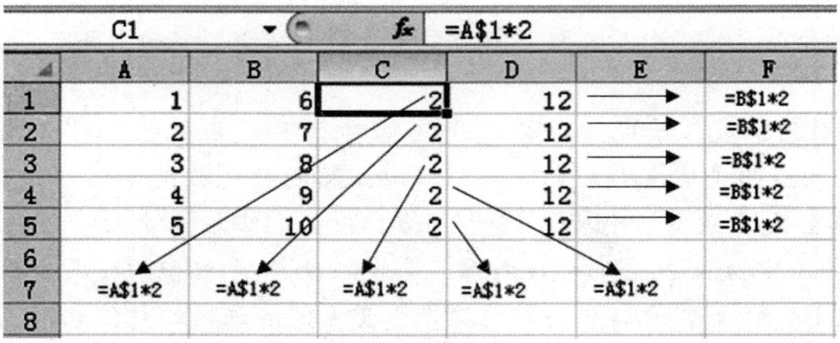

图 1－53 绝对行引用单元格

绝对列引用单元格：形式如"$A1"。这种对单元格的引用位置不是完全绝对的，当引用该单元格的公式被复制时，新公式对行的引用将会发生变化，而对列的引用则固定不变。例如：我们在单元格 A1 至 B5 的区域中输入数值"1,2,3,…,9,10"，然后在单元格 C1 中输入公式"＝$A1＊2"，最后将 C1 单元格中的公式分别复制到 C2 至 D5 和 D1 区域中，则会发现 C2 至 D5 和 D1 区域单元格中的结果均等于对第一列单元格的数值乘以 2，即对列的引用是固定的，如图 1－54 所示。

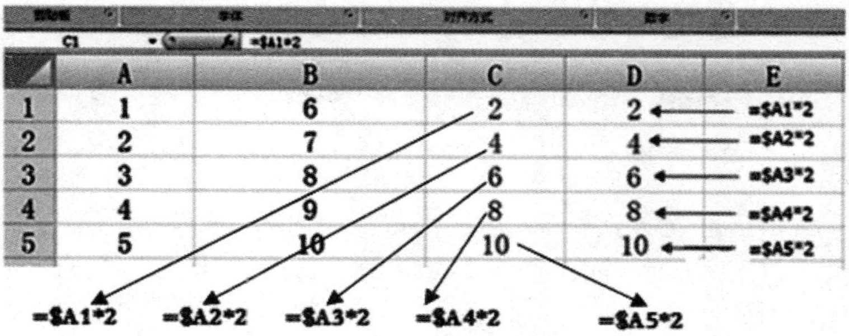

图 1-54　绝对列引用单元格

(4) 通过名称引用：该引用方式通过名称来实现对特定单元格的引用，实质仍然是绝对引用，通过名称引用既可以对单个单元格进行引用，也可以对单元格区域进行引用。例如：在单元格 A1 中输入数值“5”，然后选中单元格 A1，在文档左上角输入“area”并按回车，在单元格 B1 中输入公式“＝area ＊ 2”并按回车，则结果为 10，即实现了对 A1 单元格的引用，最后把 B1 单元格中的公式复制到 B2，则 B2 单元格中的数值也为 10，即实现了对名称单元格的绝对引用，如图 1-55 所示。所以利用名称来引用单元格的方式为绝对引用。

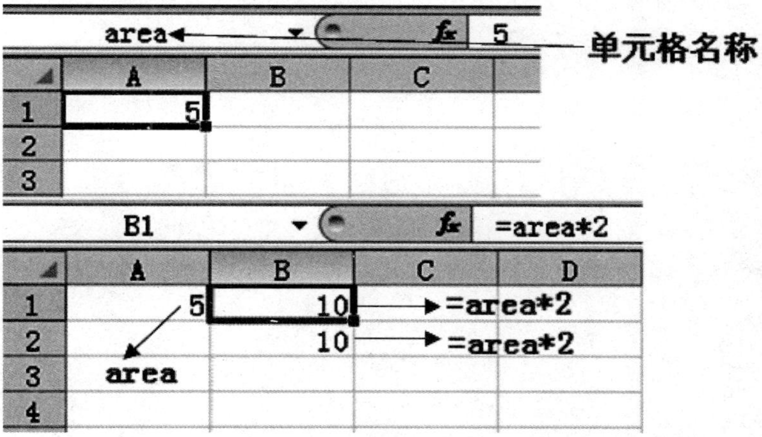

图 1-55　通过名称引用单元格

单元格引用中的快捷键说明：

在 Excel 中输入公式时，只要正确使用 F4 键，就能简单地对单元格的相对引用和绝对引用进行切换。现举例说明。

在某单元格输入公式“＝SUM(B4:B8)”。

选中整个公式，第一次按下 F4 键，该公式内容变为“＝SUM($B$4:$B$8)”，表示对行、列单元格均进行绝对引用。

第二次按下 F4 键，公式内容变为“＝SUM(B$4:B$8)”，表示对行绝对引用，对列相对引用。

第三次按下 F4 键，公式则变为“＝SUM($B4:$B8)”，表示对行进行相对引用，对列进行绝对引用。

第四次按下 F4 键时，公式变回到初始状态“＝SUM(B4:B8)”，即对行、列的单元格均进行相对引用。

说明：

F4 键的切换功能只对所选中的公式有作用。

在工作表“员工信息查询”中首先运用函数 VLOOKUP 查询员工的“姓名”“性别”等信息，然后运用“定义动态引用单元格区域名称”“复制为图片”“选择性粘贴”等操作动态显示被查询员工照片。

在 Excel 软件中实现员工信息查询的方法如下：

1. 定义单元格区域名称

定义单元格区域名称的目的是将该单元格区域作为函数 VLOOKUP 的参数。

在当前工作表中用鼠标连续选择 A3 至 Q3 单元格，按下组合键“CTRL＋SHIFT”后按下“↓”，此时 Excel 软件将选中 A 列至 Q 列中所有非空的数据行，此时再次按下“↓”Excel 软件系统将选择 A 列至 Q 列中除第一、二行之外的所有行，在“名称框”中为选定的区域命名为“JBZL”，如图 1－56 所示。

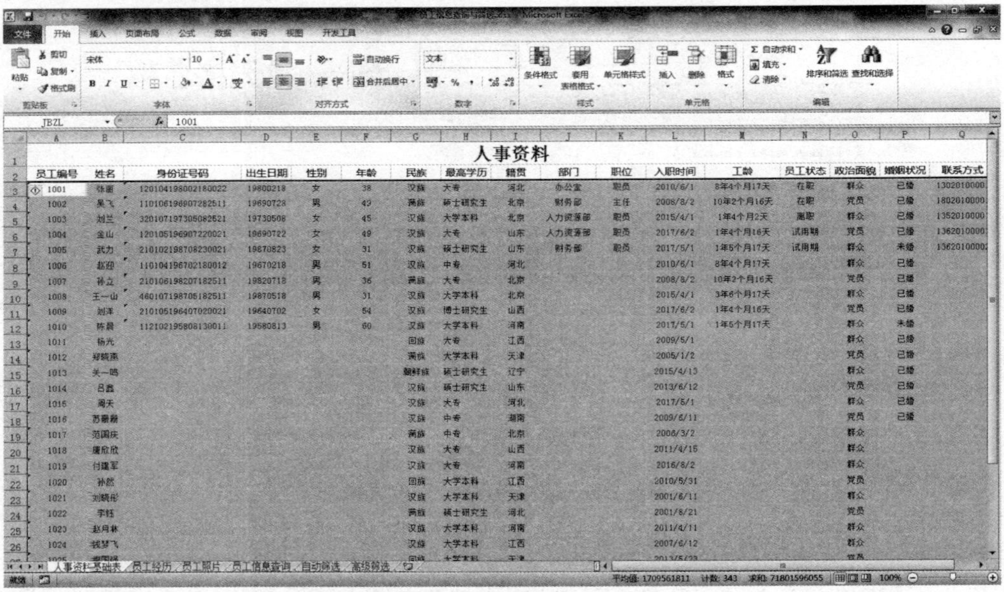

图 1－56 选择命名单元格

2. 运用函数 VLOOKUP 查询员工详细信息

在当前工作表中根据输入的员工编号查询员工信息主要运用函数 VLOOKUP 在命名为“JBZL”单元格区域中查询实现。

运用函数 VLOOKUP 根据员工编号查询员工姓名的方法如下：

（1）运用插入函数对话窗口插入公式。

在当前工作表中选择 C4 单元格，点击“公式”菜单，在“函数库”分组中点击“插入函数 fx”按钮，在“插入函数”对话窗口中选择函数 VLOOKUP，运用“函数参数”对话窗口输入函数参数以插入公式，函数 VLOOKUP 的“函数参数”对话窗口如图 1－57 所示。

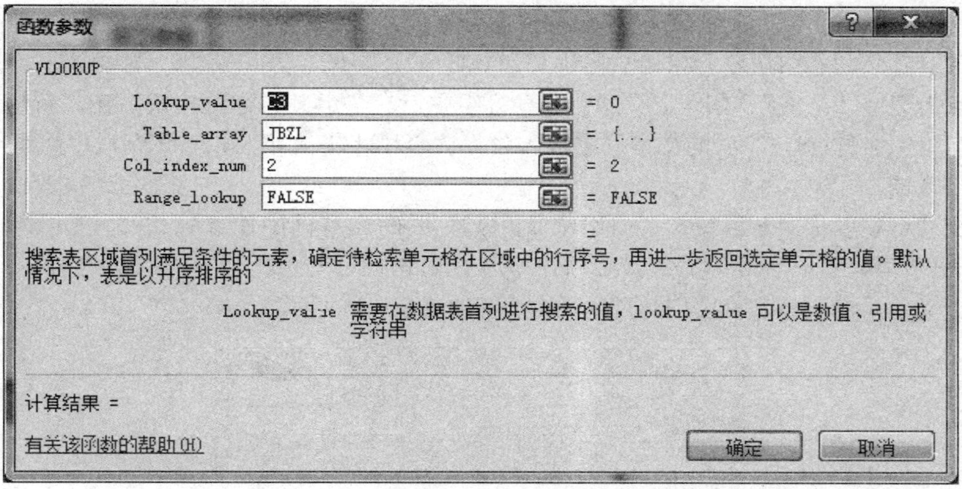

图 1-57 VLOOKUP 函数参数对话框

在对话窗口中录入参数后点击“确定”按钮关闭窗口，在 C4 单元格插入函数“=VLOOKUP(C3,JBZL,2,FALSE)”。

公式说明：

在公式中函数 VLOOKUP 以 C3 单元格的内容为查询条件与在以名称“JBZL”指定单元格区域中的第一列（即员工编号信息列）中精确匹配查询，将匹配结果行的第二列即员工的姓名返回后填入 C4 单元格。

（2）运用 IFERROR 函数处理计算中的错误信息。

当 C3 单元格未输入员工编号或输入了错误的员工编号时将在单元格中显示错误信息“#N/A”（Excel 软件的错误提示信息在附录中有详细说明）。出现上述错误信息最常见的原因是在公式执行过程中找不到与查询条件相匹配的数据行。为了避免出现类似的错误信息，在此使用函数 IFERROR 处理此种错误。

将 C4 单元格的公式修改为如下形式：“=IFERROR(VLOOKUP(C3,JBZL,2,FALSE),"")”。

公式说明：

在公式中函数 IFERROR 将判断函数 VLOOKUP 查询结果。

当函数 VLOOKUP 查询出现错误返回错误信息“#N/A”时，函数 IFERROR 屏蔽此错误信息，在 C4 单元格中返回空字符串，否则将函数 VLOOKUP 的查询结果填入 C4 单元格。

备注：

参照获取员工姓名的方法，使用函数 VLOOKUP 依次获得除照片之外的员工信息。

3. 查询显示员工照片

在工作表“员工照片”中保存了公司员工的照片，工作表的 A 列为“员工编号”，B 列保存员工的照片。当在工作表“员工信息查询”中输入员工编号后，预先设置的操作与公式将在工作表“员工照片”中查询该员工的照片，并在工作表“员工信息查询”的相应单元格中显示该照片。

查询显示员工照片的实现方法如下：

(1) 定义动态引用单元格区域名称“PHOTO”。

点击菜单“公式”，在“定义的名称”分组中点击“定义名称”按钮，在“新建名称”对话窗口“名称(N):”后的文本框中输入名称“PHOTO”，定义以“PHOTO”为名称的单元格区域。

在“新建名称”对话窗口“引用位置(R):”后的文本框中输入公式“=OFFSET(员工照片!$A$1,1,0,COUNTA(员工照片!$A:$A)-1,1)”。

定义单元格区域名称“PHOTO”的设置如图1-58所示。

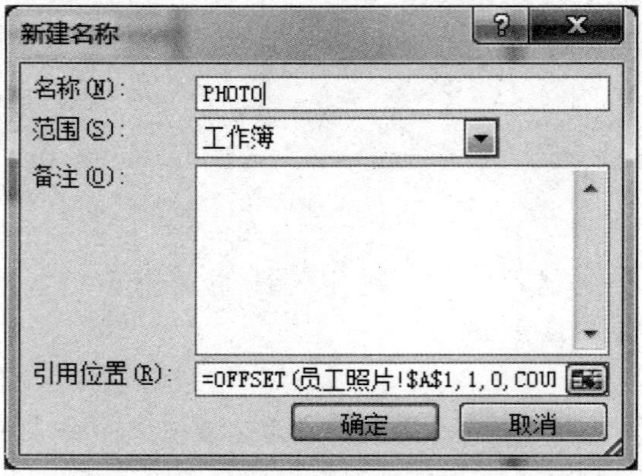

图1-58 定义新单元格区域命名为“PHOTO”

“引用位置(R):”中公式说明：

在名称定义对话窗口“引用位置(R):”中输入的公式定义了一个动态区域，这个区域是工作表“员工照片”A列中除标题行之外的非空单元格。

公式中用函数COUNTA统计工作表“员工照片”A列中不为空的单元格数量，减“1”的原因是因为有标题行，当前工作表“员工照片”A列中A2:A28为非空单元格。函数OFFSET返回对工作表“员工照片”A2:A28单元格区域的引用。

当有新的内容添加到工作表“员工照片”A2:A28区域下面的单元格中时，不必修改公式，该公式将自动返回A列非空单元格区域的引用。

(2) 定义动态引用单元格区域名称“PIC”。

按照定义单元格区域名称“PHOTO”的方法定义单元格区域名称“PIC”，引用的单元格位置由公式动态确定，在“新建名称”定义对话窗口“引用位置(R):”中输入公式：“=OFFSET(员工照片!$B$2,IFERROR(MATCH(员工信息查询!$C$3,PHOTO,0),0)-1,0,1,1)”。

“引用位置(R):”中公式说明：

公式首先用函数MATCH以精确查询的方式查询返回“员工信息查询”工作表中C3单元格值（待查询的员工编号）在“PHOTO”名称指定单元格区域列表中的位置。

如果MATCH函数没有查询到与C3单元格中员工编号匹配的信息，将返回错误值“#N/A”，例如：当C3单元格为空时。为了避免MATCH函数返回错误值影响运行，运用函数IFERROR对错误情况处理，当MATCH函数查找匹配项不成功时则返回“0”。

MATCH 函数返回值减去“1”是因为有标题行与名称“PHOTO”指定单元格区域相对应。

OFFSET 函数返回工作表“员工照片”表格 B 列中的对应的保存图片的单元格引用。

当 MATCH 函数以员工编号为查询条件查找匹配项不成功时，公式变为“=OFFSET(员工照片!$B$2,-1,0,1,1)”，则以图片的形式返回工作表“员工照片”中单元格 B1 的引用。

新定义的名称“PIC”将关联到动态显示员工照片的操作中。

(3) 关联显示被查询员工的照片。

选择工作表“员工信息查询”的 H4 单元格，按住“Shift”键，单击“开始”菜单，在“剪贴板”组中点击“复制”按钮，在弹出的菜单中选择“复制为图片(P)…”选项，如图 1-59 所示。

图 1-59 运用“复制为图片（P）…”菜单复制照片

点击“复制为图片(P)…”菜单，打开“复制图片”对话窗口，如图 1-60 所示。

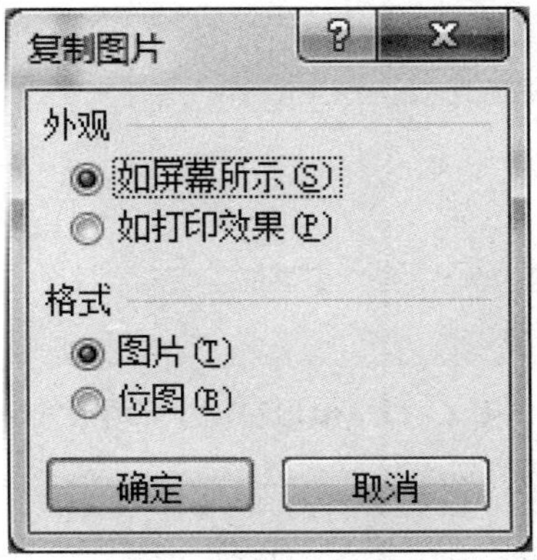

图 1-60 复制图片对话窗口

在“复制图片”对话窗口中不要改变默认值，点击“确定”按钮。

保持选择 H4 单元格，单击“开始”菜单，在“剪贴板”组中点击“粘贴”按钮，在下拉菜单中选择“选择性粘贴(S)…”，如图 1－61 所示。

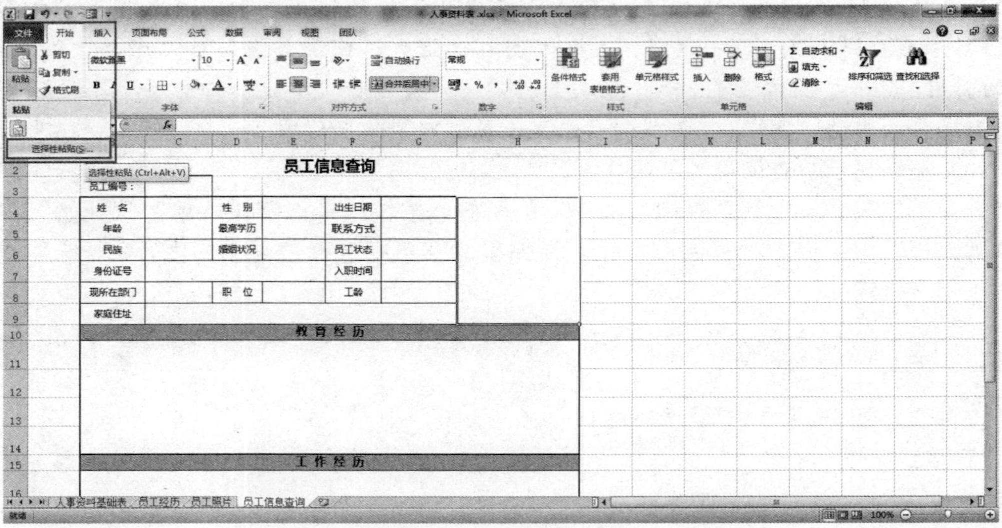

图 1－61 运用选择性粘贴功能粘贴照片

点击“选择性粘贴(S)…”菜单项，Excel 软件将粘贴一个与 H4 单元格同样大小的图片到 H4 单元格的位置。选择该图片，在编辑栏中输入公式“＝ IFERROR(PIC，"")”，如图 1－62 所示。输入回车后将显示被查询员工的照片。

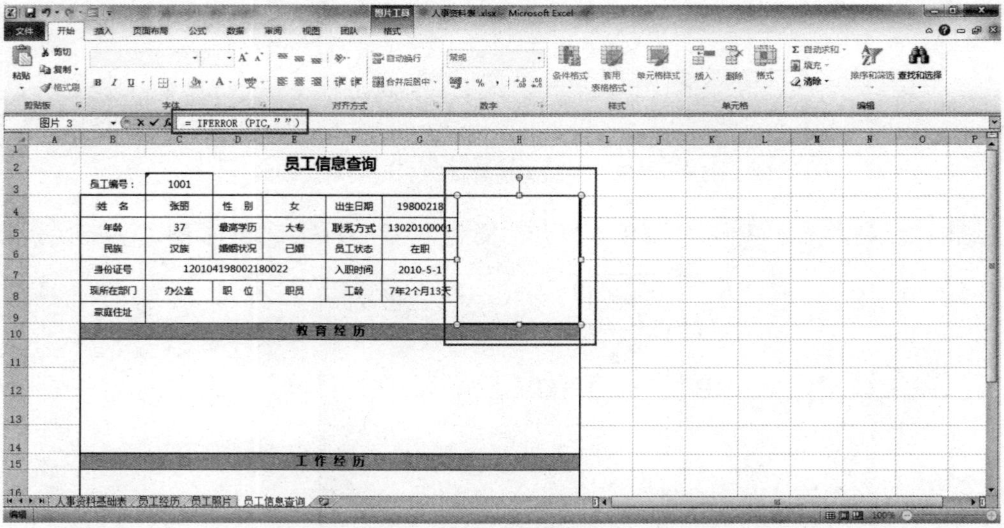

图 1－62 编辑照片单元格公式

公式说明：

运用函数 IFERROR 处理动态引用单元格区域名称“PIC”计算返回错误，当出现错误时则返回空值。

按照以上步骤即可实现以 C3 单元格输入的员工编号为查询条件动态查询显示相应的员工照片的功能。

二、按条件筛选员工信息

在人力资源管理的日常工作中经常需要按照多种条件在人数众多的员工数据信息中查询显示符合条件的员工信息，Excel 软件提供的筛选功能可以满足这种应用需求。

Excel 软件提供的筛选功能可以快速查找和使用数据清单中的数据子集。筛选功能可以使 Excel 软件仅显示出符合设置筛选条件的某一个值或一组条件的行，而隐藏其他行。Excel 软件提供了“自动筛选”和“高级筛选”两种方式筛选数据。在案例中将分别介绍。

1. 运用自动筛选功能筛选员工信息

自动筛选功能一般用于简单条件的数据筛选，筛选时将不满足条件的数据暂时隐藏，只显示符合条件的数据。

在本案例中筛选数据需要同时满足三个条件：性别为“男”、年龄大于等于 35 岁、员工姓“陈”。

运用自动筛选功能筛选符合条件数据的方法如下：

（1）准备数据。

复制工作表“人事资料基础表”，将复制的工作表名称修改为“自动筛选”，将光标放在当前工作表有数据的单元格中。

说明：

在执行自动筛选操作之前一定要将光标放在待筛选数据单元格区域之中，否则当执行自动筛选操作时将显示报错的提示框，如图 1－63 所示。

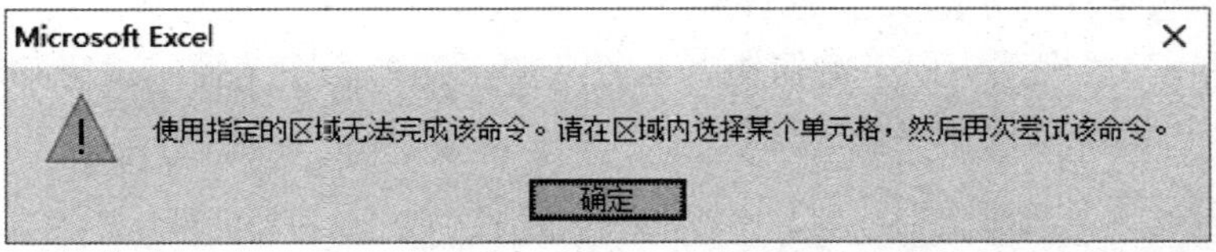

图 1－63　光标未放在有数据单元格执行自动筛选的错误提示信息

（2）运用自动筛选功能筛选数据。

点击“开始”菜单，在“编辑”分组中点击“排序和筛选”按钮，在下拉菜单中选择“筛选”项。执行筛选操作后软件系统在当前工作表标题行中每列名称后插入了向下箭头，如图 1－64 所示。

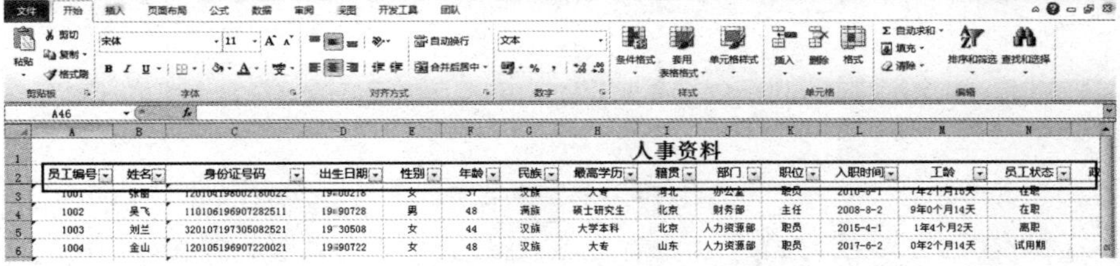

图 1－64　自动筛选操作界面

1）设置筛选条件性别为“男”。

单击“性别”数据列中向下的箭头，显示下拉列表，列表内容为“性别”列的全部取值（即“男”和“女”）。点击选择“男”，则在数据表区域中仅显示性别为“男”的员工数据而隐藏性别为“女”的员工数据。设置筛选条件如图1-65所示。

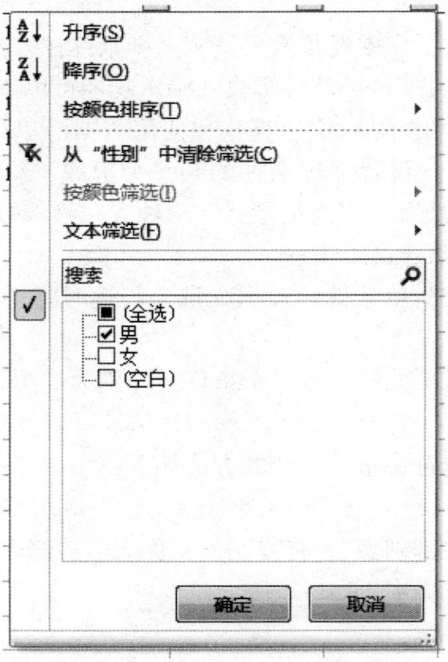

图1-65　为性别数据列设置筛选条件值

2）设置筛选条件“年龄大于等于35岁”。

单击“年龄”数据列中向下的箭头，在打开的下拉列表中选择“数字筛选(F)”，在弹开的二级菜单中选择“大于或等于(O)…”或“自定义筛选(F)…”选项，如图1-66所示。

图1-66　自动筛选的“数据筛选（F）”菜单

在“自定义自动筛选方式”对话窗口中设置筛选条件“年龄大于或等于 35”，设置方法如图 1－67 所示。

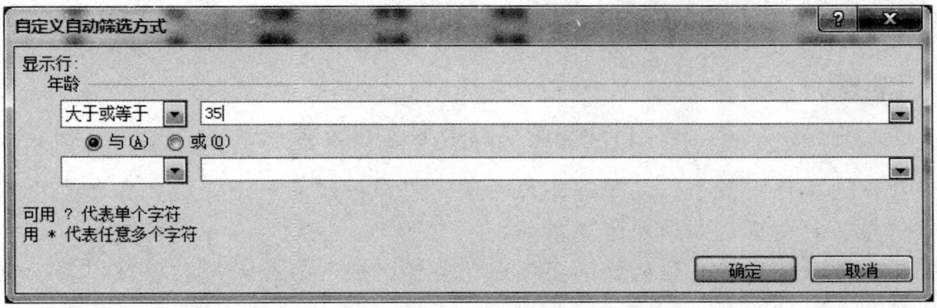

图 1－67　自定义数值数据自动筛选方式设置条件

3）设置筛选条件员工姓“陈”。

单击“姓名”数据列中向下的箭头，在打开的下拉列表中选择“文本筛选(F)”，在弹开的二级菜单中选择“开头是(I)…”选项，如图 1－68 所示。

图 1－68　自动筛选的“文本筛选（F）”菜单

在“自定义自动筛选方式”对话窗口中设置筛选条件员工姓“陈”的筛选条件，设置方法如图 1－69 所示。

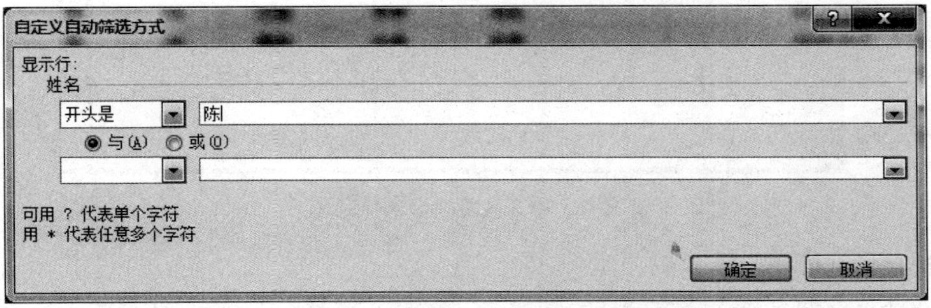

图 1－69　自定义文本数据自动筛选方式设置条件

按照筛选条件设置完成后在工作表“自动筛选”中仅显示满足上述三个条件的员工数据，其他员工的数据均被隐藏。

2. 运用高级筛选功能筛选员工信息

知识链接

自动筛选与高级筛选的区别

在自动筛选操作中多个信息项目字段的筛选要求被组成一个筛选，各信息项目字段之间是逻辑“与”的关系，必须同时满足。

高级筛选可以将更多复杂的筛选条件以“条件区域”的方式进行整理，筛选条件之间可以是逻辑“与”的关系，也可以是逻辑“或”的关系。筛选结果可以在原数据区域显示，也可以将筛选结果复制到指定的位置。

高级筛选操作分为四个步骤：建立条件区、选取待筛选数据区域、选取条件区、选取筛选结果保存区。这四个步骤中，建立条件区是整个筛选的重点和难点。

在本案例中筛选数据的条件如下：

籍贯为“北京”，年龄大于等于 30 岁且小于等于 45 岁，性别不限；或者籍贯为“河北”，年龄小于 40 岁，性别为“男”。

运用高级筛选功能筛选符合条件数据的实现方法如下：

(1) 准备数据。

复制工作表“人事资料基础表”，将复制的工作表名称修改为“高级筛选”。与自动筛选操作相同，需要将光标放在当前工作表有数据的单元格中，否则当执行高级筛选操作时系统将提示如图 1-63 所示的错误信息。

(2) 运用高级筛选功能筛选数据。

1) 建立条件区域。

在工作表“高级筛选”的数据区下方适当的位置建立条件区，本案例中条件区域在单元格 E33 至 H35 的区域中，筛选条件区域设置如图 1-70 所示。

籍贯	年龄	年龄	性别
北京	>=30	<=45	
河北		<40	男

图 1-70 高级筛选条件区域

筛选条件区域说明：

- 在筛选条件中涉及的数据列为“籍贯”“年龄”“性别”，条件区域的第一行为筛选条件涉及的数据列的名称，条件区域的标题必须与数据表原有标题完全一致。

- 在筛选条件区域中有两行数据，分别对应两个条件。条件一：籍贯为“北京”，年龄大于等于 30 岁且小于等于 45 岁，性别不限；条件二：籍贯为“河北”，年龄小于 40 岁，性别为男。这两个条件之间是逻辑“或”的关系，所以分两行表示。
- 在每一个条件行中，“籍贯”“年龄”“性别”三个信息字段之间是需要同时满足的，是逻辑“与”的关系，所以写在一行。
- 第二行对应筛选条件：籍贯为“北京”，年龄大于等于 30 岁且小于等于 45 岁，性别不限，对于年龄有两个限制“大于等于 30 岁”并且“小于等于 45 岁”，二者是并且的关系，因此在条件区域标题行中有两个“年龄”字段。

2）执行高级筛选操作。

点击“数据”菜单，在“排序和筛选”分组中点击“高级”按钮，打开“高级筛选”对话窗口，如图 1－71 所示。

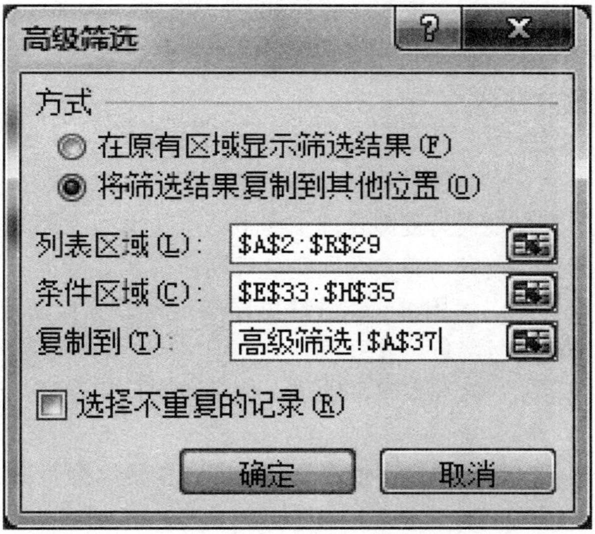

图 1－71　高级筛选对话窗口

在本案例中将数据筛选结果放在其他区域保留原数据区域，所以在窗口中“方式”选择组中选择第二项“将筛选结果复制到其他位置(O)”。

在窗口中，“列表区域(L)”是指待筛选的数据源，因为光标已经放在待筛选的数据区，因此 Excel 软件默认将所有有数据单元格区域作为数据源。

在窗口中，“条件区域(C)”是指高级筛选的条件区域，一般事先输入，在本案例中条件区域为 E33 至 H35 的单元格。

在窗口中，“复制到(T)”是指筛选的结果保存的区域，点击后面的单元格选择按钮选择适当的位置，本案例中指定 A37 单元格开始的区域。

在窗口中设置完成后点击“确定”按钮关闭当前窗口即可执行高级筛选操作，筛选结果保存在指定的区域中。筛选结果如图 1－72 所示。

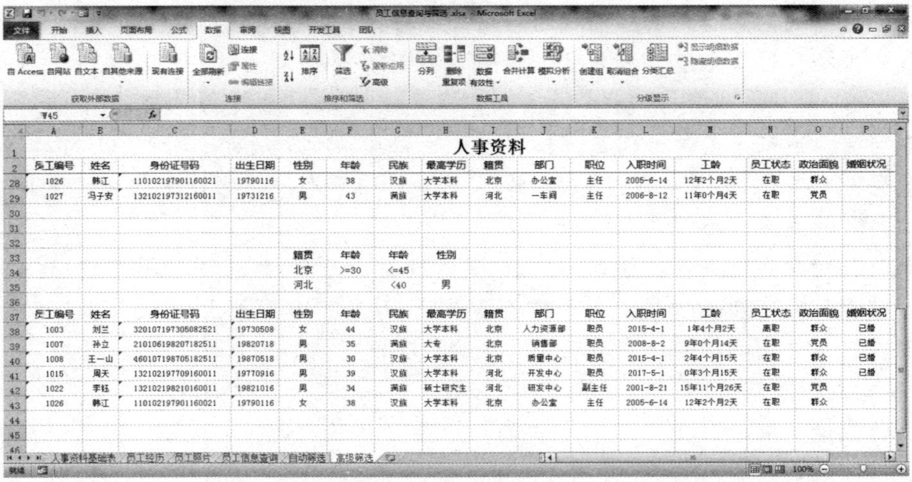

图 1-72 高级筛选结果

第三节 员工劳动合同日期管理

员工劳动合同日期管理是人力资源管理工作中不可缺少的一部分，在劳动合同管理中合同签订日期是合同的重要内容，劳动合同签订日期往往涉及员工的切身利益，因此劳动合同日期管理是非常重要的。运用 Excel 软件可以实现动态、自动地管理劳动合同日期，极大提高工作效率、准确率且降低工作强度。

劳动合同日期管理包括：试用期日期管理、劳动合同日期管理、劳动合同到期及续签管理等。

在本节案例中运用 Excel 软件自动生成合同日期，并且以醒目的方式提示合同即将到期需要续签合同的员工信息。

案例中主要用到了 Excel 软件的日期函数：DATE、YEAR、MONTH、DAY、AND。

本节还介绍了 Excel 软件的条件格式功能，在案例中该功能用于突出显示需要续签合同或试用期即将到期的员工合同信息。

本节运用的 Excel 工作簿文件是“劳动合同管理”，工作簿文件中的工作表“人事资料基础表”中保存了员工的基本信息和劳动合同信息，在工作表“合同管理”中实现员工劳动合同日期管理功能。

一、相关函数说明

知识链接

DATE 函数说明

功能：将三个单独的值合并为一个日期，函数返回表示特定日期的连续序列数。

语法：DATE(year, month, day)

函数参数：

● year：必需项。参数的值可以包含一到四位数字。Excel 软件将根据计算机正在使用的日期系统来解释该参数。默认情况下，Excel 软件使用的是 1900 日期系统，这表示第一个日期为 1900 年 1 月 1 日。

函数说明：

为避免出现意外结果，应对此参数使用四位数字。例如："07"可能意味着"1907"或"2007"，因此，使用四位数的年份可避免混淆。

如果 year 介于 0 到 1899 之间（包含这两个值），Excel 软件会将该值与 1900 相加来计算年份。例如：DATE(108,1,2)返回 2008（1900＋108）年 1 月 2 日。

如果 year 介于 1900 到 9999 之间（包含这两个值），则 Excel 软件将使用该数值作为年份。例如：DATE(2008,1,2)将返回 2008 年 1 月 2 日。

如果 year 小于 0 或大于等于 10000，Excel 软件返回错误值"＃NUM！"。

● month：必需项。一个正整数或负整数，表示一年中从 1 月至 12 月的各个月。

如果 month 大于 12，month 会将该月份数与指定年中的第一个月相加。例如：DATE(2008,14,2)返回代表 2009 年 2 月 2 日的序列数。

如果 month 小于 1，month 则从指定年份的一月份开始递减该月份数，然后再加上 1 个月。例如：DATE(2008,－3,2)返回代表 2007 年 9 月 2 日的序列数。

● day：必需项。一个正整数或负整数，表示一个月中从 1 日到 31 日的各天。

如果 day 大于月中指定的天数，则 day 会将天数与该月中的第一天相加。例如：DATE(2008,1,35)返回代表 2008 年 2 月 4 日的序列数。

如果 day 小于 1，则 day 从指定月份的第一天开始递减该天数，然后再加上 1 天。例如：DATE(2008,1,－15) 返回代表 2007 年 12 月 16 日的序列数。

知识链接

YEAR 函数说明

功能：返回对应于某个日期的年份，以 1900～9999 的整数返回。

语法：YEAR(serial _ number)

函数参数：

● serial _ number：必需项。要查找的年份的日期。如果日期以文本形式输入，则会出现错误。

知识链接

MONTH 函数说明

功能：返回日期中的月份。月份是介于 1（一月）到 12（十二月）之间的整数。

语法：MONTH(serial _ number)

函数参数：

● serial _ number：必需项。要查找的月份的日期。如果日期以文本形式输入，则会出现问题。

知识链接

DAY 函数说明

功能： 返回以序列数表示的某日期的天数。天数是介于 1 到 31 之间的整数。

语法： DAY(serial _ number)

函数参数：

● serial _ number：必需项。要查找的日的日期。如果日期以文本形式输入，则会出现问题。

对日期函数的说明：

Excel 软件将日期存储为可用于计算的序列数。默认情况下，1900 年 1 月 1 日的序列数是 1，而 2008 年 1 月 1 日的序列数是 39448，这是因为它距 1900 年 1 月 1 日有 39 448 天。

无论提供的日期值的显示格式如何，函数 YEAR、MONTH 和 DAY 返回的值都是公历值。

知识链接

AND 函数

功能： 函数用于判断所有参数的计算结果是否为真，如果为真，返回“TRUE”；只要有一个参数的计算结果为假，即返回“FALSE”。

语法： AND(logical1, logical2, …)

函数参数：

● logical1：必需项。需要检验的条件。

● logical2：可选项。需要检验的条件。

备注：

在劳动合同日期管理中还用到了 IF 函数、DATEDIF 函数、IFERROR 函数，在前面的案例中已经介绍，附录中也有说明。

二、准备基础数据

在工作表“合同管理”中准备基础数据“员工编号”“姓名”“入职时间”。

1. 运用单元格相等函数输入“员工编号”信息

选择当前工作表的单元格 A3，在公式编辑栏中输入“=”，然后选择“人事资料基础表”工作表的A3单元格（即第一位员工的员工编号），选择后确认，在公式编辑栏中的公式为“=人事资料基础表!A3”，该公式返回该员工的编号。

公式说明：

公式含义为当前单元格的值与“人事资料基础表”工作表单元格A3的值相等。

公式中的“!”之前是工作表的名称，之后是引用的单元格。

在当前工作表中选择A3单元格后选择A列即“员工编号”信息中除第一行和第二行之外的单元格，单元格选择方法见前面案例。将光标放在“公式编辑栏”中，按下组合键“Ctrl+Enter”即可在A列被选择的单元格中批量输入如A3单元格的公式。

备注：

按照上面相同的方法输入员工“姓名”和“入职时间”。

2. 修改单元格默认数值显示方式

在工作表“人事资料基础表”中A列、B列和L列（即“员工编号”“姓名”“入职时间”）未录入数据的空单元格运用单元格相等函数输入到工作表“合同管理”后将显示为“0”和默认日期“1900-1-0”（数值为“0”），如图1-73所示。

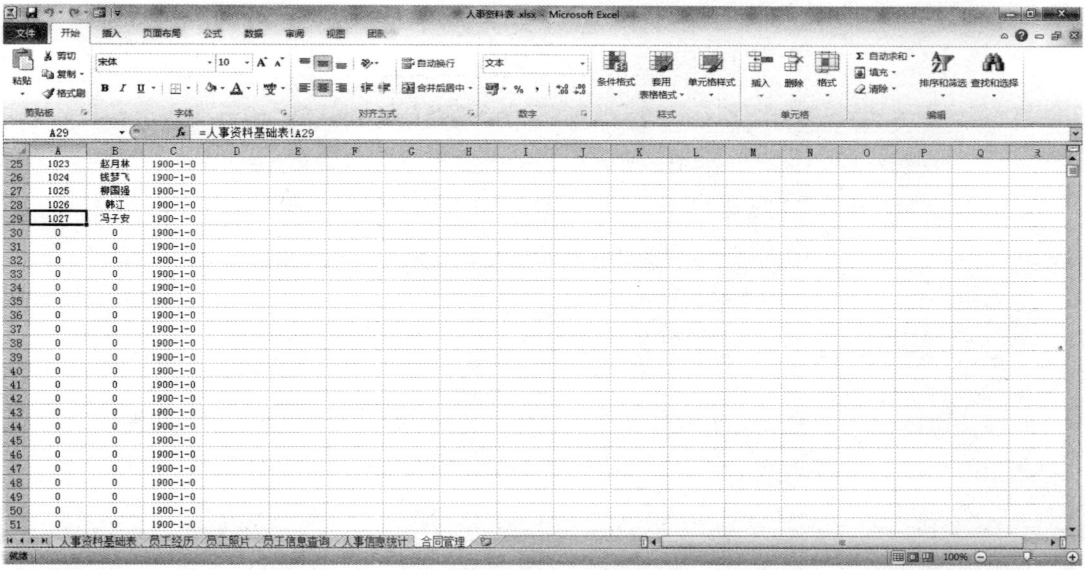

图1-73　批量复制公式后空值显示为默认值

为了避免出现上面的情况，需要修改Excel软件的默认显示设置，设置方法如下：

● 点击Excel软件工作界面窗口左上角的“文件”菜单，在“文件”菜单的待选项目中点击“选项”按钮。

● 点击“选项”菜单，打开“Excel选项”对话窗口，在对话窗口中点击左侧“高级”选项，在窗口右侧“此工作表的显示选项(S)”分组设置选项中去掉“在具有零值的单元格中显示零(Z)”复选项前面的选择标记（即“√”），点击“确定”按钮关闭窗口保存设置。

操作界面如图1-74所示。

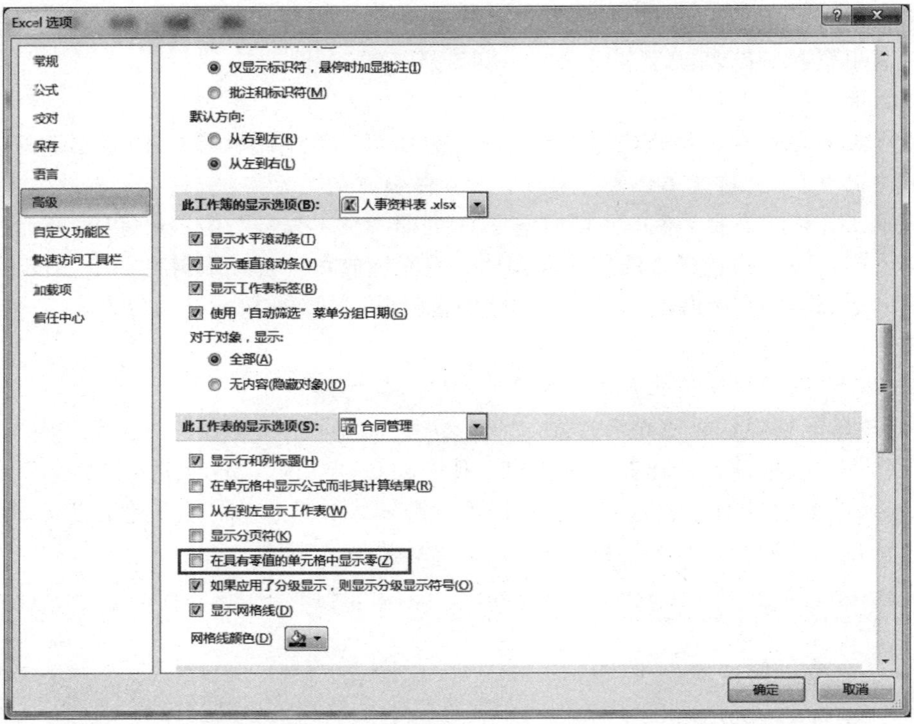

图 1-74 设置“在具有零值的单元格中显示零(Z)”的单元格显示属性

修改 Excel 软件选项“在具有零值的单元格中显示零(Z)”后，工作表“合同管理”中原值为空值的单元格将正常显示为空值。

三、计算劳动合同试用期到期日期

按照公司规定，员工的试用期为 3 个月，计算劳动合同试用期时以此为计算规则。

在当前工作表中选择单元格 D3，在公式编辑栏中输入公式：

“=IF(C3=0,"",DATE(YEAR(C3),MONTH(C3)+3,DAY(C3)-1))”。

公式说明：

- 在公式中运用 IF 函数判断 C3 单元格中是否输入了入职时间，如果未输入入职时间则返回空值。因为 C 列数据由引用其他单元格数据的公式获得，是日期型数据，当由公式获得的日期型数据为空值时将显示为“1900-1-0”，即数值“0”，所以 IF 函数的逻辑判断式写为“C3=0”。
- 在计算劳动合同试用期的公式中，“MONTH(C3)+3”的含义是在此员工入职时间月的基础上增加三个月。“DAY(C3)-1”是根据劳动合同签订应为整年、整月而设置，例如：劳动合同的签订日期为 2017 年 11 月 6 日，若劳动合同期限为一年则劳动合同的到期日期应为 2018 年 11 月 5 日。
- 在公式中函数 DATE 将函数 YEAR、MONTH、DAY 的返回值合并为一个日期，作为日期型数据返回填入单元格。

四、计算劳动合同到期日期

按照公司规定，员工劳动合同的签订周期是一年，计算劳动合同到期日期时以此为计算规则。

在当前工作表中选择单元格 E3，在公式编辑栏中输入公式：

“=IF(AND(C3>0,人事资料基础表!N3="在职"),DATE(DATEDIF(D3,TODAY(),"Y")+YEAR(D3)+1,MONTH(D3),DAY(D3)-1,"")”。

公式说明：

- 本式计算的劳动合同到期日期是员工未离职的状态下当前劳动合同的到期日期。
- 在公式中运用 IF 函数判断计算劳动合同到期时间的前提条件，逻辑判断式由两个条件组成：一个条件是 C3 单元格中是否输入了入职时间；另一个条件是该员工是否在职。函数 AND 保证两个条件关系是并且关系，需要同时满足。
- 在计算劳动合同到期日期的公式中，公式“DATEDIF(D3,TODAY(),"Y")”以年为单位计算员工的工龄代表员工已经签订劳动合同的次数。员工续签劳动合同的年份应该是员工试用期满转正之后正式入职的年份与员工工龄之和再加“1”。
- 公式其余部分与“劳动合同试用期到期日期”计算相同。

五、计算续签劳动合同的起始日期

按照公司规定，续签劳动合同的起始日期是原劳动合同到期后的第二天，计算续签劳动合同的起始日期时以此为计算规则。

在当前工作表中选择单元格 F3，在公式编辑栏中输入公式：

“=IF(AND(C3>0,人事资料基础表!N3="在职"),DATE(DATEDIF(D3,TODAY(),"Y")+YEAR(D3)+1,MONTH(D3),DAY(D3)),"")”。

六、设置试用期到期提示

按照公司规定，在员工劳动合同试用期到期之前 7 天提示人力资源管理部门的管理员该员工的试用期即将到期，应对员工进行试用期满考核，考核后决定是否与该员工签订正式劳动合同。试用期满考核合格后，公司将与该员工签订正式劳动合同，人力资源管理部门的管理员将员工状态由“试用期”修改为“在职”。人力资源管理部门的管理员在未修改员工状态之前，试用期到期提示通知将一直显示。

在当前工作表中选择单元格 G3，在公式编辑栏中输入公式：

“= IFERROR(IF(人事资料基础表!N3="试用期",IF(DATEDIF(TODAY(),D3,"d")<=7,"试用期快结束了!",""),""),"试用期已过请尽快处理!")”。

公式说明：

● 在公式中运用了两个 IF 函数。第一个 IF 函数判断员工的当前状态是否为“试用期”，如果员工当前状态为“试用期”则计算是否显示试用期到期通知，否则返回空值。第二个 IF 函数则根据函数 DATEDIF 的计算结果确定是否显示试用期到期通知。

● 当人力资源管理部门的管理员在规定期限内未能及时办理员工试用期转正操作时，函数 DATEDIF 将报错。在公式中用函数 IFERROR 判断处理此情况，当出现错误时提示人力资源管理部门的管理员“试用期已过请尽快处理!”。

七、设置劳动合同试用期到期提示

为了方便合同管理工作，在本案例中工作簿文件在当前月向人力资源管理部门的管理员提示下个月即将到期需要续签劳动合同的在职员工的信息。

在当前工作表中选择单元格 H3，在公式编辑栏中输入公式：

“=IF(人事资料基础表!N3="在职",IF(MONTH(TODAY())=MONTH(E3)-1,"应该续签劳动合同了!",""),"")”。

公式说明：

● 在公式中首先运用 IF 函数判断该员工是否为在职状态。

● 运用函数 MONTH 计算当前计算机系统日期和当前合同到期日期的月份，当员工的劳动合同在下个月即将到期时，则提示人力资源管理部门的管理员该员工需要续签劳动合同了并显示相关信息。

八、应用条件格式功能突出显示待处理劳动合同的提示信息

当工作表中“试用期到期通知”数据列中某个单元格的值等于“试用期快结束了!”或“试用期已过请尽快处理!”，或者“合同到期续签通知”数据列中某个单元格的数值等于“应该续签劳动合同了!”时，工作簿文件应突出显示该提示信息提示人力资源管理部门的管理员及时处理此合同，Excel 软件的条件格式功能可实现此需求。

知识链接

条件格式介绍

在 Excel 软件中通过运用条件格式，可基于指定条件令单元格区域应用不同的格式，这些条件包括单元格区域内的重复值、符合特定条件的值（例如单元格值大于 100）等。运用条件格式还可通过数据条、色阶和图标集，针对一系列值显示单个单元格的排列顺序。条件格式具有动态性，如果单元格的值发生更改，格式将自动进行调整。

在 Excel 2007 之前的版本，需要使用公式创建条件格式规则，且这些规则仅支持 3 个条件。自 Excel 2007 起，条件格式具有众多易于应用的预定义规则，可支持多达 64 个条件，即使无法使用预定义的条件格式创建所需的格式，仍可使用公式来应用条件

格式。

各种条件格式的使用方法和应用场景将在后面的案例中逐一介绍。

应用条件格式功能突出显示单元格区域的实现方法如下：

1. 突出显示试用期到期通知

（1）选择单元格区域。

选择当前工作表的G列（即"试用期到期通知"数据列）中除第一、二行之外的所有行，单元格区域选择方法见前面案例。

（2）打开条件格式设置窗口。

点击"开始"菜单，在"样式"快捷按钮组中点击"条件格式"按钮，在"条件格式"的下拉菜单中选择"新建规则(N)…"选项，如图1-75所示。

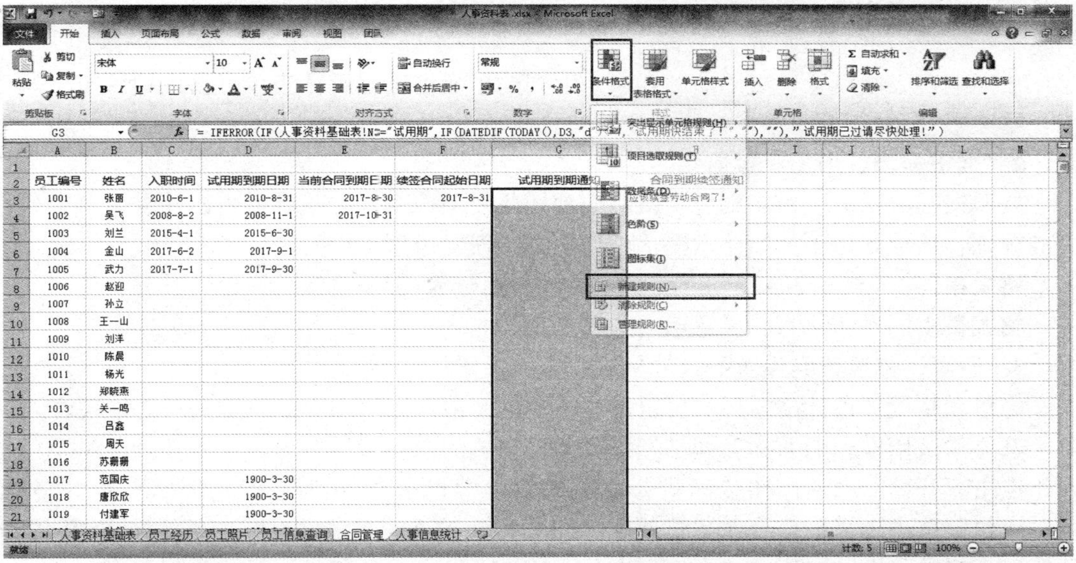

图1-75　选择条件格式"新建规则(N)…"菜单

点击"新建规则(N)…"菜单，打开"新建格式规则"对话窗口，在对话窗口中按要求设置条件格式。

（3）设置条件格式规则。

在对话窗口"选择规则类型(S)"下的选项列表中选择"只为包含以下内容的单元格设置格式"。

在对话窗口"编辑规则说明(E)"下的"只为满足以下条件的单元格设置格式(O)"中的格式要求设置格式条件。

格式条件："单元格值""等于""试用期快结束了!"。

格式要求：字体加粗、红色、黄色底纹。

条件格式设置规则如图1-76所示。

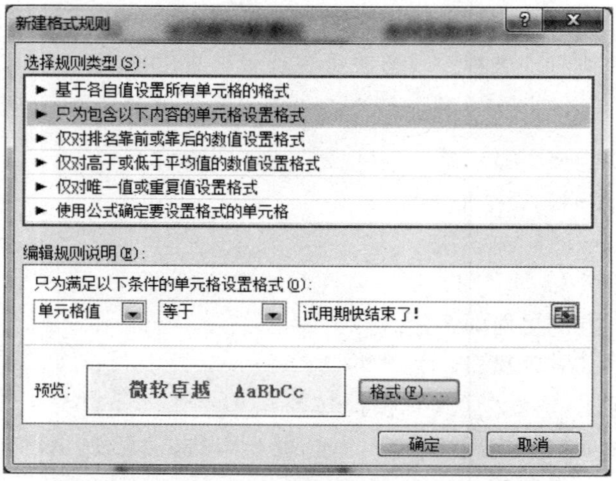

图 1-76 设置“试用期到期通知”条件格式规则

按照上述方法设置“试用期到期通知”列的单元格区域后，当单元格的值等于“试用期快结束了!”时该单元格将按照设定的格式显示。

2. 突出显示试用期已过通知

按照相同的方法，在突出显示试用期到期通知条件格式的基础上再次建立一项条件格式的规则，该规则用于突出显示提示信息“试用期已过请尽快处理!”。

格式条件：“单元格值”“等于”“试用期已过请尽快处理!”。

格式要求：字体加粗、深蓝色、黄色底纹。

3. 查看、修改已经设置的条件格式

为单元格设置条件格式后，可以按照下面的步骤查看、编辑已设置的条件格式。

选择“试用期到期通知”列已经设置条件格式的单元格。

点击“开始”菜单，在“样式”快捷按钮组中点击“条件格式”按钮，在“条件格式”下拉菜单中选择最后一项“管理规则(R)…”，单击菜单选项打开“条件格式规则管理器”对话窗口，在该对话窗口中显示当前单元格已经设置的条件格式，可以查看、修改当前条件格式中的条件和格式，如图 1-77 所示。

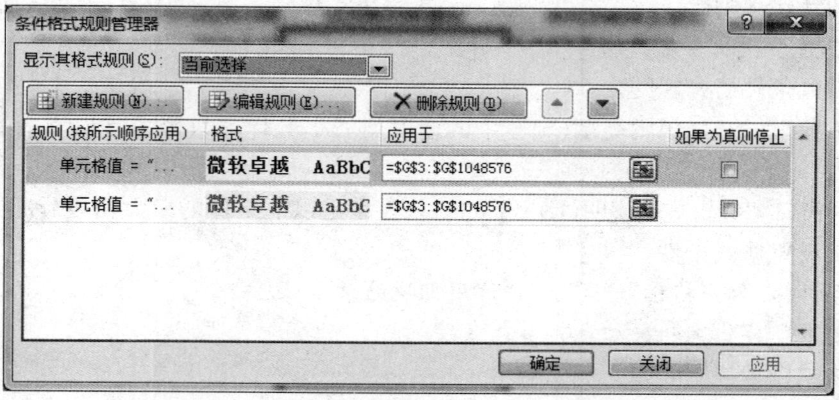

图 1-77 “试用期到期通知”列设置的条件格式规则

备注：

按照与设置“试用期到期通知”数据列相同的方法，设置“合同到期续签通知”数据列单元格的值等于“应该续签劳动合同了！”时的格式。

格式条件：“单元格值”“等于”“应该续签劳动合同了！”。

格式要求：字体加粗、绿色、淡蓝色底纹。

第四节　员工考勤管理

公司为加强日常管理会制定考勤制度，人力资源管理部门按照规定记录员工每天的出勤情况，每月月末对考勤进行统计，将统计结果作为计算工资的基础数据，因此考勤数据管理是人力资源管理部门重要的日常工作。

本节中员工考勤管理分为两部分，即日常考勤管理和考勤统计管理。通过运用 Excel 软件可以很方便地记录与统计考勤数据，提高工作效率与数据准确性。

本节案例主要用到如下 Excel 软件函数：IF、DAY、MONTH、DATE、WEEKDAY、CHOOSE、COUNTIF、COUNTA。

在本节案例中，运用 Excel 软件数据有效性功能实现下拉菜单方式选择考勤符号，方便快捷输入数据；运用条件格式功能突出显示员工缺勤的原因，便于考勤管理员查看。

本节运用的 Excel 工作簿文件是“考勤管理”。

一、员工日常考勤管理

员工日常考勤管理工作主要包括两部分：制作考勤明细表和运用考勤明细表记录员工的日常考勤。

在本案例中员工日常考勤管理涉及两张工作表：“基础数据信息”和“考勤明细表”。

在本案例中工作表“基础数据信息”中包含了员工的基础信息、记录考勤的考勤符号和考勤符号说明。考勤符号是在每日登记考勤时所使用的符号，如“全”代表考勤日全勤正常上班、“病”代表考勤日病假、“休”代表考勤日休息等。考勤符号可以根据公司的管理习惯确定，既可以使用文字，也可以使用图形符号。考勤符号说明是为了方便考勤人识别，防止出错。

在本案例中“考勤明细表”最终样式如图 1-78 所示。

工作表“考勤明细表”的第一行代表考勤年份和月份，在本案例中单元格 C1、E1 中保存当前考勤明细表的年份和月份，在本案例中为“2017 年 3 月”，即该考勤明细表为 2017 年 3 月的考勤明细；第二行代表考勤日期，当前考勤月有多少天就有多少列与之对应，每列代表一天；第三行代表考勤日对应的星期标志。

人力资源管理部门的考勤管理员每天在考勤明细表中记录员工当日的出勤情况，月底汇总计算员工的当月考勤情况。

1. 制作考勤明细表涉及的函数

制作考勤明细表主要使用以下函数：IF、DAY、MONTH、DATE、WEEKDAY、

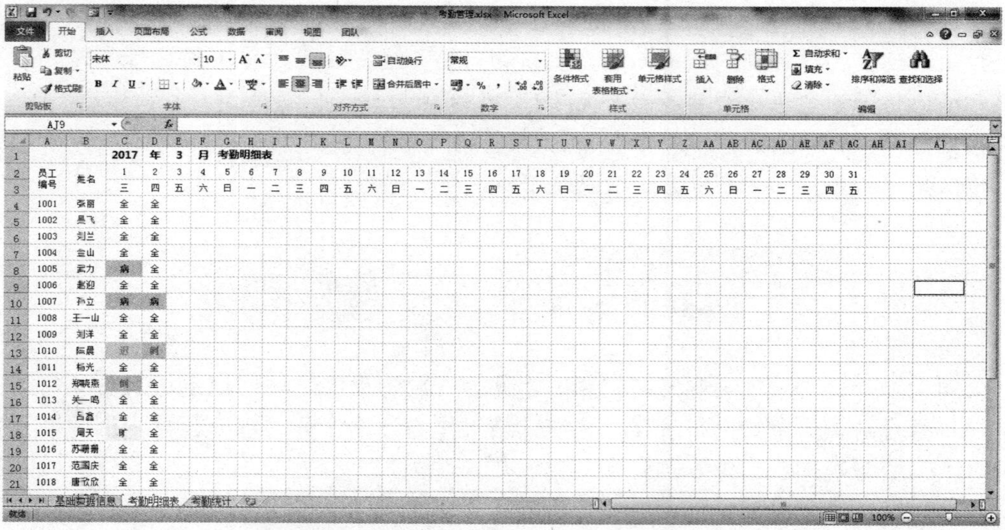

图 1-78　考勤明细表

CHOOSE。函数 IF、DAY、MONTH、DATE 在前面的案例中已经介绍，附录中也有说明。下面对新出现的函数进行说明。

知识链接

WEEKDAY 函数说明

功能：返回对应于某个日期的一周中的第几天。默认情况下，天数是 1（星期日）到 7（星期六）范围内的整数。

语法：WEEKDAY（serial _ number，return _ type）

函数参数：

- serial _ number：必需项。一个序列数，代表尝试查找的那一天的日期。应使用 DATE 函数输入该日期，或者以其他公式或函数的返回结果输入该日期。例如：使用公式"DATE(2008，5，23）"输入 2008 年 5 月 23 日。如果日期以文本形式输入，则会出现错误。
- return _ type：可选项。用于确定返回值类型的数字，return _ type 的取值及返回值的说明如表 1-5 所示。

表 1-5　WEEKDAY 函数参数 return _ type 的取值及返回值的说明

return _ type	返回的数字
1 或省略	数字 1（星期日）到 7（星期六）。同 Microsoft Excel 早期版本
2	数字 1（星期一）到 7（星期日）
3	数字 0（星期一）到 6（星期日）
11	数字 1（星期一）到 7（星期日）
12	数字 1（星期二）到 7（星期一）
13	数字 1（星期三）到 7（星期二）

续前表

return _ type	返回的数字
14	数字 1（星期四）到 7（星期三）
15	数字 1（星期五）到 7（星期四）
16	数字 1（星期六）到 7（星期五）
17	数字 1（星期日）到 7（星期六）

函数说明：

● Excel 软件可将日期存储为可用于计算的序列数。默认情况下，1900 年 1 月 1 日的序列数是 1，而 2008 年 1 月 1 日的序列数是 39448，这是因为它距 1900 年 1 月 1 日有 39 448 天。

● 如果 serial _ number 不在当前日期基数值范围内，则返回错误值“＃NUM!”。

● 如果 return _ type 不在上述表格中指定的范围内，则返回错误值“＃NUM!”。

知识链接

CHOOSE 函数说明

功能：使用 index _ num 返回数值参数列表中的数值。使用 CHOOSE 函数可以根据索引号从最多 254 个数值中选择一个。例如：如果 value1 到 value7 表示一周的 7 天，那么将 1 到 7 的数字用作 index _ num 时，CHOOSE 将返回其中的某一天。

语法：CHOOSE(index _ num，value1,value2,…)

函数参数：

● index _ num：必需项。用于指定所选定的数值参数。index _ num 必须是介于 1 到 254 的数字，或是包含 1 到 254 的数字的公式或单元格引用。

如果 index _ num 值为 1，则 CHOOSE 函数返回 value1；如果为 2，则 CHOOSE 函数返回 value2，以此类推。

如果 index _ num 值小于 1 或大于列表中最后一个值的索引号，则 CHOOSE 函数返回错误值“＃VALUE!”。

如果 index _ num 值为小数，则在使用前将被截尾取整。

● value1，value2，…：value1 是必需项，后续值是可选项。1 到 254 个数值参数，CHOOSE 函数将根据 index _ num 值从中选择一个数值或一项要执行的操作。参数可以是数字、单元格引用、定义的名称、公式、函数或文本。

函数说明：

● 如果 index _ num 为一个数组，则在计算函数 CHOOSE 时，将计算每一个值。

● 函数 CHOOSE 的数值参数不仅可以为单个数值引用，也可以为区域引用。

例如，公式“＝SUM(CHOOSE(2,A1:A10,B1:B10,C1:C10))”，相当于输入公式“＝SUM(B1:B10)”，该公式运用 CHOOSE 函数返回对 B1:B10 单元格区域的引用，然后以 B1:B10(CHOOSE 函数的返回结果）作为 SUM 函数的参数来求和。

2. 制作考勤明细表

在工作簿中新建工作表，新工作表命名为“考勤明细表”，该工作表用于日常考勤的记录工作。考勤明细表的制作方法如下：

（1）制作考勤明细表的标题。

考勤明细表的标题如图1-79所示，工作表标题的第二行为考勤日，第三行为考勤日对应的星期标志。

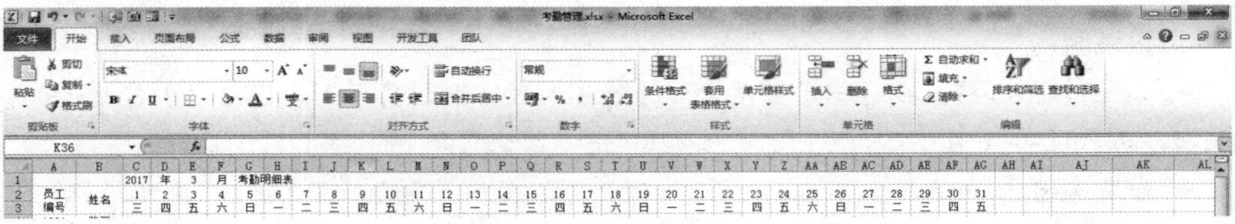

图1-79 考勤明细表标题行

制作“考勤明细表”工作表标题行的方法如下：

1）在单元格中输入文字“员工编号”和“姓名”并调整格式。

选择当前工作表的单元格A2，在单元格中输入文字“员工编号”，将光标放在汉字“员工”和“编号”中间，按下组合键“Alt+Enter”文字将变为两行显示。

在单元格B2中输入文字“姓名”。

分别合并单元格A2、A3和B2、B3，设置合并后的单元格对齐方式为居中对齐。

2）在当前工作表第二行单元格中输入日期序号。

在第二行单元格中分别录入2017年3月的日期数字，选择当前工作表的单元格C2，在公式编辑栏中输入公式：“=DAY(DATE(C1,E1,1))”。

公式说明：

- 在公式中使用函数DAY和DATE。
- 函数DATE的功能是以单元格C1、E1中的数据和数值“1”为参数生成日期型数据，即2017年3月1日。
- 函数DAY以函数DATE生成的日期为参数返回该日期数据的日期序号，即返回日期2017年3月1日中的日期序号数值“1”。

选择当前工作表的单元格D2，在公式编辑栏中输入公式：

“=IF(C2<>"",IF(MONTH(DATE($C$1,$E$1,C2+1))=$E$1,C2+1,""),"")”。

公式说明：

- 公式的功能是返回考勤月第一天之后的日序号。
- 公式中第一个IF函数判断是否在C2单元格（即考勤月第一个考勤日）中输入了正确的数据，避免因未输入初始数据而造成错误。
- 在公式中采用绝对引用的方式引用考勤年份和月份（即单元格C1和E1），运用绝对引用单元格的方式避免运用自动填充功能时发生错误。
- 公式“DATE($C$1,$E$1,C2+1)”中第三个参数“C2+1”的功能是在C2单元格日期的基础上增加一天而成为当前单元格代表的考勤日期的日序号。函数DATE将年、月、日三个参数组成的数据以日期型数据返回填入当前单元格。

● 公式“MONTH(DATE($C$1, $E$1,C2+1)”得到当前单元格中日期的月份。

● 公式“IF(MONTH(DATE($C$1, $E$1,C2+1))= $E$1,C2+1,"")”判断当前单元格代表的日期月份与当前考勤月份是否相同，如果计算得到的当前单元格日期月份与当前考勤月份相等则表明当前单元格代表的日期在考勤月中，当前单元格的日期序号为前面单元格日期序号加“1”，否则返回空值。在公式中判断当前单元格日期月份是否与考勤月份相等的目的是避免使用自动填充功能填充第二行的考勤日时，当前单元格的日期序号超过考勤月份日历的天数时出现错误。当使用者采用自动填充方法填充日期序号时，若发现单元格中为空值则会停止操作。

3）在第三行单元格中输入星期序号。

选择当前工作表的单元格 C3，在公式编辑栏中输入公式：

“=IF(C2 <>"",CHOOSE(WEEKDAY(DATE($C$1, $E$1,C2),2),"一","二","三","四","五","六","日"),"")”。

公式说明：

● 公式的功能是返回考勤日对应的星期序号。

● 公式中 IF 函数的意义与上面第二行计算考勤日序号公式中第一个 IF 函数的意义相同。

● 与第二行计算考勤日序号相同，对单元格 C1 和 E1 的引用采用绝对引用。

● 公式“DATE($C$1, $E$1,C2)”的含义与第二行计算考勤日序号公式含义相同。

● 公式“WEEKDAY(DATE($C$1, $E$1,C2),2)”返回当前单元格对应日期的星期序号。

● 函数 WEEKDAY 的第二个参数“2”代表返回的星期序号形式，数字 1（星期一）到 7（星期日），详细解释见表 1-5。

● 公式“CHOOSE(WEEKDAY(DATE($C$1, $E$1, C2), 2),"一", "二", "三", "四", "五", "六", "日")”的功能是将函数 WEEKDAY 返回的星期序号转变为中文星期序号的表达形式。假设函数 WEEKDAY 返回值为“2”，则函数 CHOOSE 返回的结果是“二”。

（2）输入“员工编号”和“姓名”信息。

运用前面案例介绍的单元格相等函数输入“员工编号”信息和“姓名”信息。

3. 日常记录考勤

在日常考勤管理工作中考勤管理员需要每天记录员工的出勤情况，为了准确、方便、快捷地输入数据，在录入考勤数据过程中为考勤管理员提供下拉菜单方式选择考勤符号。

运用 Excel 软件数据有效性功能实现下拉菜单的方式在前面案例录入员工最高学历中已经介绍，最高学历下拉菜单列表的值为用户在数据有效性设置窗口中手工输入，在本案例中考勤符号下拉菜单列表的值运用名称引用单元格区域而获得。

运用数据有效性功能实现下拉菜单选择考勤符号的方法如下：

（1）为“基础数据信息”工作表中“考勤符号”区域定义名称。

在工作表“基础数据信息”中选择单元格区域 H2 至 H6，在单元格名称框中输入名称“考勤符号”，单击“Enter”键确定保存。

（2）批量选择考勤明细数据单元格。

在工作表“考勤明细表”中选择单元格区域C4至AG4，按下组合键“Ctrl+Shift+↓”选中C4至AG31区域中的所有单元格，即所有员工全部考勤日所在的单元格。

（3）运用数据有效性功能实现下拉菜单方式录入考勤。

按照前面案例的操作方法打开“数据有效性”对话窗口，在对话窗口“设置”选项卡页面中设置数据有效性属性信息，如图1-80所示。

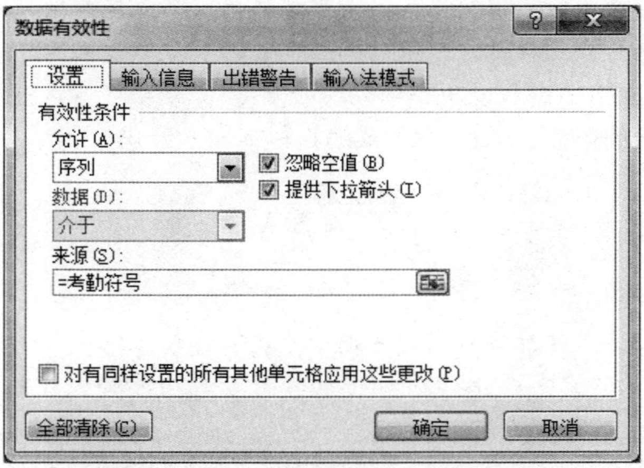

图1-80　为考勤单元格设置数据有效性（考勤符号）

在对话窗口中点击“输入信息”选项卡，在该选项卡页面设置当用户选择单元格输入考勤信息时的提示信息，设置操作如图1-81所示。

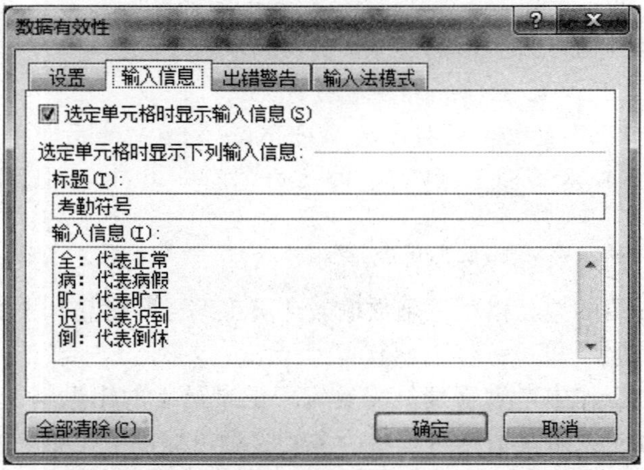

图1-81　为考勤单元格设置数据有效性提示信息

4. 运用Excel软件条件格式功能突出显示非全勤单元格

考勤管理员录入员工的考勤信息时，根据员工的出勤状态单元格显示不同的颜色有利于考勤管理员查看员工考勤状态。

运用条件格式功能突出显示非全勤单元格，实现方式如下：

（1）批量选择单元格。

批量选择保存全部员工考勤信息的单元格，操作方法同上。

（2）为单元格设置条件格式。

点击“开始”菜单，在样式组中点击按钮“条件格式”，选择菜单“新建规则(N)…”，操作方法与前面案例相同。

格式设置要求：

“病假”：字体加粗、紫色、淡青色底纹。

“旷工”：字体加粗、红色、黄色底纹。

“迟到”：字体加粗、橙色、淡粉色底纹。

“加班”：字体加粗、深蓝色、淡蓝色底纹。

“倒休”：字体加粗、绿色、淡灰色底纹。

设置单元格条件格式后，单击打开“条件格式规则管理器”窗口，在窗口中显示当前单元格设置的条件格式，如图 1－82 所示。

图 1－82　考勤数据单元格的条件格式

二、月考勤数据统计汇总

考勤管理员每月月末需要对当月员工考勤数据进行统计，计算员工当月是否全勤，计算员工请假、加班的天数，为计算员工工资准备基础数据。

月考勤数据统计汇总计算过程中主要涉及下面的函数：IF、COUNTIF、COUNTA。这些函数在前面的案例中已经介绍，附录中也有说明。

月考勤统计的实现方法如下：

1. 输入“员工编号”和“姓名”信息

新建工作表，工作表命名为“考勤统计”，按照样张的内容制作考勤统计表的标题行。

按照在工作表“考勤明细表”中输入“员工编号”和“姓名”的方法输入这两列信息。

2. 计算考勤月的工作天数

考勤月的工作天数是考勤月的总天数扣除休息日（星期六和星期日）之后的工作

天数。

选择当前工作表的单元格 F12，在公式编辑栏中输入公式：

“=COUNTA(考勤明细表!C3:AG3)-COUNTIF(考勤明细表!C3:AG3,"日")-COUNTIF(考勤明细表!C3:AG3,"六")”。

公式说明：

- 公式中运用函数 COUNTA 计算工作表“考勤明细表”中 C3 至 AG3 单元格区域中非空单元格数量获得考勤月的总天数。
- 公式中运用函数 COUNTIF 计算工作表“考勤明细表”中 C3 至 AG3 单元格区域中值为“日”的单元格数量以获得考勤月中星期日的天数。
- 公式中运用函数 COUNTIF 计算工作表“考勤明细表”中 C3 至 AG3 单元格区域中值为“六”的单元格数量以获得考勤月星期六的天数。

3. 计算考勤月中员工的病假天数

选择当前工作表的单元格 C3，在公式编辑栏中输入公式：

“=IF(COUNTIF(考勤明细表!C4:AG4,"=病")>0,COUNTIF(考勤明细表!C4:AG4,"=病"),"")”。

公式说明：

- 公式中运用函数 COUNTIF 计算该员工在工作表“考勤明细表”中出勤状态为“病假”的天数。
- 公式中运用 IF 函数的目的是当该员工病假天数为“0”时返回空值，仅当员工有病假时返回病假的天数，这样在单元格显示上避免干扰考勤管理员操作。

备注：

按照相同的方法计算员工的旷工天数、迟到天数、倒休天数和加班天数。

4. 统计员工是否全勤

为了考勤管理员方便、快捷地统计考勤数据，在工作表中增加一个数据列，数据列的标题名称为“是否全勤”，该列用于标记员工在考勤月是否全勤。

选择当前工作表的单元格 H3，在公式编辑栏中输入公式：

“=IF(COUNTIF(考勤明细表!A4:AG4,"=全")=$F$1,"全勤","")”。

公式说明：

- 公式中运用函数 COUNTIF 计算该员工在工作表“考勤明细表”中正常出勤的天数，用函数 COUNTIF 的返回值与本考勤月的工作天数比较，如果员工正常工作的天数与当月工作天数相等则该员工当月全勤，否则返回空值。
- 公式中对保存考勤月工作天数的单元格 F1 的引用为绝对引用，避免采用自动填充功能时出现错误。

第二章 薪酬管理

薪酬管理是人力资源管理部门的重要工作，本章从实际工作情况出发，介绍了人力资源管理部门薪酬管理的几个场景，通过这些场景案例介绍 Excel 软件在人力资源薪酬管理中的应用。

人力资源薪酬管理方面的内容很多，本章仅涉及下面的几项内容：制作员工月度工资表、批量生成工资条、制作年度工资台账、薪酬分析、员工年度工资汇总查询、员工年度工资分布区间统计。

在本章的案例中主要运用了如下 Excel 软件函数：IF、TODAY、MONTH、DATEDIF、ROUND、SUM、VLOOKUP、LOOKUP、COLUMN、INDEX、MATCH、FREQUENCY。

在本章案例中，运用 Excel 软件实现如下功能分析、统计薪酬数据：

(1) 运用分类汇总功能统计、分析薪酬数据；

(2) 运用数据透视表功能实现对薪酬数据不同角度的分析、统计、查询和显示；

(3) 运用数据连接功能生成数据源供数据透视表使用；

(4) 运用数组公式分析、统计薪酬分布区间。

本章案例在“员工工资管理表”和“年度工资台账”两个工作簿文件中实现。

第一节 制作员工月度工资表

制作员工月度工资表是人力资源管理部门每个月必须面对的一项工作。员工月度工资表基本内容包括员工的个人基本信息和工资情况。本节案例中，员工月度工资表的工资项目包括基本工资、绩效工资、工龄工资、加班费、各种扣款、社保费用等信息项目。

员工月度工资表计算复杂、工作量大，运用 Excel 软件的各种功能与函数可以大大降低工作难度，提高工作效率，而且能使编制出的工资表美观、规范。

本节案例中使用的 Excel 软件工作簿文件为“员工工资管理表”。

下面通过案例介绍如何运用 Excel 软件制作员工月度工资表。

一、计算员工的基础工资

员工基础工资信息的计算在工作表“工资基础信息表”中进行，计算项目包括：基本工资、绩效工资和工龄工资。

1. 计算员工的基本工资

按照公司规定，员工的基本工资根据员工的岗位确定，员工岗位与基本工资的对照关系如表 2-1 所示。

表 2-1 岗位与基本工资对照表

岗位	基本工资（元）
职员	3 000
主管	4 500
部门经理	6 000
副总经理	7 500
总经理	9 000

计算员工基本工资主要运用 IF 函数，IF 函数在前面的案例中已经介绍，附录中也有说明。

选择当前工作表的单元格 F2，在公式编辑栏中输入公式：

“=IF(D2="职员",3000,IF(D2="主管",4500,IF(D2="部门经理",6000,IF(D2="副总经理",7500,9000))))”。

公式说明：

- 公式中运用多层嵌套 IF 函数实现员工基本工资的计算。
- 首先用单元格 D2 中当前员工的岗位信息与“岗位与基本工资对照表”中列出的职位对比。例如：如果当前员工的岗位是“职员”则返回“岗位与基本工资对照表”中职员对应的基本工资 3 000 元，否则再与岗位的其他层级比较直至得到当前员工的基本工资。

运用自动填充功能计算所有员工的基本工资。

2. 计算员工的绩效工资

按照公司规定，员工绩效工资的计算方法如下：绩效工资=基本工资×50%。

选择当前工作表的单元格 G2，在公式编辑栏中输入公式：“=F2*0.5”，计算员工的绩效工资。

运用自动填充功能计算所有员工的绩效工资。

3. 计算员工的工龄工资

按照公司规定，员工工龄工资的计算规则如下：如果员工工龄等于或超过 10 年，则工龄工资为 500 元；否则按每年 50 元计算。计算工龄过程中员工工作必须满 12 个月算一年工龄。

计算工龄工资涉及如下函数：IF、TODAY、DATEDIF。这些函数在前面的案例中已经介绍，附录中也有说明。

选择当前工作表的单元格 H2，在公式编辑栏中输入公式：

"=IF(DATEDIF(E2,TODAY(),"Y")>=10,500,DATEDIF(E2,TODAY(),"Y")*50)"。

公式说明：

- 公式中运用函数 TODAY 获得当前计算机系统的日期。
- 公式中运用函数 DATEDIF 计算当前计算机系统日期与入职时间的整年数差值而得到员工的工龄。
- 公式中运用函数 IF 判断员工的工龄是否超过 10 年，如果工龄大于或等于 10 年则返回该员工的工龄工资为 500 元，否则用员工工龄乘以 50 计算返回员工的工龄工资。

备注：

因运行函数 TODAY 时，当前计算机系统的日期不同有可能计算获得的工龄工资与样例中的数值不同。

运用自动填充功能计算所有员工的工龄工资。

二、计算员工的加班费

员工加班费在工作表"加班统计表"中计算。

按照公司规定，加班费的计算方法如下：加班费=基本工资/30/8*1.5*加班时间。

在计算加班费过程中运用了 Excel 软件的函数 ROUND。

知识链接

ROUND 函数说明

功能：将数字四舍五入到指定的位数。例如：如果单元格 A1 的值为 23.782 5，需要将此数值四舍五入到两个小数位数，可以使用以下公式："=ROUND(A1, 2)"，此公式的运行结果为 23.78。

语法：ROUND(number, num _ digits)。

函数参数：

- number：必需项。要四舍五入的数字。
- num _ digits：必需项。要进行四舍五入运算的位数。

计算加班费的方法如下：

选择当前工作表的单元格 F2，在公式编辑栏中输入公式：

"=ROUND(D2/30/8*1.5*E2,2)"。

公式说明：

在公式中运用ROUND函数对计算得到的加班费金额四舍五入，保留两位小数。

运用自动填充功能计算所有员工的加班费。

三、根据员工考勤计算扣款项目

本案例中，工作表“考勤统计表”中的月汇总数据作为数据源用于计算迟到扣款、病假扣款和事假扣款。

1. 计算迟到扣款

按照公司规定，迟到扣款的计算方法如下：每迟到一次扣款50元。

选择当前工作表的单元格F2，在公式栏编辑中输入公式：“=E2 * 50”，计算迟到扣款。

运用自动填充功能计算所有员工的迟到扣款。

2. 计算病假扣款

按照公司规定，病假扣款的计算方法如下：每病假一天扣款为当日工资收入的50%，病假扣款=基本工资/30 * 0.5 * 病假天数。

选择当前工作表的单元格H2，在公式编辑栏中输入公式：“=ROUND(D2/30 * 0.5 * G2,2)”。

在公式中运用ROUND函数对计算得到的病假扣款金额四舍五入，保留两位小数。

运用自动填充功能计算所有员工的病假扣款。

3. 计算事假扣款

按照公司规定，事假扣款的计算方法如下：每事假一天扣款为当日工资收入，事假扣款=基本工资/30 * 事假天数。

选择工作表的单元格J2，在公式栏中输入公式：“=ROUND(D2/30 * I2,2)”。

运用自动填充功能计算所有员工的病假扣款。

4. 计算扣款合计

选择当前工作表的单元格K2，在公式编辑栏中输入公式：“=SUM(F2,H2,J2)”，计算扣款合计。

运用自动填充功能计算所有员工的扣款合计。

四、制作员工工资管理表

人力资源管理部门每月制作的员工工资管理表是公司发放员工工资的依据，按照公司规定的格式制作，内容包含员工工资的详细信息，在本案例中员工工资管理表保存在工作表“员工工资管理表”中。

下面介绍在工作表“员工工资管理表”中各个工资明细项目的计算方法。

1. 计算员工的基本工资等工资项目

工资明细项目“基本工资”“绩效工资”“工龄工资”“加班费”“迟到扣款”“病假扣

款”“事假扣款”的计算均运用了查询函数 VLOOKUP。VLOOKUP 函数在前面的案例中已经介绍，附录中也有说明。下面以计算“基本工资”为例简要介绍计算过程。

（1）定义单元格区域名称。

为方便函数 VLOOKUP 引用单元格区域，在案例中对涉及的单元格区域命名，命名方法参照前面的案例。

选择工作表“工资基础信息表”的 A 列至 H 列，将选中的单元格区域命名为“JCGZ”；选择工作表“加班统计表”的 A 列至 F 列，将选中的单元格区域命名为“JFB”，该名称将用于计算加班费；选择工作表“考勤统计表”的 A 列至 K 列，将选中的单元格区域命名为“KKHJ”，该名称将用于计算各种考勤扣款。

（2）计算基本工资。

选择当前工作表的单元格 E6，点击菜单“公式”，在函数库分组中点击“插入函数 fx”按钮，选择函数“VLOOKUP”，在“函数参数”对话窗中输入参数，函数 VLOOKUP 的参数设置如图 2-1 所示。

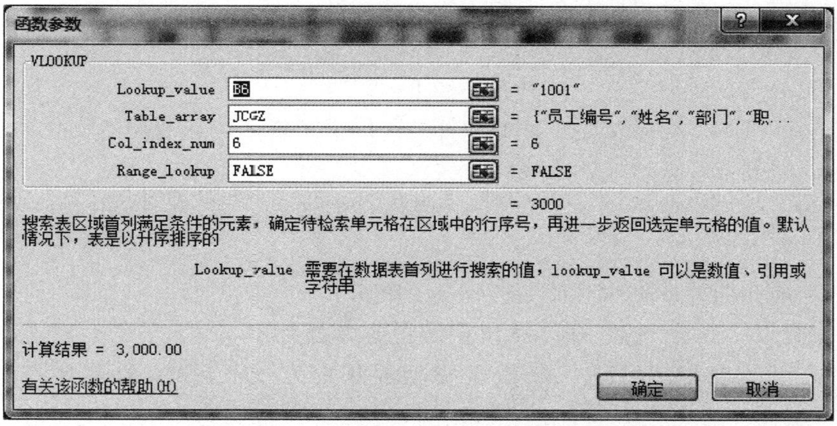

图 2-1　VLOOKUP 函数参数对话窗口用于查询基本工资

在对话窗口中正确输入函数参数，点击“确定”按钮关闭窗口，在 E6 单元格中输入如下公式：“=VLOOKUP(B6,JCGZ,6,FALSE)”。

公式说明：

● 函数 VLOOKUP 在运算过程中运用 B6 单元格的数据与名称“JCGZ”指定单元格区域的第一列数据逐行精确对比，当发现匹配的数据时公式将返回该数据行的第六列数据，即员工的基本工资。

● 因公式中第四个参数为“FALSE”，函数 VLOOKUP 执行精确查询。

备注：

按照相同的方法查询绩效工资、工龄工资、加班费、扣款合计。

选择当前工作表的单元格 F6，在公式栏中输入公式：“=VLOOKUP(B6,JCGZ,7,FALSE)”，查询“绩效工资”。

选择当前工作表的单元格 G6，在公式栏中输入公式：“=VLOOKUP(B6,JCGZ,8,FALSE)”，查询“工龄工资”。

选择当前工作表的单元格 H6，在公式栏中输入公式："＝VLOOKUP(B6,JBF,6,FALSE)"，查询"加班费"。

选择当前工作表的单元格 I6，在公式栏中输入公式："＝VLOOKUP(B6,KKHJ,6,FALSE)"，查询"迟到扣款"。

选择当前工作表的单元格 J6，在公式栏中输入公式："＝VLOOKUP(B6,KKHJ,8,FALSE)"，查询"病假扣款"。

选择工作表的单元格 K6，在公式栏中输入公式："＝VLOOKUP(B6,KKHJ,10,FALSE)"，查询"事假扣款"。

运用自动填充功能查询所有员工的基本工资、绩效工资、工龄工资、加班费、迟到扣款、病假扣款、事假扣款。

2. 计算扣款合计

选择当前工作表的单元格 L6，在公式编辑栏中输入公式："＝SUM(I6:K6)"，计算员工的扣款合计金额。

运用自动填充功能计算所有员工的扣款合计金额。

3. 计算应发工资

按照公司规定，应发工资的计算方法如下：

应发工资＝基本工资＋奖金＋津贴和补贴＋加班工资＋特殊情况下支付的工资－劳动者因个人原因缺勤或旷工造成的工资或者奖金减少的部分。

选择当前工作表的单元格 M6，在公式编辑栏中输入公式："＝SUM(E6:H6)－L6"，计算员工的应发工资。

运用自动填充功能计算所有员工的应发工资。

4. 计算员工"五险一金"的个人缴费及企业缴费金额

按照北京市的规定，2016 年最低缴费工资基数为 2 834 元，最高缴费工资基数为 21 258 元。"五险一金"个人与企业缴费比例如表 2－2 所示。

表 2－2　"五险一金"个人与企业缴费比例表

缴费种类	个人比例	企业比例
养老保险	8%	20%
医疗保险	2%	10%
失业保险	0.5%	1%
工伤保险	0	0.8%
生育保险	0	0.8%
住房公积金	12%	12%

"五险一金"缴费基数以税前工资为基数，本案例中以员工的应发工资作为缴费工资基数。当应发工资低于当年最低缴费工资基数时则以北京市 2016 年规定的最低缴费工资基数作为缴费工资基数，当应发工资高于当年最高缴费工资基数时则以北京市 2016 年规定的最高缴费工资基数作为缴费工资基数。

在本案例中，"五险一金"个人与企业缴费比例表的数据作为基础数据保存在工作表"社会保险基础数据"中供计算员工工资使用。

计算员工“五险一金”个人承担“养老保险”金额的计算方法如下：

选择当前工作表的单元格 N6，在公式编辑栏中输入公式：

“=IF(M6>=社会保险基础数据！$E$4,社会保险基础数据！$E$4 * 社会保险基础数据！$C$12,IF(M6<=社会保险基础数据！$E$5,社会保险基础数据！$E$5 * 社会保险基础数据！$C$12,M6 * 社会保险基础数据！$C$12))”。

公式说明：

- 公式采用两层 IF 函数嵌套。
- 首先运用 IF 函数判断当前员工的缴费工资基数是否大于最高缴费工资基数。用 M6 单元格中员工“应发工资”与“社会保险基础数据”工作表中的“社保上限”（即 E4 单元格的数据）比较，如果大于等于“社保上限”则以社保上限为基数乘以“养老保险金”的个人缴费系数（即 C12 单元格中的数据）得到养老保险个人缴费金额；如果小于等于“社保下限”则再次运用 IF 函数判断是否低于下限，用 M6 单元格中的员工“应发工资”与“社会保险基础数据”中的“社保下限”（即 E5 单元格的数据）比较，如果小于等于“社保下限”则以“社保下限”为基数乘以“养老保险金”的个人缴费系数（即 C12 单元格中的数据）得到养老保险个人缴费金额，否则用 M6 单元格中的员工“应发工资”乘以“养老保险金”的个人缴费系数（即 C12 单元格中的数据）得到养老保险个人缴费金额。
- 公式中对工作表“社会保险基础数据”中数据的引用采用绝对引用单元格的方式，避免运用自动填充功能时出现错误。

按照上面的方法依次计算得到员工“医疗保险”“失业保险”“生育保险”“工伤保险”“住房公积金”的个人与单位缴费金额。

运用自动填充功能计算所有员工的“医疗保险”“失业保险”“生育保险”“工伤保险”“住房公积金”的个人与单位缴费金额。

5. 计算社会保险缴费合计金额

选择当前工作表的单元格 X6，在公式编辑栏中输入公式：“=SUM(N6,P6,R6,T6,V6)”，计算员工社会保险个人缴费金额。

选择当前工作表的单元格 Y6，在公式编辑栏中输入公式：“=SUM(O6,Q6,S6,U6,W6)”，计算员工社会保险企业缴费金额。

6. 计算税前工资

按照国家相关规定，应发工资所有的组成项目都属于缴纳个人所得税的征税范围，劳动者个人应当承担的各项社会保险费用以及住房公积金在免税范围内。

税前工资计算公式为：税前工资=应发工资－社会保险个人缴费－住房公积金个人缴费。

选择当前工作表的单元格 AC6，在公式编辑栏中输入公式：“=M6－X6－Z6”，计算员工的税前工资。

7. 计算个人所得税

按照国家相关规定，个人所得税的税率表如表 2-3 所示。

表 2-3　　　　　　　　　　　工资、薪金所得适用税率表

级数	全月应纳税所得额		税率（%）	速算扣除数
	含税级距	不含税级距		
1	不超过 3 000 元的部分	不超过 2 910 元的部分	3	0
2	超过 3 000 元至 12 000 元的部分	超过 2 910 元至 11 010 元的部分	10	210
3	超过 12 000 元至 25 000 元的部分	超过 11 010 元至 21 410 元的部分	20	1 410
4	超过 25 000 元至 35 000 元的部分	超过 21 410 元至 28 910 元的部分	25	2 660
5	超过 35 000 元至 55 000 元的部分	超过 28 910 元至 42 910 元的部分	30	4 410
6	超过 55 000 元至 80 000 元的部分	超过 42 910 元至 59 160 元的部分	35	7 160
7	超过 80 000 元的部分	超过 59 160 元的部分	45	15 160

备注：

- 本表所列含税级距与不含税级距均为按照税法规定减除有关费用后的所得额。
- 含税级距适用于由纳税人负担税款的工资、薪金所得；不含税级距适用于由他人（单位）代付税款的工资、薪金所得。

个人所得税计算方法（公式）：

应缴个人所得税 ＝ 全月应纳税所得额 * 税率－速算扣除数。

全月应纳税所得额 ＝(应发工资－五险一金个人缴费金额)－5 000。

公式说明：

个人所得税的起征点为月收入 5 000 元，每月收入高出 5 000 元的部分要缴纳个人所得税，每月收入低于 5 000 元不需要缴纳个人所得税。

本案例中，表 2-3 的数据作为基础数据保存在工作表“工资、薪金所得适用税率表”中供计算员工工资个人所得税使用。

本案例中应发工资为含税工资，因此计算应缴个人所得税过程中使用“含税级距”。

本案例中以工作表“员工工资管理表”中第三位员工刘兰为例计算个人所得税，计算过程如下：

员工刘兰当月应发工资为 11 715.63 元、社会保险个人缴费金额为 1 194.99 元，住房公积金个人缴费金额为 1 405.88 元。

员工刘兰月应纳税所得额＝11 715.63－1 194.99－1 405.88－5 000＝4 114.76 元。

员工刘兰的月应纳税所得额 4 114.76 元小于 12 000 元，查询表 2-3 对应“含税级距”为 2 级，采用税率 10%，速算扣除数为 210。

员工刘兰当月应缴个人所得税＝4 114.76 元×10%－210＝201.48 元（四舍五入，保留两位小数）。

备注：

因在计算工龄过程中运行函数 TODAY，当前计算机系统的日期不同有可能计算获得的工龄工资等信息与样例中的数值不同。

在本案例中主要运用 LOOKUP 函数计算个人所得税，LOOKUP 函数说明如下：

知识链接

LOOKUP 函数说明

功能： 查找一行或一列并返回另一行或列中相同位置的值。

LOOKUP 函数具有两种语法形式：向量形式和数组形式。

向量形式：只含一行或一列的区域称为向量。函数 LOOKUP 的向量形式在单行区域或单列区域中查找值，然后返回第二个单行区域或单列区域中相同位置的值。当要指定包含要匹配的值的区域时，请使用函数 LOOKUP 这种形式。

数组形式：函数 LOOKUP 的数组形式在数组（数组：用于建立可生成多个结果或可对在行和列中排列的一组参数进行运算的单个公式。数组区域共用一个公式；数组常量是用作参数的一组常量）的第一行或第一列中查找指定的值，并返回数组最后一行或最后一列内同一位置的值。当要匹配的值位于数组的第一行或第一列中时，请使用函数 LOOKUP 这种形式。

向量形式语法： LOOKUP(lookup_value, lookup_vector, result_vector)

函数参数：

● lookup_value：必需项。函数 LOOKUP 在第一个向量中搜索的值。lookup_value 可以是数字、文本、逻辑值、名称或对值的引用。

● lookup_vector：必需项。只包含一行或一列的区域。lookup_vector 中的值可以是文本、数字或逻辑值。lookup_vector 中的值必须以升序排列，否则 LOOKUP 可能无法返回正确的值。大写文本和小写文本是等同的。

● result_vector：可选项。只包含一行或一列的区域。result_vector 参数必须与 lookup_vector 大小相同。

函数说明：

● 如果 LOOKUP 函数找不到 lookup_value，则它与 lookup_vector 中小于或等于 lookup_value 的最大值匹配。

● 如果 lookup_value 小于 lookup_vector 中的最小值，则 LOOKUP 会返回错误值“#N/A”。

数组形式语法： LOOKUP(lookup_value, array)。

函数参数：

● lookup_value：必需项。LOOKUP 在数组中搜索的值。lookup_value 参数可以是数字、文本、逻辑值、名称或对值的引用。

● array：必需项。包含要与 lookup_value 进行比较的文本、数字或逻辑值的单元格区域。数组中的值必须以升序排列，否则 LOOKUP 无法返回正确的值。大写文本和小写文本是等同的。

函数说明：

● 如果 LOOKUP 找不到 lookup_value 的值，它会使用数组中小于或等于 lookup_value 的最大值。

● 如果 lookup_value 的值小于第一行或第一列中的最小值（取决于数组维度），LOOKUP 会返回错误值“#N/A”。

● 如果数组包含宽度比高度大的区域（列数多于行数），函数 LOOKUP 会在第一行中搜索 lookup _ value 的值。

- 如果数组是正方的或者高度大于宽度（行数多于列数），函数 LOOKUP 会在第一列中进行搜索。

备注：

- 函数 LOOKUP 的数组形式与函数 HLOOKUP（此函数将在后面案例中介绍）和函数 VLOOKUP 非常相似。区别在于：函数 HLOOKUP 在第一行中搜索 lookup _ value 的值，函数 VLOOKUP 在第一列中搜索，而函数 LOOKUP 根据数组维度进行搜索。
- 使用函数 HLOOKUP 和函数 VLOOKUP，可以通过索引以向下或遍历的方式搜索，但是函数 LOOKUP 始终选择行或列中的最后一个值。

在本案例中运用 Excel 软件计算应缴个人所得税实现方法如下：

（1）定义命名单元格区域。

为方便函数 LOOKUP 引用单元格区域，在案例中对涉及的表 2－3 中“含税级距”“税率（%）”“速算扣除数”单元格区域命名。

在工作表“工资、薪金所得适用的税率表”中 B1 至 F10 单元格区域以文字的形式表示工资、薪金所得适用税率，为了运用 LOOKUP 函数运算将文字形式描述的“含税级距”“税率（%）”“速算扣除数”按照从小到大顺序用数字表达存放在 C15 至 E22 的单元格区域中。

工作表“工资、薪金所得适用的税率表”中单元格 C15 至 C22 的数据将“含税级距”以数字形式有序排列。在“含税级距”增加数值“－5 000”，即 C15 单元格的一行数据，表示当应税工资为 0 元至 5 000 元时不扣税。在该工作表中选择单元格 C15 至 C22 将该区域命名为“HSJJ”。

“含税级距”数据整理后的结果及单元格命名如图 2－2 所示。

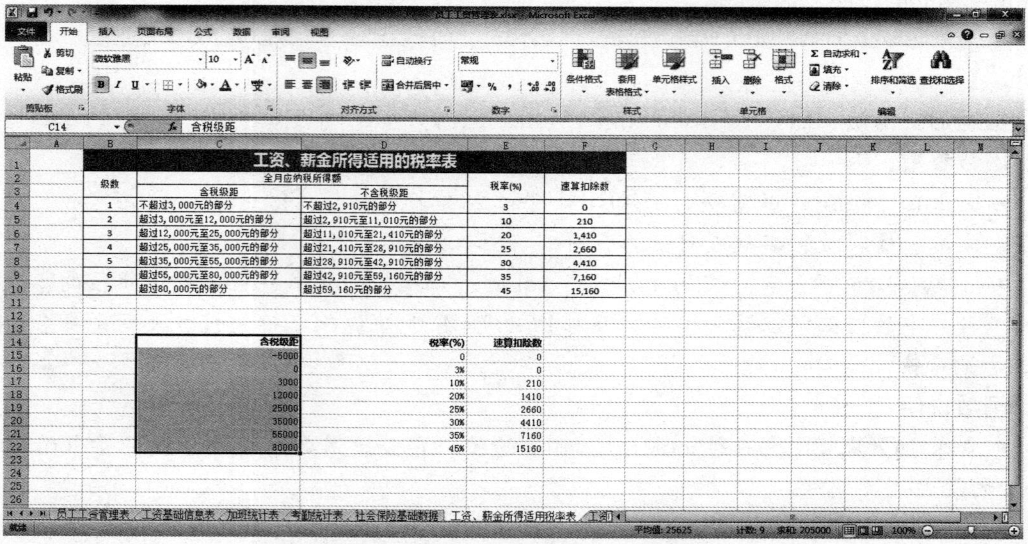

图 2－2 “含税级距”数据整理及单元格命名

备注：

● 按照整理“含税级距”数据的方法整理“税率（%）”数据和“速算扣除数”数据。

●“税率（%）”的数据保存在工作表 D15 至 D22 单元格区域中，将该单元格区域命名为“SL”。

●“速算扣除数”的数据保存在工作表 E15 至 E22 单元格区域中，将该单元格区域命名为“SSKCS”。

（2）运用 LOOKUP 函数计算个人所得税。

选择当前工作表的单元格 AB6，点击“公式”菜单，点击“插入函数 fx”按钮，选择 LOOKUP 函数，在“函数参数”对话窗口中输入参数，如图 2-3 所示。

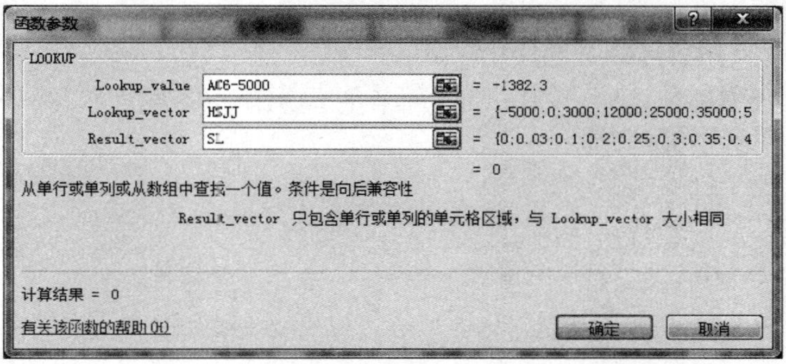

图 2-3 LOOKUP 函数参数对话窗口用于查询应税工资对应的税率

在对话窗口中输入函数参数，点击“确定”按钮关闭对话窗口，在 AB6 单元格中输入如下公式：“=LOOKUP(AC6-5000, HSJJ, SL)”。点击公式编辑栏修改该公式，修改后的公式如下：“=ROUND(LOOKUP(AC6-5000, HSJJ, SL) * (AC6-5000)-LOOKUP(AC6-5000, HSJJ, SSKCS), 2)”。

公式说明：

● 公式中“AC6-5000”计算员工应纳税所得额。

● 公式中“LOOKUP(AB6-5000, HSJJ, SL)”计算应纳税所得额对应的税率。

● 公式中“LOOKUP(AB6-5000, HSJJ, SSKCS)”计算应纳税所得额对应的速算扣除数。

● 公式中 ROUND 函数将个人所得税金额四舍五入后保留两位小数。

8. 计算实发工资

按照规定，实发工资的计算公式为：实发工资=税前工资-个人所得税。

选择当前工作表的单元格 AD6，在公式编辑栏中输入公式：“=AC6-AB6”，计算员工的实发工资。

五、完善员工工资管理表

1. 完善员工工资管理表数据

（1）输入工资发放日期。

选择当前工作表的单元格 R2，运用组合键“Ctrl+;”插入计算机系统当前日期。

备注：

此处不要运用函数 TODAY 获取计算机系统当前日期，因为用函数 TODAY 输入的日期将随计算机系统的日期变化而更新，当重新打开工作簿或重新计算工作表时（如按 F9 键时），以此种方法输入的日期将更新为计算机系统当前最新的日期，工资表制作完成后工资发放日期为固定不变的日期，此处需要获得静态的计算机系统当前日期，所以不使用函数 TODAY。

（2）运用 MONTH 函数计算制作工资表的月份。

MONTH 函数在前面的案例中已经介绍，附录中也有说明。

选择当前工作表的单元格 D2，在公式编辑栏中输入公式："＝MONTH(R2)"，计算返回制作工资表的工资月份。

（3）运用 SUM 函数计算工资合计数据。

选择当前工作表的单元格 M34，在公式编辑栏中输入公式："＝SUM(M6:M33)"，计算当月"应发工资"项目合计。

同理计算其他工资项目合计。

2. 设置员工工资管理表格式

（1）设置员工工资管理表打印标题。

员工工资管理表制作完成后需要打印，当公司员工较多时需要打印多页，为了在每页均打印工资表标题行，需要为工作表设置打印标题，为工作表设置打印标题行的方法在前面的案例中已经介绍，在本案例中仅做简要说明。

在 Excel 软件的工作窗口中点击菜单"页面布局"，在"页面设置"组中点击按钮"打印标题"，在"页面设置"对话窗口"工作表"选项卡中设置标题行，设置窗口如图 2-4 所示。

图 2-4 设置"员工工资管理表"的打印标题行

（2）运用冻结窗格功能固定显示工作表标题行。

当公司员工较多时，在制作工资表时为了方便操作需要固定显示工作表的标题行，冻结窗格功能可实现此效果。冻结窗格功能设置方法在前面的案例中已经介绍，在本案例中仅做简要说明。

选择当前工作表的第六行，点击“视图”菜单，在“窗口”组中点击按钮“冻结窗格”按钮，在下拉菜单中选择“冻结选择拆分窗格”选项，即可冻结选定的单元格而固定显示工作表的标题行。

（3）运用字体填充效果突出显示部分工资明细项目。

为了人力资源管理部门工资制作人员便于查看数据，在此将重要数据突出显示。

在案例中突出显示以下工资明细项目：“应发工资”“社会保险扣款合计个人缴款”“住房公积金个人缴款”“个人所得税”“实发工资”。

突出显示工资明细项目的样式：填充颜色为“水绿色，强调文字 5，单色 80%”。

实现方法：按下组合键“Ctrl＋Shift”后按下“↓”批量选择单元格，点击“开始”菜单，点击“字体”项目组，点击“填充颜色”按钮设置单元格格式。

设置单元格格式后的效果如图 2－5 所示。

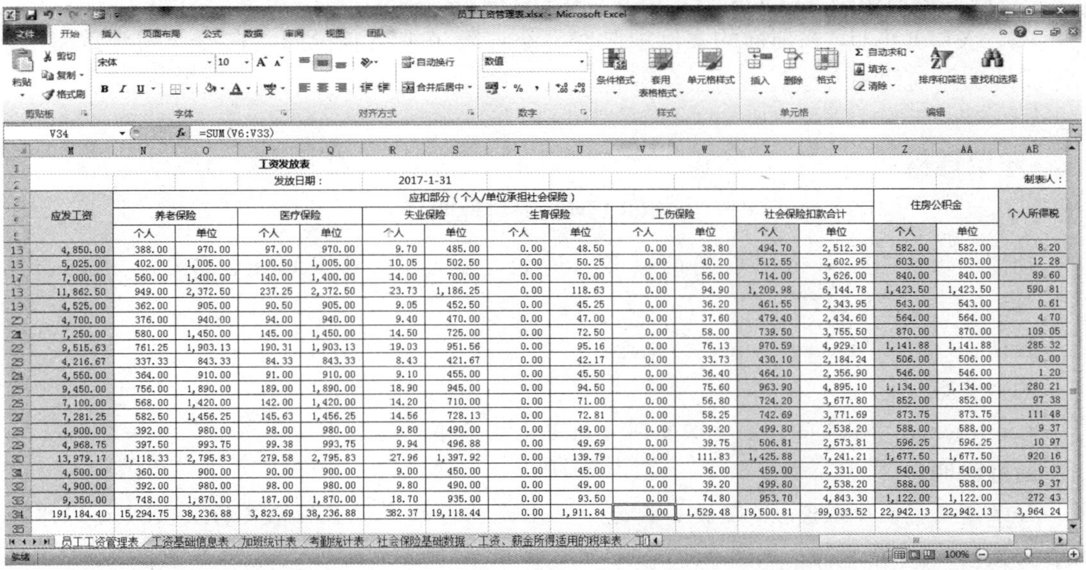

	M	N	O	P	Q	R	S	T	U	V	W	X	Y	Z	AA	AB
1				工资发放表												
2				发放日期：		2017-1-31										制表人：
3	应发工资	应扣部分（个人/单位承担社会保险）												住房公积金		个人所得税
4		养老保险		医疗保险		失业保险		生育保险		工伤保险		社会保险扣款合计				
5		个人	单位	个人	单位	个人	单位	个人	单位	个人	单位	个人	单位	个人	单位	
15	4,850.00	388.00	970.00	97.00	970.00	9.70	485.00	0.00	48.50	0.00	38.80	494.70	2,512.30	582.00	582.00	8.20
16	5,025.00	402.00	1,005.00	100.50	1,005.00	10.05	502.50	0.00	50.25	0.00	40.20	512.55	2,602.95	603.00	603.00	12.28
17	7,000.00	560.00	1,400.00	140.00	1,400.00	14.00	700.00	0.00	70.00	0.00	56.00	714.00	3,626.00	840.00	840.00	89.60
18	11,862.50	949.00	2,372.50	237.25	2,372.50	23.73	1,186.25	0.00	118.63	0.00	94.90	1,209.98	6,144.78	1,423.50	1,423.50	590.81
19	4,525.00	362.00	905.00	90.50	905.00	9.05	452.50	0.00	45.25	0.00	36.20	461.55	2,343.95	543.00	543.00	0.61
20	4,700.00	376.00	940.00	94.00	940.00	9.40	470.00	0.00	47.00	0.00	37.60	479.40	2,434.60	564.00	564.00	4.70
21	7,250.00	580.00	1,450.00	145.00	1,450.00	14.50	725.00	0.00	72.50	0.00	58.00	739.50	3,755.50	870.00	870.00	109.05
22	9,515.63	761.25	1,903.13	190.31	1,903.13	19.03	951.56	0.00	95.16	0.00	76.13	970.59	4,929.10	1,141.88	1,141.88	285.32
23	4,216.67	337.33	843.33	84.33	843.33	8.43	421.67	0.00	42.17	0.00	33.73	430.10	2,184.24	506.00	506.00	0.00
24	4,550.00	364.00	910.00	91.00	910.00	9.10	455.00	0.00	45.50	0.00	36.40	464.10	2,356.90	546.00	546.00	1.20
25	9,450.00	756.00	1,890.00	189.00	1,890.00	18.90	945.00	0.00	94.50	0.00	75.60	963.90	4,895.10	1,134.00	1,134.00	280.21
26	7,100.00	568.00	1,420.00	142.00	1,420.00	14.20	710.00	0.00	71.00	0.00	56.80	724.20	3,677.80	852.00	852.00	97.38
27	7,281.25	582.50	1,456.25	145.63	1,456.25	14.56	728.13	0.00	72.81	0.00	58.25	742.69	3,771.69	873.75	873.75	111.48
28	4,900.00	392.00	980.00	98.00	980.00	9.80	490.00	0.00	49.00	0.00	39.20	499.80	2,538.20	588.00	588.00	9.37
29	4,968.75	397.50	993.75	99.38	993.75	9.94	496.88	0.00	49.69	0.00	39.75	506.81	2,573.81	596.25	596.25	10.97
30	13,979.17	1,118.33	2,795.83	279.58	2,795.83	27.96	1,397.92	0.00	139.79	0.00	111.83	1,425.88	7,241.21	1,677.50	1,677.50	920.16
31	4,500.00	360.00	900.00	90.00	900.00	9.00	450.00	0.00	45.00	0.00	36.00	459.00	2,331.00	540.00	540.00	0.03
32	4,900.00	392.00	980.00	98.00	980.00	9.80	490.00	0.00	49.00	0.00	39.20	499.80	2,538.20	588.00	588.00	9.37
33	9,350.00	748.00	1,870.00	187.00	1,870.00	18.70	935.00	0.00	93.50	0.00	74.80	953.70	4,843.30	1,122.00	1,122.00	272.43
34	191,184.40	15,294.75	38,236.88	3,823.69	38,236.88	382.37	19,118.44	0.00	1,911.84	0.00	1,529.48	19,500.81	99,033.52	22,942.13	22,942.13	3,964.24
35																

图 2－5 突出显示部分工资明细项目

第二节 批量生成工资条

工资条也叫工资单，是公司定期发给员工反映其工资明细的纸质凭据。工资条记录着员工月收入明细项目和收入总额，员工通过工资条查看、核对自己工资的详细情况。

本案例介绍了综合运用函数 VLOOKUP、函数 COLUMN 和自动填充功能批量制作工资条的方法，具体实现步骤如下。

1. 建立工作表

在当前工作簿文件中新建工作表，将工作表命名为“工资条”。

复制工作表“员工工资管理表”的标题行到当前工作表中并修改其内容，仅保留第四行和第五行的内容，如图 2-6 所示。

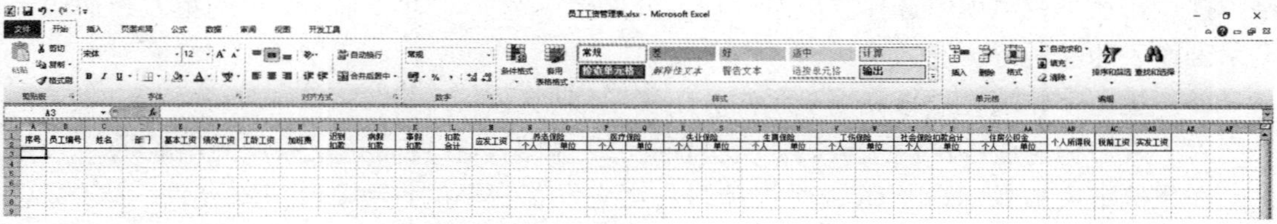

图 2-6 工资条的标题行

2. 设置工资条序号

选择当前工作表的单元格 A3，在单元格中输入序号“1”，将单元格的数据类型设置为“文本”类型。

3. 联合运用函数 VLOOKUP、COLUMN 查询员工编号

函数 VLOOKUP 在前面的案例中已经介绍，附录中也有说明，在此介绍函数 COLUMN 的功能与使用方法。

知识链接

COLUMN 函数说明

功能：返回指定单元格引用的列号。例如：公式“=COLUMN(D10)”返回值是“4”，因为 D 列为第四列。

语法：COLUMN(reference)

函数参数：

- reference：可选项。要返回其列号的单元格或单元格范围。

函数说明：

如果省略参数 reference 或该参数为一个单元格区域，并且函数 COLUMN 是以水平数组公式的形式输入的，则函数 COLUMN 将以水平数组的形式返回参数 reference 的列号。

选择当前工作表的单元格 B3，在单元格中插入函数 VLOOKUP，在函数 VLOOKUP 的“函数参数”对话窗口中输入参数，“函数参数”对话窗口如图 2-7 所示。

点击“确定”按钮关闭当前窗口，在 B3 单元格中插入如下公式：

“=VLOOKUP($A3,员工工资管理表!$A$6:$AD$33,COLUMN(),FALSE)”。

公式说明：

- 函数 VLOOKUP 的第一个参数是在第二个参数指定的数据区域第一列需要搜索的

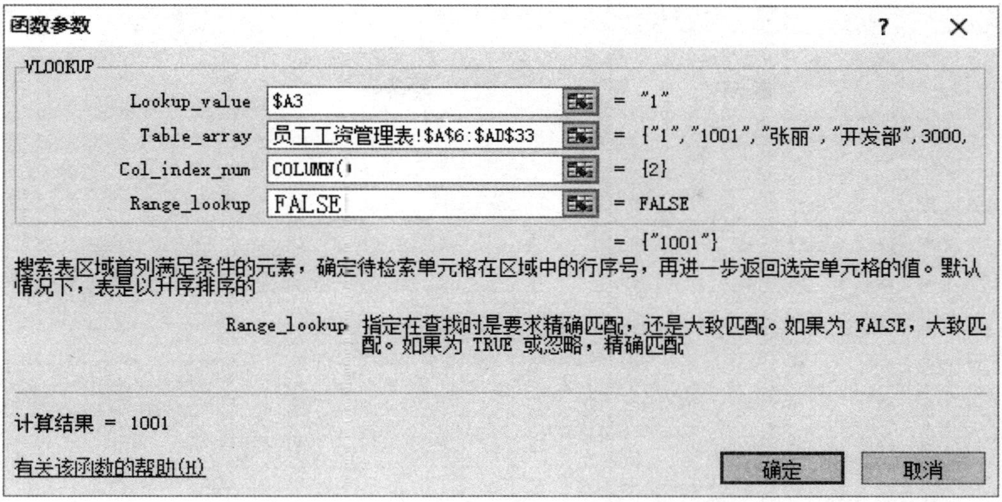

图 2-7　VLOOKUP 函数参数对话窗口用于查询员工编号

值。$A3 代表单元格的引用方式是绝对引用列、相对引用行，在后面自动填充过程中保证列不变而行相对变化。

- 函数 VLOOKUP 的第二个参数指定查询的数据区域即员工工资明细数据，采用绝对引用单元格的形式，在后面自动填充过程中保证查询区域不发生变化。
- 函数 VLOOKUP 的第三个参数指定满足条件的数据行中需要返回数据的列序号，在此用函数 COLUMN () 的返回值。因为工作表“工资条”中工资明细项目的排列顺序与工作表“员工工资管理表”中工资明细项目顺序的排列完全一致，函数 VLOOKUP 需要返回的数据项的列序号就是工作表“员工工资管理表”相对应列的序号。

在当前工作表中选择 B3 单元格运用自动填充功能向右填充工资条其他项目数据。

4. 运用自动填充功能制作工资条

选择当前工作表单元格 A1 至 AD3，为被选择的单元格区域设置边框，如图 2-8 所示。

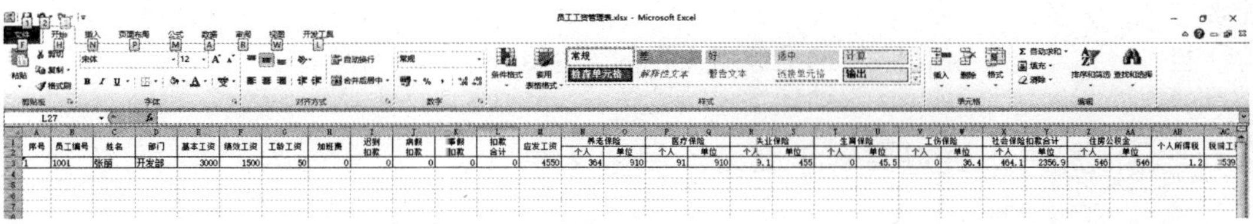

图 2-8　为工资条单元格设置边框

选择当前工作表单元格 A1 至 AD4，在单元格 AD4 右下方出现黑色十字时拖动复制单元格形成公司员工的工资条文件。

备注：

选择第四行的原因是在两名员工的工资条之间形成一个空白行便于裁剪。

工资条的最终效果如图 2-9 所示。

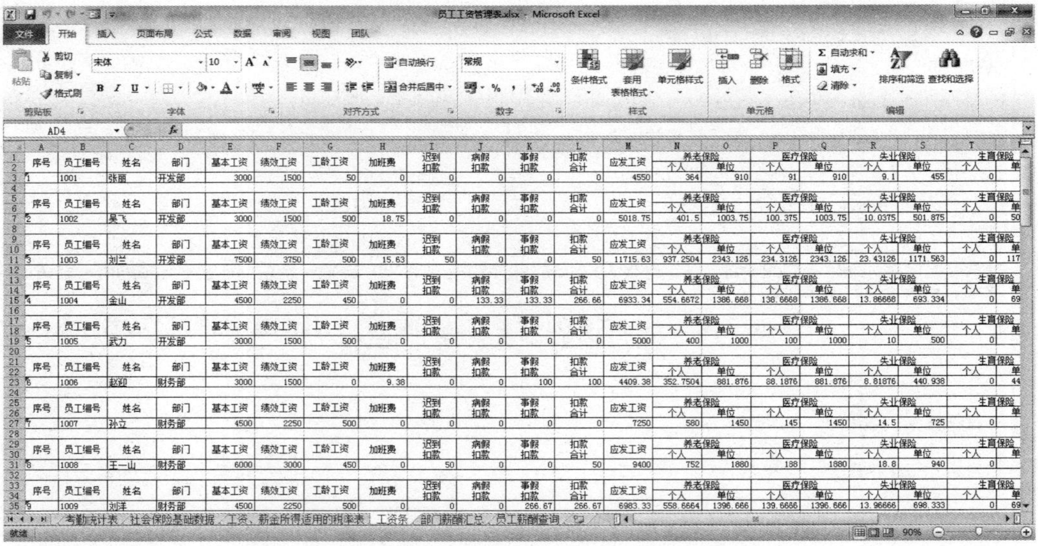

图 2-9 工资条最终效果

第三节 制作年度工资台账并定义数据连接

年度工资台账是公司人员工资的书面管理资料，是重要的人事资料，也是重要的财务资料。年度工资台账由公司人力资源管理部门或综合管理部门对员工的工资进行统计，以月为时间单位记载员工工资收入。年度工资台账是分析员工工资数据的重要依据，是公司薪酬改革与制定奖惩政策的依据，也是确定下一年员工社会保险基数的法定依据。

在本案例中运用复制月工资表的方法制作年度工资台账；在年度工资台账基础上定义数据连接为运用 Excel 软件的数据透视表功能进行薪酬数据分析做准备。

本节运用的 Excel 工作簿文件是“年度工资台账”和统计年度内每月的“员工工资管理表”。

制作公司年度工资台账和定义数据连接的方法如下。

一、汇总月工资数据到年度工资台账文件

公司年度工资台账中的数据来源于年度内每月工资明细，汇总月工资数据到年度工资台账文件主要运用 Excel 软件的移动或复制工作表功能，实现方法如下：

1. 打开数据文件

同时打开“年度工资台账”文件和该统计年度内某月“员工工资管理表”文件。

2. 运用工作表菜单移动或复制工作表

在月“员工工资管理表”文件中，用鼠标右键单击工作表标签列表中的“员工工资管理表”打开鼠标右键菜单，如图 2-10 所示。

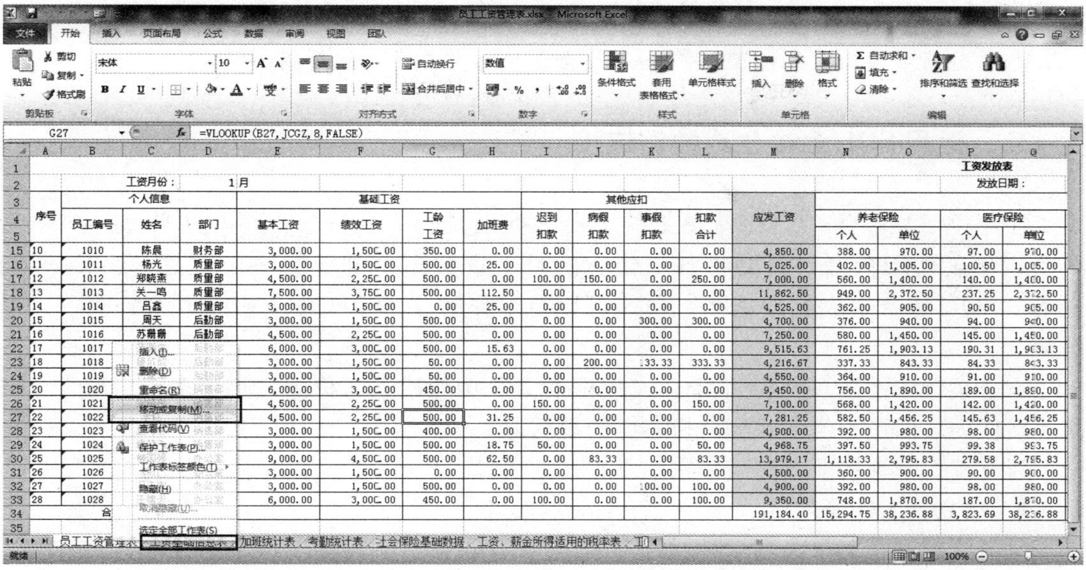

图 2-10 移动或复制工作表鼠标右键菜单选项

在工作表标签鼠标右键菜单中选择“移动或复制(M)…”选项，打开“移动或复制工作表”对话窗口，如图 2-11 所示，在该对话窗口中将当前月份的员工工资表复制到文件“年度工资台账”中，将该工作表重新命名为工资的月份，例如“六月”。移动或复制工作表操作完成后即可关闭该月“员工工资管理表”文件。

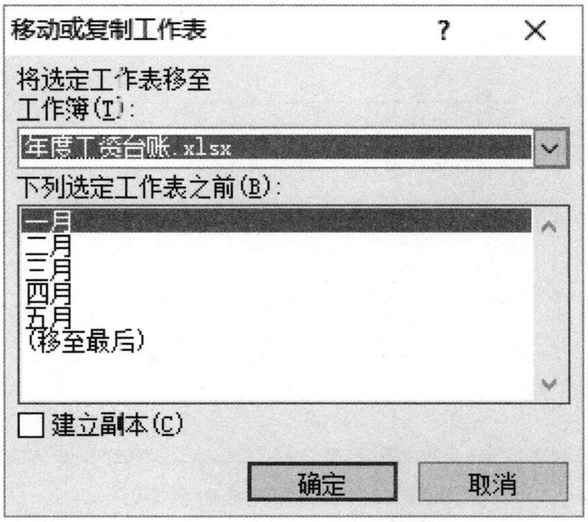

图 2-11 移动或复制工作表操作窗口

3. 修改工作表的标题行

按照样例文件所示修改“年度工资台账”中被复制的月工资数据表标题行。

在被复制的月工资数据表第一列前增加一列，列标题名称修改为“工资月份”，列中每一行单元格的内容为工资月份。修改第一列第一行数据的工资月份后，运用自动填充功能填充下面的单元格。

备注：

在本案例中因为数据原因仅汇总一月至五月的月工资明细数据。

二、运用 SQL 命令生成数据连接

在年度工资台账中，每位员工的工资数据以月为单位分布在各个工作表中，当分析公司年度薪酬数据时需要将各工作表的月工资数据合并作为一个数据源。Excel 软件的“SQL 命令生成数据连接”功能可以将工作簿中多个工作表数据联合作为一个数据源。

在本案例中运用“SQL 命令生成数据连接”功能建立名称为“年度工资台账”工作簿连接作为后面员工年度薪酬分析案例的数据源。

建立工作簿连接的方法与步骤如下：

1. 建立新工作簿连接

点击“数据”菜单，在“连接”快捷按钮组中点击“连接”按钮，打开“工作簿连接”对话窗口，如图 2－12 所示。

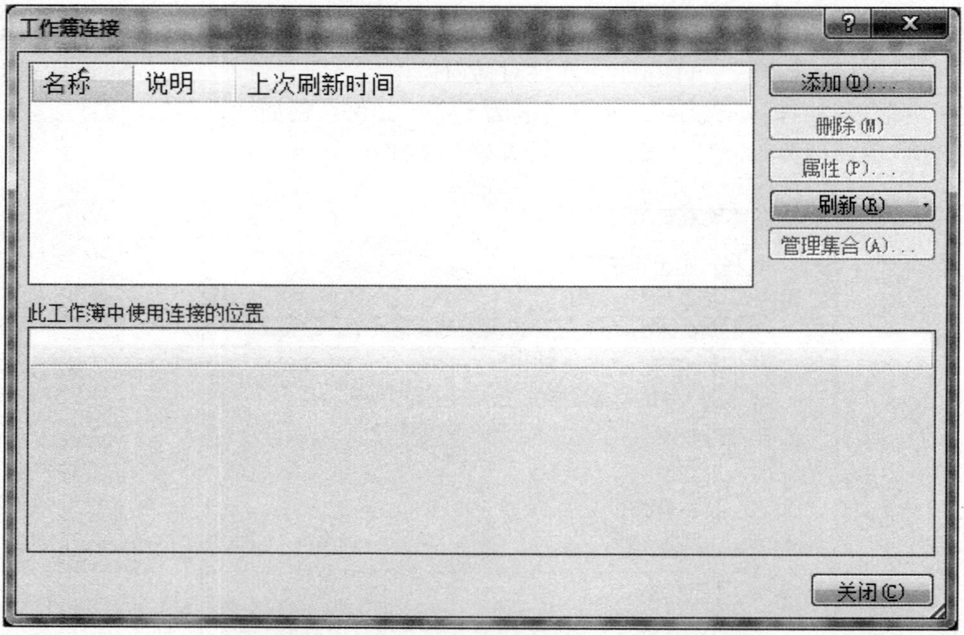

图 2－12 工作簿连接设置窗口

在窗口中点击“添加(D)…”按钮，打开“现有连接”对话窗口，如图 2－13 所示。

在当前 Excel 工作簿文件中如果存在“现有连接”可以使用，则在窗口中选择，否则点击窗口左下侧“浏览更多(B)…”按钮建立新工作簿连接。

点击“浏览更多(B)…”按钮后，打开“选择数据源”的窗口，在本案例中选择当前 Excel 工作簿文件“年度工资台账”作为数据源。

选择数据源文件后即建立了名称为“年度工资台账”的工作簿连接，如图 2－14 所示。

图 2-13 工作簿连接中的现有连接

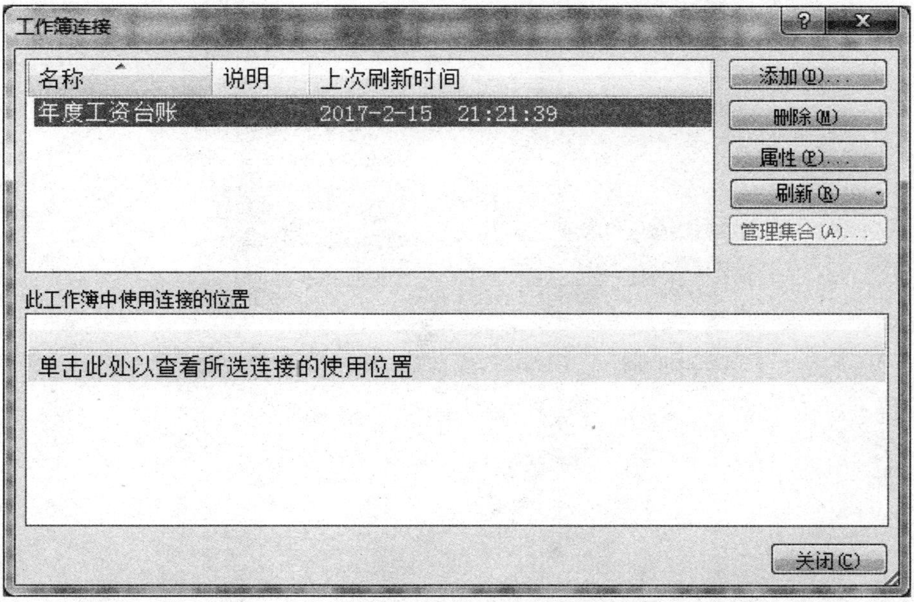

图 2-14 建立工作簿数据连接“年度工资台账”

2. 设置工作簿连接属性

在图 2-14 所示的“工作簿连接”窗口中选择名称为“年度工资台账”工作簿连接，点击窗口右侧的“属性(P)…”按钮，打开如图 2-15 所示的“连接属性”对话窗口，在对话窗口中设置该连接的属性。

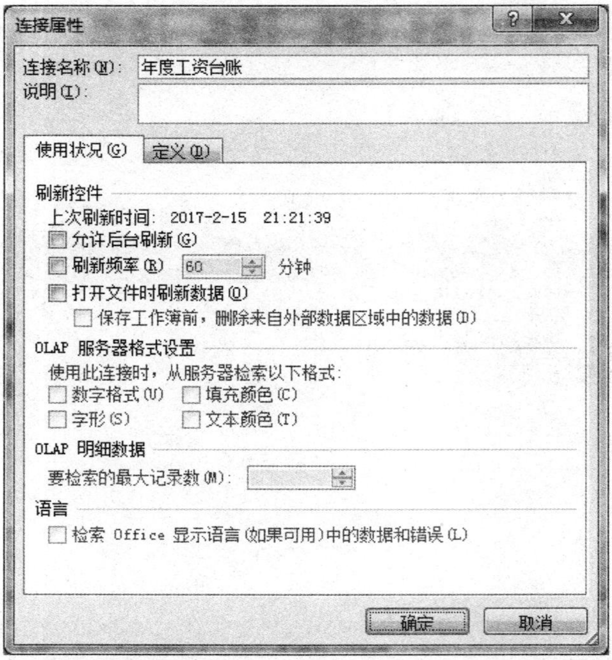

图 2-15 “年度工资台账”连接属性窗口

在对话窗口中，点击“定义(D)”选项卡，在对话窗口中定义“年度工资台账”工作簿连接的属性，如图 2-16 所示。

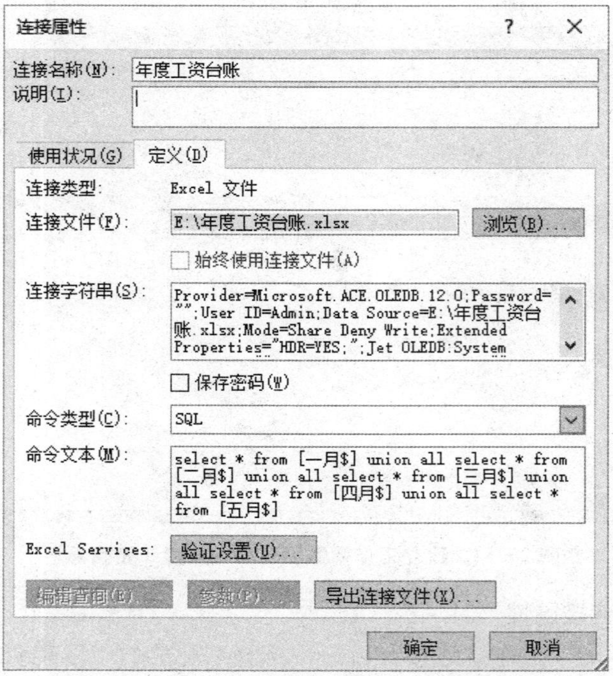

图 2-16 设置“年度工资台账”连接属性

在对话窗口中设置“命令类型(C)”的值为“SQL”，在“命令文本(M)”后的文本框中输入如下的命令：

select * from [一月$] union all select * from [二月$] union all select * from [三月$] union all select * from [四月$] union all select * from [五月$].

点击窗口下方的“确定”按钮，随后再关闭“工作簿连接”窗口，即可成功建立数据连接。

数据连接说明：

- “年度工资台账”数据连接运用连接属性中设置的 SQL 命令查询工作表数据形成数据源。
- SQL 命令中“select * from [一月$]”的功能是查询获取工作表“一月”中的所有数据。
- SQL 命令中关键字“union all”的功能是将该关键字前后的两个查询结果合并形成一个查询结果。

第四节 薪酬数据分析

薪酬数据分析是薪酬管理的重要组成部分，关系到薪酬管理的成败，是薪酬管理工作的基础。通过多角度综合分析公司当前和历史薪酬数据可以清楚了解公司当前的薪酬情况，评估当前的薪酬方案，诊断薪酬缺陷，从而预防和解决存在的问题，为薪酬管理和推进人力资源变革奠定良好的基础。

在本节中从以下三个方面分析公司的薪酬情况：月薪酬数据分类汇总分析、员工年度工资汇总查询和员工年度工资分布区间统计。

一、月薪酬数据分类汇总分析

在本案例中，运用 Excel 软件的分类汇总功能以“部门”为分类依据，汇总分析显示当月公司各部门的薪酬数据，帮助人力资源管理部门比较公司各部门之间当月薪酬费用的差距，作为公司薪酬调整的依据。

知识链接

分类汇总功能介绍

在 Excel 软件中分类汇总功能是经常使用的一项功能，该功能运用 Excel 软件本身所提供的函数对数据进行一种汇总计算，比如可以按某字段对数据做计数、求和、最大值、最小值、乘积、标准偏差、总体标准偏差等计算。

数据分类汇总操作分为两个步骤：第一个步骤是以分类字段为依据对数据排序（注意：在进行分类汇总之前一定要对数据进行排序，如果不进行排序直接进行分类汇总操作，结果看上去很凌乱，计算结果不正确）；第二个步骤是利用函数进行一个汇总计算操作。

运用分类汇总功能分析薪酬数据的操作在工作簿“员工工资管理表”中的工作表“部门薪酬汇总”中进行，下面介绍运用分类汇总功能实现以“部门”为关键字汇总分析薪酬数据的过程。

1. 以部门字段为依据对数据排序

在Excel软件中，运用分类汇总功能的第一步是以分类汇总字段为依据对工作表数据排序。本案例中以“部门”为关键字做分类汇总分析，因此“部门”字段是分类字段，需要以“部门”为主要关键字对数据排序。

选择当前工作表中任一有数据的单元格中，点击“开始”菜单，在“编辑”快捷按钮组中点击“排序和筛选”快捷按钮，如图 2－17 所示。

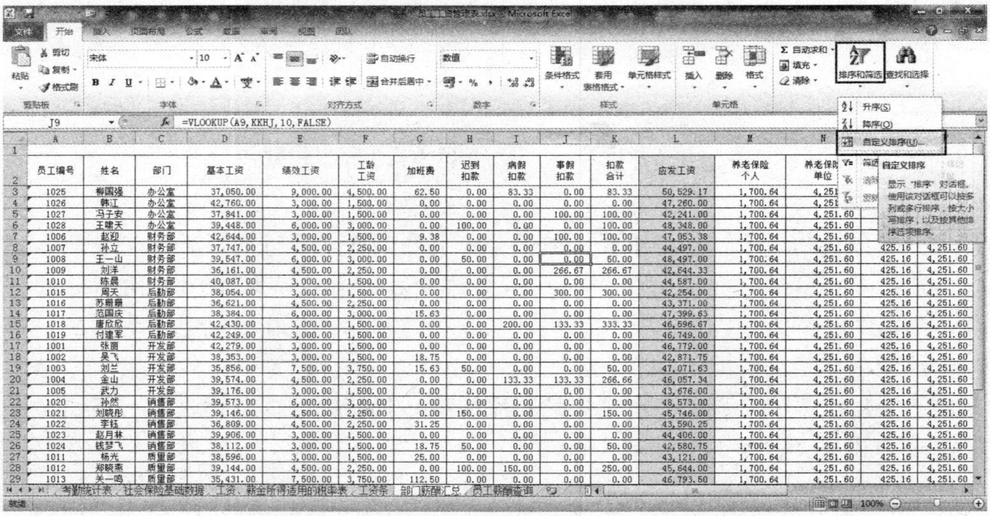

图 2－17 选择“排序和筛选”功能的菜单和按钮

在“排序和筛选”按钮下拉菜单中选择“自定义排序(U)…”选项，在“排序”对话窗口中设置“主要关键字”为“部门”，“次要关键字”为“员工编号”，点击“确定”按钮关闭对话窗口完成数据排序操作。排序操作对话设置窗口如图 2－18 所示。

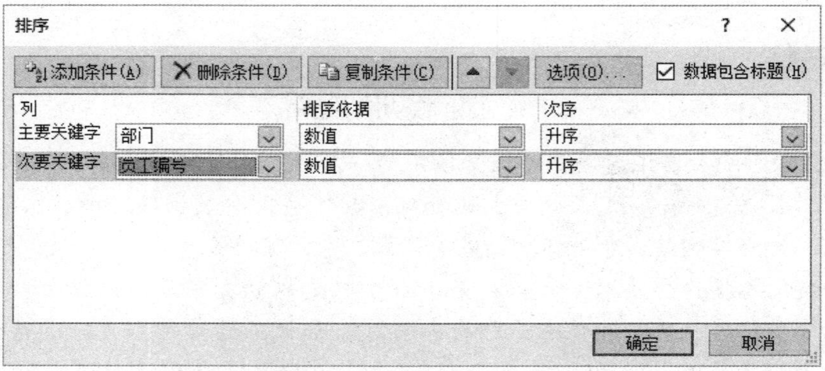

图 2－18 “排序”对话设置窗口

2．对工作表数据分类汇总

选择当前工作表中任一有数据的单元格，点击“数据”菜单，在“分级显示”快捷按钮组中点击“分类汇总”快捷按钮，打开“分类汇总”对话窗口，如图 2－19 所示。

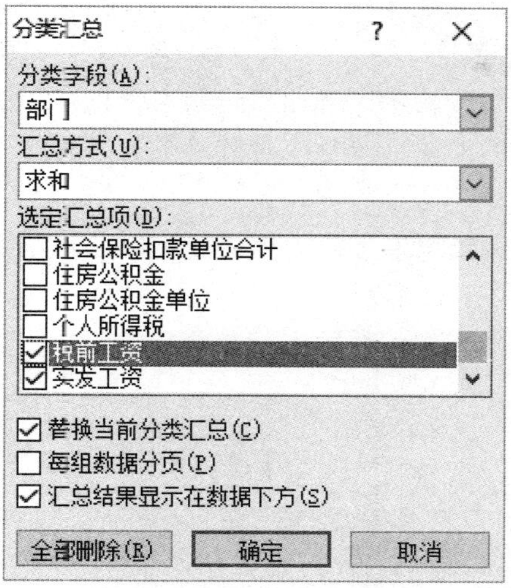

图 2－19　分类汇总设置窗口

在对话窗口中，“分类字段(A)”属性值设置为“部门”；“汇总方式(U)”指定汇总操作的函数，在本案例中汇总函数为“求和”；“选定汇总项(D)”属性值设置为“应发工资”“税前工资”“实发工资”三个字段，分类汇总操作将对被选择的字段做求和计算。

在对话窗口中设置完成后点击“确定”按钮，关闭对话窗口完成分类汇总操作，分类汇总操作结果如图 2－20 所示。

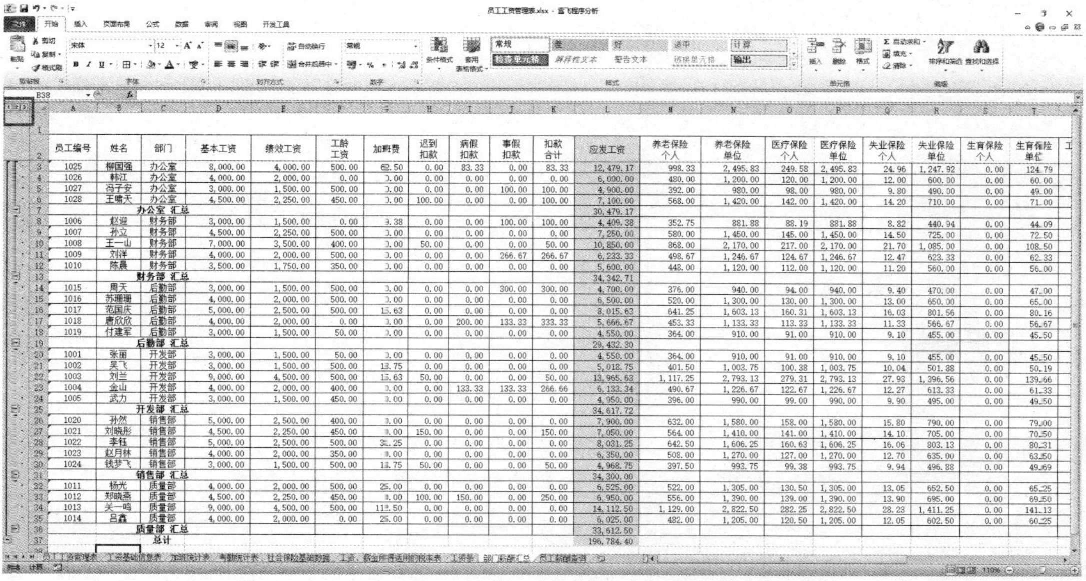

员工编号	姓名	部门	基本工资	绩效工资	工龄工资	加班费	迟到扣款	病假扣款	事假扣款	扣款合计	应发工资	养老保险个人	养老保险单位	医疗保险个人	医疗保险单位	失业保险个人	失业保险单位	生育保险个人	生育保险单位
1025	柳国强	办公室	8,000.00	4,000.00	500.00	62.50	0.00	83.33	0.00	83.33	12,479.17	998.33	2,495.83	249.58	2,495.83	24.96	1,247.92	0.00	124.79
1026	韩江	办公室	4,000.00	2,000.00	0.00	0.00	0.00	0.00	0.00	0.00	6,000.00	480.00	1,200.00	120.00	1,200.00	12.00	600.00	0.00	60.00
1027	冯子安	办公室	3,000.00	1,500.00	500.00	0.00	0.00	0.00	100.00	100.00	4,900.00	392.00	980.00	98.00	980.00	9.80	490.00	0.00	49.00
1028	王啸天	办公室	4,500.00	2,250.00	450.00	0.00	100.00	0.00	0.00	100.00	7,100.00	568.00	1,420.00	142.00	1,420.00	14.20	710.00	0.00	71.00
		办公室 汇总									30,479.17								
1006	赵迎	财务部	3,000.00	1,500.00	0.00	9.38	0.00	0.00	100.00	100.00	4,409.38	352.75	881.88	88.19	881.88	8.82	440.94	0.00	44.09
1007	孙立	财务部	4,500.00	2,250.00	500.00	0.00	0.00	0.00	0.00	0.00	7,250.00	580.00	1,450.00	145.00	1,450.00	14.50	725.00	0.00	72.50
1008	王一山	财务部	7,000.00	3,500.00	400.00	0.00	50.00	0.00	0.00	50.00	10,850.00	868.00	2,170.00	217.00	2,170.00	21.70	1,085.00	0.00	108.50
1009	刘洋	财务部	4,000.00	2,000.00	500.00	0.00	0.00	0.00	266.67	266.67	6,233.33	498.67	1,246.67	124.67	1,246.67	12.47	623.33	0.00	62.33
1010	陈晨	财务部	3,500.00	1,750.00	350.00	0.00	0.00	0.00	0.00	0.00	5,600.00	448.00	1,120.00	112.00	1,120.00	11.20	560.00	0.00	56.00
		财务部 汇总									34,342.71								
1015	周天	后勤部	3,000.00	1,500.00	500.00	0.00	0.00	0.00	300.00	300.00	4,700.00	376.00	940.00	94.00	940.00	9.40	470.00	0.00	47.00
1016	苏珊珊	后勤部	4,000.00	2,000.00	500.00	0.00	0.00	0.00	0.00	0.00	6,500.00	520.00	1,300.00	130.00	1,300.00	13.00	650.00	0.00	65.00
1017	范国庆	后勤部	5,000.00	2,500.00	500.00	15.63	0.00	0.00	0.00	0.00	8,015.63	641.25	1,603.13	160.31	1,603.13	16.03	801.56	0.00	80.16
1018	唐欣欣	后勤部	4,000.00	2,000.00	0.00	0.00	0.00	200.00	133.33	333.33	5,666.67	453.33	1,133.33	113.33	1,133.33	11.33	566.67	0.00	56.67
1019	付建军	后勤部	3,000.00	1,500.00	50.00	0.00	0.00	0.00	0.00	0.00	4,550.00	364.00	910.00	91.00	910.00	9.10	455.00	0.00	45.50
		后勤部 汇总									29,432.30								
1001	张丽	开发部	3,000.00	1,500.00	50.00	0.00	0.00	0.00	0.00	0.00	4,550.00	364.00	910.00	91.00	910.00	9.10	455.00	0.00	45.50
1002	吴飞	开发部	3,000.00	1,500.00	500.00	18.75	0.00	0.00	0.00	0.00	5,018.75	401.50	1,003.75	100.38	1,003.75	10.04	501.88	0.00	50.19
1003	刘兰	开发部	9,000.00	4,500.00	500.00	15.63	50.00	0.00	0.00	50.00	13,965.63	1,117.25	2,793.13	279.31	2,793.13	27.93	1,396.56	0.00	139.66
1004	金山	开发部	4,000.00	2,000.00	400.00	0.00	0.00	133.33	133.33	266.66	6,133.34	490.67	1,226.67	122.67	1,226.67	12.27	613.33	0.00	61.33
1005	武力	开发部	3,000.00	1,500.00	450.00	0.00	0.00	0.00	0.00	0.00	4,950.00	396.00	990.00	99.00	990.00	9.90	495.00	0.00	49.50
		开发部 汇总									34,617.72								
1020	孙然	销售部	5,000.00	2,500.00	400.00	0.00	0.00	0.00	0.00	0.00	7,900.00	632.00	1,580.00	158.00	1,580.00	15.80	790.00	0.00	79.00
1021	刘晓彤	销售部	4,500.00	2,250.00	450.00	0.00	150.00	0.00	0.00	150.00	7,050.00	564.00	1,410.00	141.00	1,410.00	14.10	705.00	0.00	70.50
1022	李钰	销售部	5,000.00	2,500.00	500.00	31.25	0.00	0.00	0.00	0.00	8,031.25	642.50	1,606.25	160.63	1,606.25	16.06	803.13	0.00	80.31
1023	赵月林	销售部	4,000.00	2,000.00	350.00	0.00	0.00	0.00	0.00	0.00	6,350.00	508.00	1,270.00	127.00	1,270.00	12.70	635.00	0.00	63.50
1024	钱梦飞	销售部	3,000.00	1,500.00	500.00	18.75	50.00	0.00	0.00	50.00	4,968.75	397.50	993.75	99.38	993.75	9.94	496.88	0.00	49.69
		销售部 汇总									34,300.00								
1011	杨光	质量部	4,000.00	2,000.00	500.00	25.00	0.00	0.00	0.00	0.00	6,525.00	522.00	1,305.00	130.50	1,305.00	13.05	652.50	0.00	65.25
1012	郑晓燕	质量部	4,500.00	2,250.00	450.00	0.00	100.00	150.00	0.00	250.00	6,950.00	556.00	1,390.00	139.00	1,390.00	13.90	695.00	0.00	69.50
1013	关一鸣	质量部	9,000.00	4,500.00	500.00	112.50	0.00	0.00	0.00	0.00	14,112.50	1,129.00	2,822.50	282.25	2,822.50	28.23	1,411.25	0.00	141.13
1014	吕鑫	质量部	4,000.00	2,000.00	0.00	25.00	0.00	0.00	0.00	0.00	6,025.00	482.00	1,205.00	120.50	1,205.00	12.05	602.50	0.00	60.25
		质量部 汇总									33,612.50								
		总计									196,784.40								

图 2－20　以“部门”为分类字段分类汇总薪酬数据结果

备注：

● 分类汇总结果中的“总计”一行数据是以明细数据为数据源计算产生的。

● 分类汇总操作之前需要确保分类汇总数据范围中的每列数据在第一行都具有标签，在每列中都含有相似的内容，并且数据区域内不包含任何空白行或空白列。

3. 设置分类汇总显示效果

分类汇总结果中按分类字段的排序顺序显示每个部门中每位员工的工资明细信息，在每个部门人员结尾处以加粗的字体显示每个部门“应发工资”“税前工资”“实发工资”三个工资项的汇总数据。

在图 2－20 中，分类汇总结果左上角方框中的数字代表显示被分类数据的级别。数字“3”代表显示明细信息，是 Excel 软件的默认显示级别。点击数字“2”则隐藏部门中每位员工的明细信息，仅显示部门的汇总数据信息，如图 2－21 所示。

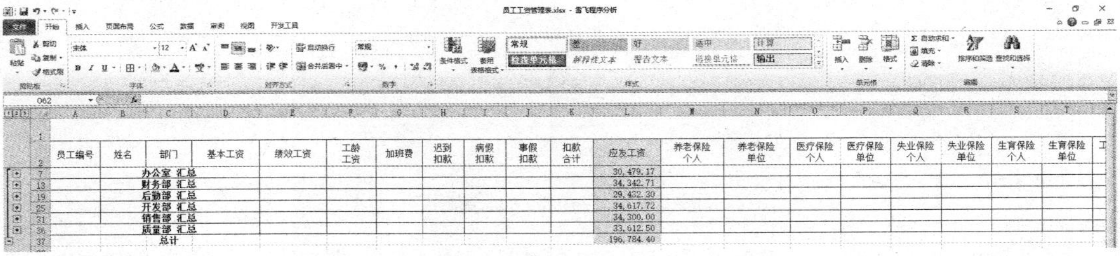

图 2－21 分类汇总结果隐藏明细数据

二、员工年度工资汇总查询

年度工资台账制作完成后，人力资源管理部门可以对公司员工的个人年度收入进行汇总查询，以了解、分析员工年度收入情况。

在本案例中，以 Excel 软件的数据透视表功能作为手段，以前面案例中生成的数据连接“年度工资台账”为外部数据源，查询统计员工年度应发工资、年度养老保险个人缴费、年度住房公积金个人缴费、年度个人所得税、年度实发工资。

数据透视图、表是 Excel 软件的重要功能，有着广泛的用途，在应用之前做简要介绍。

知识链接

数据透视图、表介绍

数据透视图、表对于汇总、分析、浏览和呈现汇总数据非常有用，运用此功能用户可以根据不同的分类、不同的汇总方式快速查看各种形式的数据汇总报表。

数据透视图、表采用交互方式，动态地改变数据行、列和报表筛选字段的版面布置，以便按照不同方式分析数据，每一次改变版面布置时，数据透视图、表自动按照新的布置重新计算数据。

数据透视图、表的构成主要分为两部分：一部分是数据透视表布局区域；另一部分是数据透视表字段列表区域（数据透视图、表中，源数据中的每列字段都成为汇总多行信息的数据透视表字段）。运用这两部分能够根据使用者的不同需求，依照不同的关系来对数据进行提取、组织和分析，从而得到不同的视图。

数据透视图、表有如下的用途：

（1）对数值数据进行分类汇总和聚合，按分类和子分类对数据进行汇总，创建自定义计算和公式。

（2）展示或隐藏要关注结果的数据级别，查看感兴趣区域汇总数据的明细。

（3）将行移动到列或将列移动到行（或“透视”），以查看源数据的不同汇总。

（4）对最有用和最关注的数据子集进行筛选、排序、分组和有条件地设置格式，使用户能够关注所需的信息。

（5）提供简明、有吸引力并且带有批注的联机报表或打印报表。

在工作簿文件中新建工作表，将工作表命名为“员工年度工资汇总”，在该工作表中实现员工年度工资汇总统计。

运用数据透视表功能实现员工年度工资汇总统计的方法和步骤如下：

1. 连接外部数据源

选择当前工作表的单元格 A1，点击“插入”菜单，在左侧“表格”快捷按钮组中点击“数据透视表”按钮，打开“创建数据透视表”对话窗口，如图 2－22 所示。

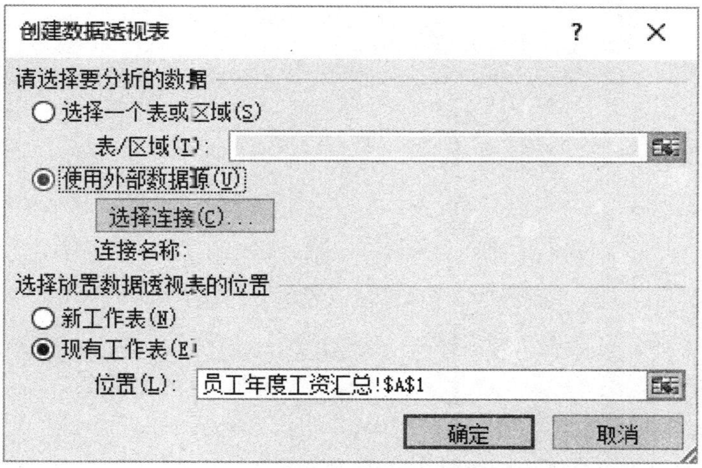

图 2－22　“创建数据透视表”对话窗口

在对话窗口“请选择要分析的数据”设置项中点击选择“使用外部数据源(U)”选项，点击“选择连接(C)…”按钮，打开当前 Excel 工作簿文件中已经建立的“现有连接”对话窗口，如图 2－23 所示。

在图 2－23 所示窗口中，选择前面案例中创建的数据连接“年度工资台账”，点击窗口右下方的“打开(O)”按钮，返回图 2－22 所示的“创建数据透视表”对话窗口，点击该对话窗口的“确定”按钮关闭当前对话窗口，打开数据透视表布局工作界面，如图 2－24 所示。

图 2-23 当前工作簿文件中可供选择的数据源连接

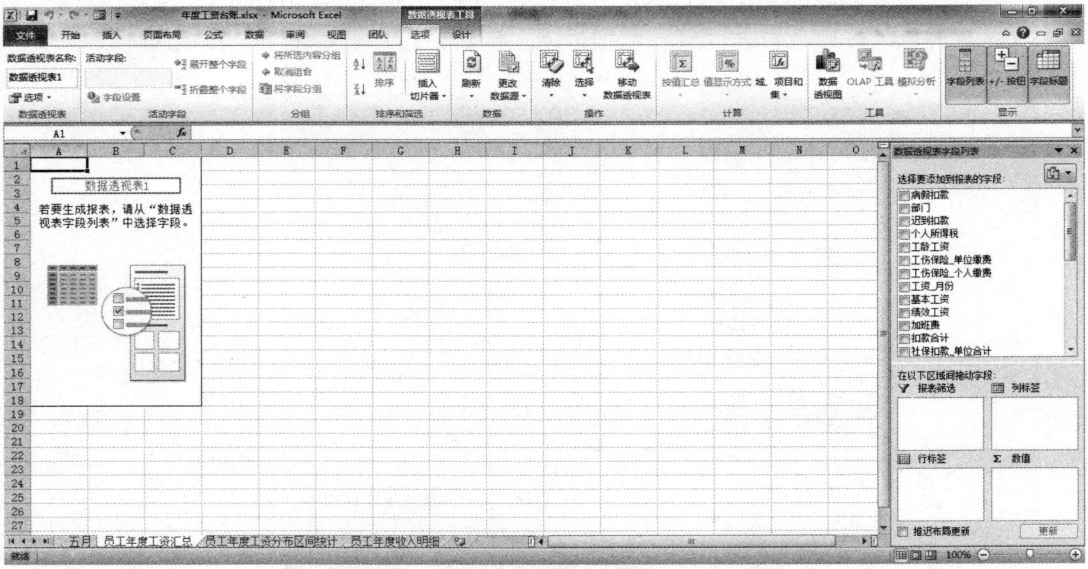

图 2-24 创建数据透视表布局窗口

2. 布局数据透视表

在数据透视表布局工作界面中右侧是“数据透视表字段列表”区域，列表中字段名称来源于源数据表的列字段名，数据源的列字段将被用于数据透视表布局工作界面中右下方“报表筛选”“列标签”“行标签”“∑数值”四个区域，这些列字段用于数据透视表数据的筛选、显示和统计运算。

在 Excel 软件默认情况下，非数值字段添加到“行标签”区域，日期和时间字段添加到“列标签”区域，数值字段添加到“∑数值”区域。在实际使用中也可将任意可用字段项手动拖放到任意一个区域，或者当数据透视表中不再需要某个字段项时将其拖出布局区域或取消选中该项。

（1）设置数据透视表“∑数值”区域。

在字段列表中选择字段“应发工资”，将该字段拖动到数据透视表布局工作界面中右下方的“∑数值”区域中，该区域中的字段将用于数据透视表统计运算。

1）设置统计字段值汇总方式。

在Excel软件默认情况下，“∑数值”区域中字段项统计函数是“求和”运算，如果Excel软件将数据解释为文本类型，则做“计数”运算。当需要修改汇总字段计算方式和字段属性时则在“∑数值”窗格中点击该字段，在该字段的弹出菜单中点击选择最后一个选项“值字段设置(N)…”，打开“值字段设置”对话窗口，在“值汇总方式”选项卡中选择“计算类型”为“求和”作为本案例的值汇总方式，如图2-25所示。

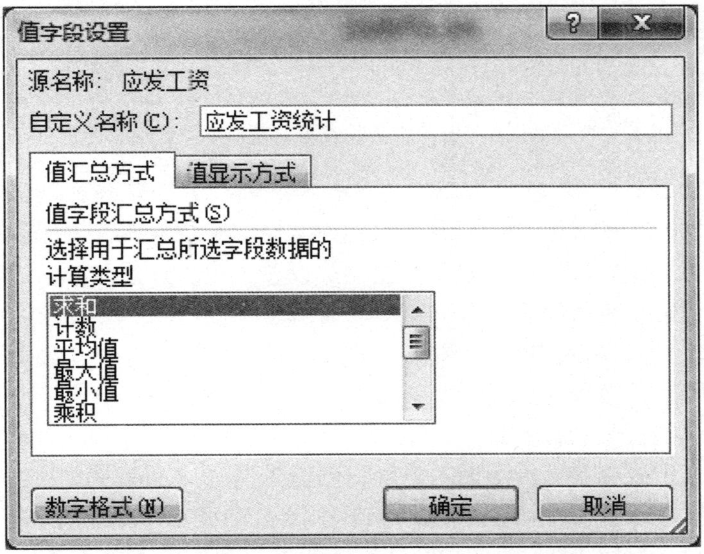

图2-25 数据透视表“值字段设置”窗口设置值字段汇总方式

值字段汇总方式设置完成后，点击窗口下方“确定”按钮关闭对话窗口返回数据透视表的布局工作界面。

备注：

在“值字段设置”窗口中更改“值汇总方式”时Excel软件自动为该字段汇总命名，将名称填入到窗口上方“自定义名称(C)”项目后的文本框中（如“字段名求和”），用户可以更改此默认名称，该名称将用做数据透视表列标题名称。

在对话窗口中修改“自定义名称(C)”文本框的内容为“应发工资统计”，如图2-25所示。

2）设置统计字段数值显示方式。

在图2-25所示值字段设置窗口中，点击左下方的“数字格式(N)”按钮，打开“设置单元格格式”对话窗口，如图2-26所示。

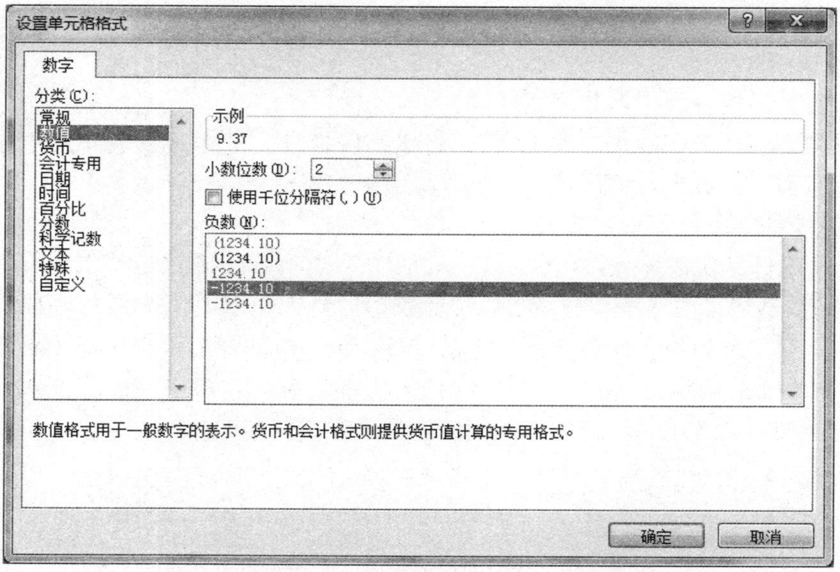

图 2-26　数据透视表"值字段设置"窗口设置数值显示方式

在窗口左侧"分类(C)"项目下面的数据类型选项列表中选择"数值"选项，设置统计结果数值显示格式。本案例中数值显示格式为"使用千位分隔符，保留 2 位小数"。

设置完成后点击窗口下方"确定"按钮完成设置，关闭对话窗口。

统计字段数值显示方式设置结果如图 2-26 所示。

按照上述方法依次设置"养老保险个人缴费""住房公积金个人缴费""个人所得税""实发工资"字段项。

（2）设置数据透视表列标签。

在数据透视表中列标签区域字段的内容将作为数据透视表标题行的内容展现。在本案例中"∑数值"区域设置多个字段后在列标签区域自动显示一个名称"∑数值"，这表示"∑数值"区域的字段名称（在图 2-25 数据透视表"值字段设置"窗口中"自定义名称(C)"的内容）将作为数据透视表中标题行名称，这些字段将成为数据透视表的列字段。

（3）设置数据透视表行标签。

在字段列表中选择"姓名"字段，将该字段拖动到数据透视表布局工作界面中右下方的行标签区域中，"姓名"字段将作为一级分类汇总字段。运用相同方法将"工资_月份"字段放入行标签区域中，放在"姓名"字段的下方，"工资_月份"将作为二级分类汇总字段。

"姓名"和"工资_月份"这两个字段将作为行数据标志显示在数据透视表中。

（4）设置数据透视表筛选字段。

在字段列表中选择字段"员工编号"，将该字段拖动到数据透视表布局工作界面右侧中部的"报表筛选"区域中，"员工编号"字段将作为筛选数据的条件，该字段决定数据源中哪些数据将显示在数据透视表中。

（5）数据透视表统计结果。

数据透视表布局完成后显示结果如图 2-27 所示。

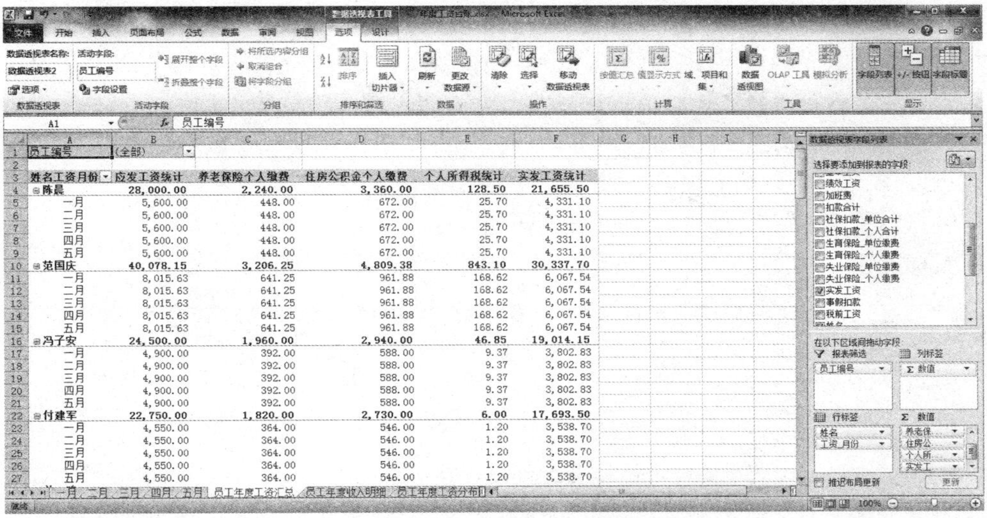

图 2-27　数据透视表布局及统计结果界面

3. 设置数据透视表显示样式

（1）为数据透视表设置样式。

选择数据透视表“员工年度工资汇总”中的任意单元格，点击菜单“数据透视表工具/设计”，点击“数据透视表样式”组右侧的下拉三角，在弹出的“数据透视表样式”中选择“数据透视表样式中等深浅 2”，操作界面如图 2-28 所示。

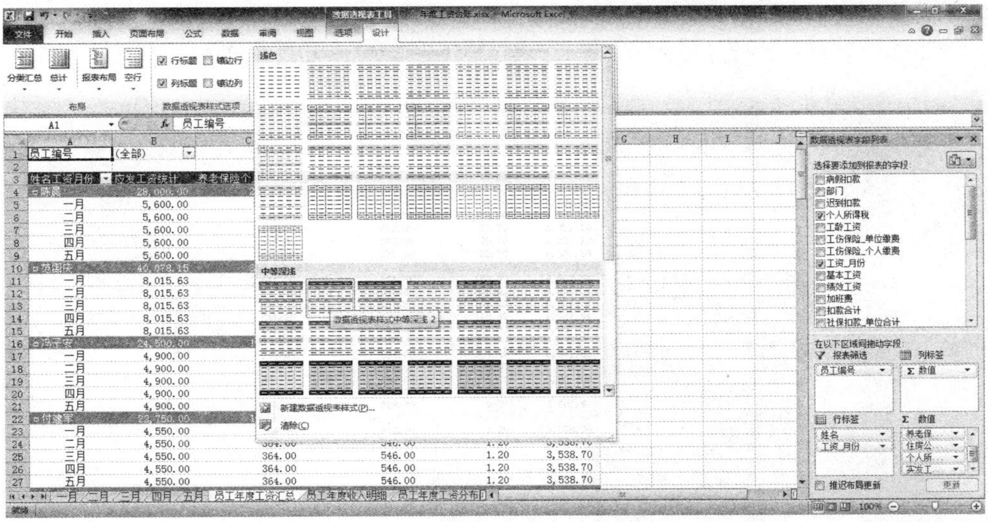

图 2-28　数据透视表样式列表

（2）设置数据透视表文字字体与单元格对齐方式。

选择当前工作表的所有单元格，设置单元格的文字字号。本案例中文字字号设为 10 号字。

选择第一、三行数据，设置文字字形为“加粗”，设置字体为“微软雅黑”。

设置第三行单元格对齐方式为“居中对齐”，设置文字字号为“11”号。

调整数据透视表各列的列宽到适当宽度。

（3）自定义数据透视表显示方式。

在数据透视表布局窗口中，行标签区域中有“姓名”和“工资 _ 月份”两个字段，可以实现二级分类汇总，既可以显示员工每月的工资明细，也可以显示员工年度工资汇总数据。

在数据透视表或数据透视图中，可以在一个窗口中展开或折叠显示数据明细的任意级别，也可以展开或折叠显示到下一级别以外的明细级别。

在数据透视表中定义是否显示明细数据的实现方法如下：

用鼠标点击 A 列，即“姓名”数据列，点击鼠标右键，如图 2 - 29 所示。

图 2 - 29　数据透视表中设置行数据显示方式的鼠标右键菜单

在鼠标右键的弹出菜单中选择菜单项“展开/折叠(E)”，在其子菜单中选择“折叠整个字段(C)”隐藏员工月工资明细数据，仅显示员工年度工资汇总数据，如图 2 - 30 所示。

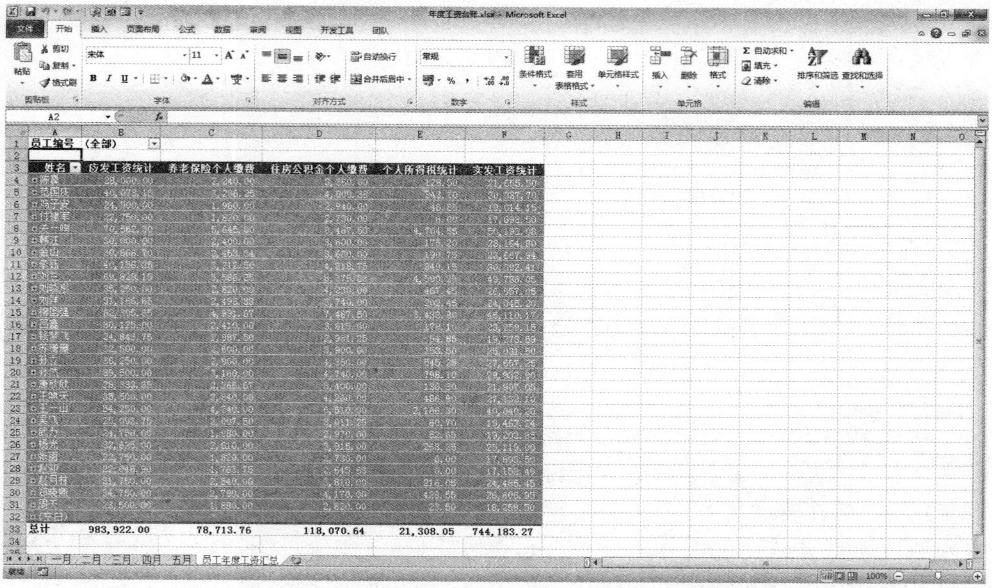

图 2 - 30　数据透视表隐藏“工资 _ 月份”字段的显示效果

4. 设置数据透视表属性

（1）更新数据源数据。

当数据透视表数据源中的数据发生变化时可以通过“刷新”操作在数据透视表中体现数据源数据的变化，实现方法如下：

选择当前数据透视表区域中任意单元格，点击“数据透视表工具/选项”菜单项，选择“数据”分组中的“刷新”按钮，点击“刷新”按钮后数据透视表将体现在其创建之后用户对源数据所作更改。

“刷新”数据源数据操作界面如图 2－31 所示。

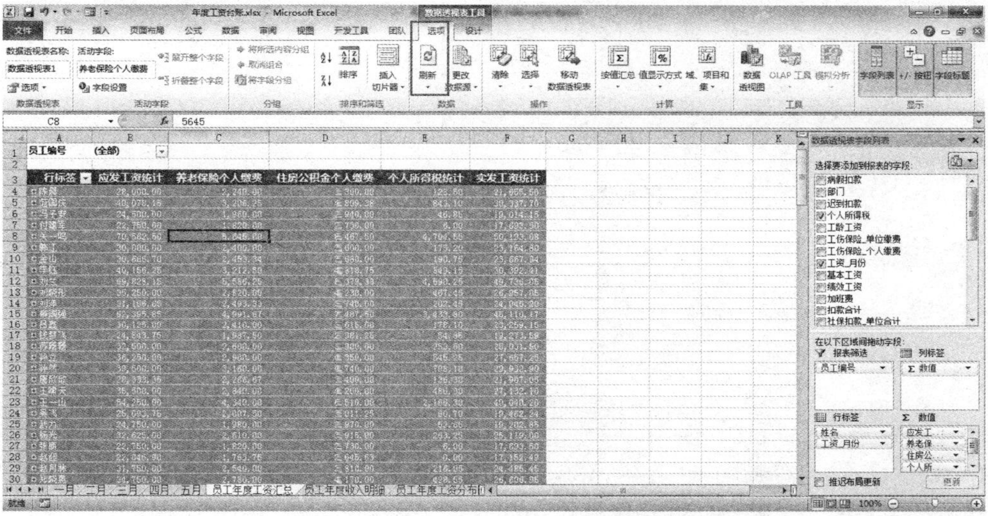

图 2－31 数据透视表“刷新”功能更新数据透视表数据

（2）更改数据源。

如果用户在数据透视表的数据源区域中新增加了记录行，可以通过“更改数据源”功能将新增加的记录行添加到数据透视表中，实现方法如下：

选择当前数据透视表区域中的任意单元格，点击“数据透视表工具/选项”菜单项，选择“数据”分组中的“更改数据源”按钮。执行更改数据源操作后，用户在数据源中新增加的数据行将在数据透视表中显示。更改数据源操作界面如图 2－32 所示。

备注：

如果数据透视表的数据源与数据透视表在同一个工作簿中，当执行数据透视表“刷新”操作时将自动显示添加的数据行。

（3）隐藏数据透视表字段列表及布局对话框。

在数据透视表的工作表中，当选择数据透视表显示区域之外的单元格时系统将自动隐藏右侧的“数据透视表字段列表”对话框，否则显示“数据透视表字段列表”对话框。

用户可以根据需要调整数据透视表工作界面的显示内容，实现方法如下：

选择当前数据透视表区域中任意单元格，点击“数据透视表工具/选项”菜单项，选择“显示”分组中的三个选项可以自定义数据透视表显示界面，操作界面如图 2－33 所示。

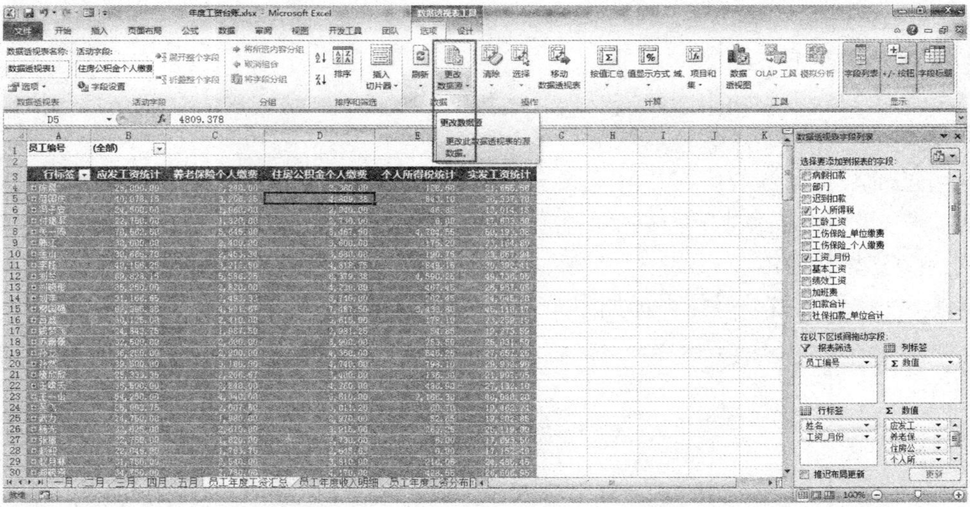

图 2－32　数据透视表“更改数据源”功能更新数据透视表数据

图 2－33　数据透视表“显示”功能设置数据透视表显示样式

三、员工年度工资分布区间统计

人力资源管理部门需要对公司员工年度收入进行各种统计分析，其中员工年度工资分布区间统计是一项重要的内容。通过年度工资分布区间统计，公司可以分析员工年度工资分布情况，为公司制定工资调整方案及薪酬规划做数据准备。

年度工资分布区间统计是将员工年度工资划分为多个区间段，分析统计各个数值区间段中的员工人数。

员工年度工资分布区间统计操作在工作簿“年度工资台账”的工作表“员工年度工资分布区间统计”中实现，其数据源是前面案例中创建的工作表“员工年度工资汇总”，在案例中运用函数 FREQUENCY 和数组公式来实现数据统计。

知识链接

FREQUENCY 函数说明

功能：计算数值在某个区域内出现的频率，然后返回一个垂直数组。由于函数 FREQUENCY 返回一个数组，所以它必须以数组公式的形式输入。

语法：FREQUENCY（data _ array，bins _ array）

函数参数：

● data _ array：必需项。要对其频率进行计数的一组数值或对这组数值的引用。如果 data _ array 中不包含任何数值，则 FREQUENCY 返回一个零数组。

● bins _ array：必需项。要将 data _ array 中的值插入到的间隔数组或对间隔的引用。如果 bins _ array 中不包含任何数值，则 FREQUENCY 返回 data _ array 中的元素个数。

函数说明：

● 在 Excel 软件中，对于返回结果为数组的公式，必须以数组公式的形式输入，因此，在选择了用于显示返回的分布结果的相邻单元格区域后，函数 FREQUENCY 应以数组公式的形式输入。

● 返回的数组中的元素比 bins _ array 中的元素多一个。返回的数组中的额外元素返回最高的间隔以上的任何值的计数。例如：在对输入到三个单元格中的三个值范围进行计数时，确保将 FREQUENCY 输入到保存结果的四个单元格，额外的单元格将返回 data _ array 中大于第三个间隔值的值的数量。

● 函数 FREQUENCY 将忽略空白单元格和文本。

知识链接

数组公式说明

数组公式是 Excel 软件对公式和数组的一种扩充，是 Excel 软件公式在以数组为参数时的一种应用。

数组公式可以看成是有多重数值的公式，与单值公式的不同之处在于它可以产生一个以上的结果。一个数组公式可以占用一个或多个单元。数组的元素可多达 6 500 个。

数组公式的参数是数组，即输入有多个值，输出结果可能是一个，也可能是多个，这一个或多个值是公式对多重输入进行复合运算而得到的新数组中的元素。

数组公式输入：输入数组公式首先必须选择用来存放结果的单元格区域（可以是一个单元格，也可以是多个单元格），在公式编辑栏输入公式，然后按组合键“Ctrl＋Shift＋Enter”锁定数组公式，Excel 软件系统将在公式两边自动加上花括号“{}”。

备注：

不能自己键入花括号“{}”，否则，Excel 认为输入的是一个正文标签。

数组公式输出：数组公式对数组进行运算，数组可以是一维的也可以是二维的。一维数组可以是垂直的，也可以是水平的。经过运算后，得到的结果可能是一维的，也可能是多维的，存放在不同的单元格区域中。

数组公式编辑：数组包含数个单元格，这些单元格形成一个整体，所以，不能单独编辑数组里的某一单元格。在编辑数组前，必须先选取整个数组，然后编辑或删除数组。

- 选取数组的步骤：第一步选取数组中的任一单元格，第二步按下组合键“Ctrl＋/”。
- 编辑数组的步骤：选定要编辑的数组，按“F2”键或将鼠标移到公式编辑栏上单击鼠标左键，代表数组的括号消失之后即可以编辑公式。编辑完成后，按下组合键“Ctrl＋Shift＋Enter”使公式生效。
- 删除数组的步骤：选定要删除的数组，按“Delete”键或选择编辑菜单中的“清除”命令即可。

1. 员工年度工资分布区间统计的基础数据说明

在工作表“员工年度工资分布区间统计”中，“分布区间”和“设置区间工资上限”两列数据是进行员工年度工资分布区间统计的基础数据。按照公司统计规定，年度工资分布区间的划分以一万元作为一个区间段。

基础数据含义举例说明：分布区间“2 万元至 3 万元”对应“设置区间工资上限”为“29999.99”，代表员工年度工资收入大于 2 万元，小于 29 999.99 元。

2. 员工年度工资分布区间统计

（1）选择保存统计结果的单元格区域。

因运用函数 FREQUENCY 实现员工年度工资分布区间统计功能，并且返回的统计结果为数组形式，所以首先在当前工作表中选择保存统计结果的单元格区域 C3 至 C9，如图 2－34 所示。

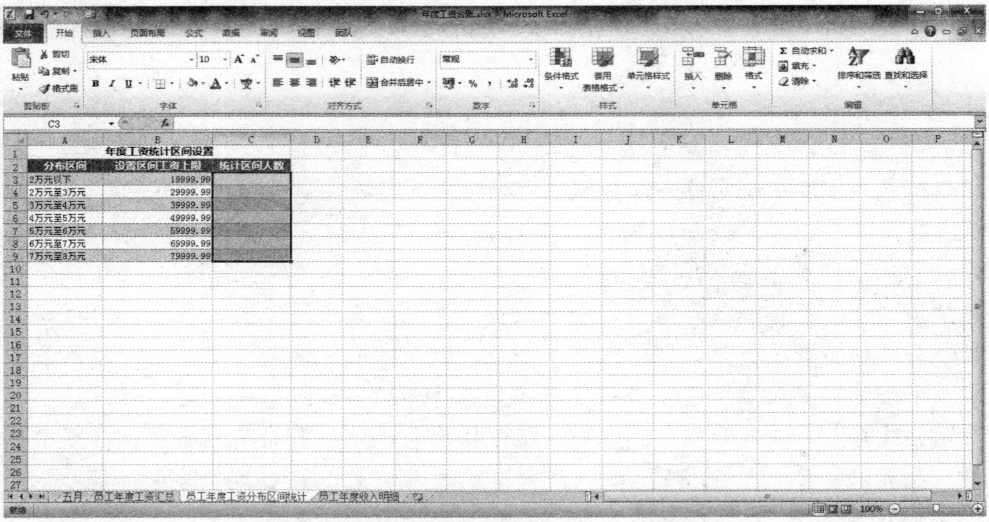

图 2－34 选择数组函数返回结果的单元格区域

（2）插入 FREQUENCY 函数。

点击菜单“公式”，点击最左侧按钮“插入函数 fx ”，在弹出的“选择函数”对话窗口中选择函数 FREQUENCY，在函数 FREQUENCY 的“函数参数”对话窗口中输入参数，如图 2－35 所示。

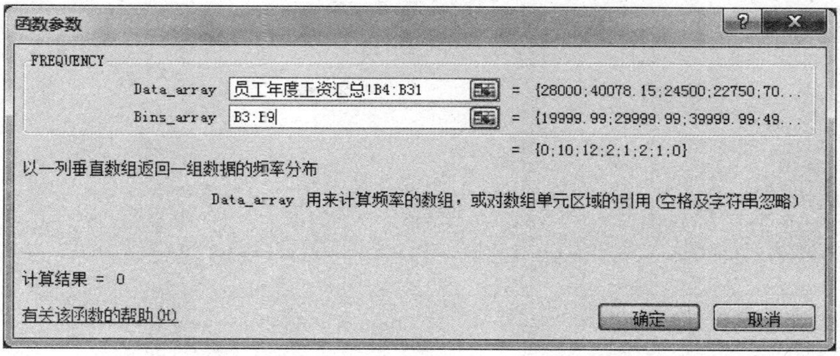

图 2－35　函数 FREQUENCY 的函数参数对话窗口

函数 FREQUENCY 参数说明：

● 函数 FREQUENCY 的第一个参数 data _ array 引用的数据是工作表“员工年度工资汇总”中“应发工资”数据列 B4 至 B31 单元格区域中的数据，函数将统计这些单元格区域分布在第二个参数指定区间的人数。

● 函数 FREQUENCY 的第二个参数 bins _ array 引用的数据是工资统计区间划分标准，即工作表“员工年度工资分布区间统计”单元格区域 B3 至 B9 中的数据。

在对话窗口中输入正确的参数后，点击窗口下方“确定”按钮关闭对话窗口，在单元格 C3 中输入公式：“＝FREQUENCY(员工年度工资汇总!B4:B31,B3:B9)”。

将光标放在公式编辑栏中，按组合键“Ctrl＋Shift＋Enter”，Excel 软件系统将在公式两边自动加上花括号“{}”，上述公式变为数组公式“{＝FREQUENCY(员工年度工资汇总!B4:B31,B3:B9)}”，该数组公式将统计结果填入已经选择的单元格区域 C3 至 C9。统计结果如图 2－36 所示。

图 2－36　输入数组公式及函数 FREQUENCY 的计算结果

按照上述方法，根据公司统计需求分别计算员工年度工资明细中其他项目的年度工资收入分布。

第三章 培训管理

员工培训是企业有组织地实施提高员工知识与技能的一系列活动，是企业提高效益与竞争力不可或缺的手段，员工培训也是公司对员工的一项福利。

科学管理员工培训工作、提高员工培训质量、改进员工培训内容是人力资源管理部门培训管理工作的基本要求。

员工培训工作开展之前需要制作培训需求调查表了解员工的需求，在培训结束之后需要制作员工培训成绩分析表和培训学员反馈表总结培训效果。培训需求调查表、员工培训成绩分析表、员工培训学员反馈表是开展培训工作必需的基础文件资料，本章介绍如何运用 Excel 软件制作这些培训文件。

在本章的案例中，主要运用了如下 Excel 软件函数：COUNTIF、IF、RANK.EQ、SUM。

在本章的案例中，运用 Excel 软件如下功能制作培训管理文件：

（1）运用套用表格格式功能快速设置、美化工作表，运用条件格式功能突出显示培训成绩不合格的员工信息，便于人力资源管理部门查看。

（2）应用 Excel 软件开发工具的控件、宏与宏代码制作培训文件，限于篇幅在此仅做简单介绍，能够使用即可。

本章案例涉及三个 Excel 工作簿文件，即“Excel 培训需求调查表”“员工培训成绩分析表”“培训学员反馈表”。

第一节 制作培训需求调查表

培训需求调查表用于收集员工培训需求，人力资源管理部门通过此文件了解员工对公司培训工作的看法、实际需求、建议和期望，并以此作为制订公司培训计划的重要参考和依据。

在本案例中，设计了一个调查表——“Excel 培训需求调查表”，用于在公司中调查开展有关 Excel 软件使用培训的需求，调查表的最终样式如图 3－1 所示。

图 3－1　Excel 培训需求调查表样式

“Excel 培训需求调查表”的制作步骤如下：

一、输入调查表基础内容

1. 创建工作表

打开 Excel 软件，创建一个新文件，将新文件命名为“Excel 培训需求调查表”，将工作表“Sheet1”重命名为“调查表”。

2. 输入培训调查表文字

在工作表“调查表”中仿照样例输入文字，样例中的文字保存在案例配套素材的文件“Excel 培训需求调查表文字. txt”中。

3. 设置单元格对齐方式

将工作表第一、二、三行的 A 列至 E 列的单元格合并，分别设置单元格中的文本对齐方式。

4. 设置单元格文字字体

设置第一、二行文字的字体为黑体，文字大小为 12 号字。

设置调查表的标题即第三行文字“Excel 培训需求调查表”为宋体、加粗、16 号字。

按照样张设置相应文字的字形为粗体。

设置正文文字字体为宋体、文字大小为 10 号字。

5. 设置单元格行高、列宽

设置工作表第一行行高为 29. 25、第二行行高为 17. 25、第三行行高为 28. 5、第四行行高为 18、第五行行高为 12、第六行行高为 14. 25、第七行至五十二行高为 23. 25。

设置 A 列列宽为 23. 5、B 列至 E 列列宽为 16. 63。

6. 设置底纹、边框线

设置工作表第四行、第三十七行单元格的底纹颜色为“橙色”。

按照样张设置单元格的边框线。

7. 运用“冻结窗格”功能固定显示工作表的标题行

选择工作表第五行，运用“冻结窗格”功能固定显示前四行，便于使用者方便使用工作表。

二、在调查表中插入控件

知识链接

控件概念介绍

Excel 软件有两种类型的控件：表单控件和 ActiveX 控件。

1. 表单控件

表单控件是与早期版本的 Excel（从 Excel 5.0 版开始）兼容的原始控件。表单控件还适于在 XLM 宏工作表中使用。

如果想在不使用 VBA 代码的情况下轻松引用单元格数据并与其进行交互，或者想在图表工作表中添加控件，可使用表单控件。例如：将列表框控件添加到工作表并将其链接到的单元格后，可以在控件中返回所选项目当前位置的数值，然后可以将该数值与函数 INDEX 结合使用，以从列表中选择不同的项目。

用户还可以使用表单控件来运行宏，可以将现有宏附加到控件，也可以编写或录制新宏，当表单用户单击控件时，该控件会运行宏。

表单控件的类型包括标签、分组框、按钮、复选框 、选项按钮、列表框、组合框、滚动条、数值调节钮。本案例中运用了部分表单控件，如图 3－2 所示。

图 3－2　表单控件示例

本案例中涉及的控件介绍：

- 分组框：用于将相关控件划分到具有可选标签的矩形中的一个可视单元中。通常情况下，选项按钮、复选框或紧密相关的内容会划分到一组，放到一个分组框。在本案例中，每个问题的候选项均放在一个分组框中。

● 按钮：用于运行在用户单击它时执行相应操作的宏。按钮还称为下压按钮。例如：在本案例中“重填”按钮的作用是将调查表中的“单选框”和“复选框”的值都清空，还原为默认值。

● 复选框：用于启用或禁用指示一个相反且明确的选项的值。用户可以选中工作表或分组框中的多个复选框。复选框可以具有以下三种状态之一：选中（启用）、清除（禁用）或混合（即同时具有启用状态和禁用状态，如本案例中的多项选择）。

● 选项按钮：用于从一组有限的互斥选项中选择一个选项，选项按钮通常包含在分组框或结构中。选项按钮可以具有以下两种状态之一：选中（启用）或清除（禁用）。选项按钮还称为单选按钮。

2. ActiveX 控件

ActiveX 控件可用于工作表表单和 VBA 用户表单。通常，相对于表单控件所提供的灵活性，用户设计时如果需要更大的灵活性，则使用 ActiveX 控件。ActiveX 控件具有大量可用于自定义其外观、行为、字体及其他特性的属性。

ActiveX 控件类型包括复选框、文本框、命令按钮、选项按钮、列表框、组合框、切换按钮、数值调节钮、滚动条、标签、图像、结构控件、其他控件。

在工作表中插入、设置控件的方法如下：

1. 设置“开发工具”菜单以插入控件

在 Excel 软件中插入“按钮”“单选框”“复选框”等控件需要使用“开发工具”菜单中的“表单控件”功能。在 Excel 软件工作界面窗口中如果没有显示“开发工具”菜单则按照如下步骤设置。

第一步：点击 Excel 软件工作界面窗口左上角的“文件”菜单，在“文件”菜单待选项中点击“选项”按钮。

第二步：点击“选项”菜单，打开“Excel 选项”窗口，在对话窗口左侧选择“自定义功能区”功能，在右侧“自定义功能区(B)”下的选项列表中点选“开发工具”选项，点击窗口右下方的“确定”按钮，关闭当前对话窗口完成设置，如图 3－3 所示。

设置成功后，Excel 软件工作界面窗口的菜单栏中将会出现“开发工具”菜单项。

2. 在调查表中插入选项按钮控件

因为选项按钮控件一般成组出现，代表一个问题的多个答案选项，所以在插入选项按钮控件之前先插入一个分组框控件，把代表多个答案选项的若干选项按钮控件放在已经插入的分组框控件中。

按照上面方法插入选项按钮控件后，在同一个分组框中的答案选项按钮将联动形成一个选项组，在这个选项组中仅可以选择一个选项而不能多选，即问题的答案仅有一个，是单选项。

在调查表中插入选项按钮控件的方法如下：

(1) 插入分组框控件。

点击“开发工具”菜单，在“控件”工具组中点击“插入”按钮，在“插入”控件菜单窗口中的“表单控件”分组中选择“分组框（窗体控件）”，如图 3－4 所示。

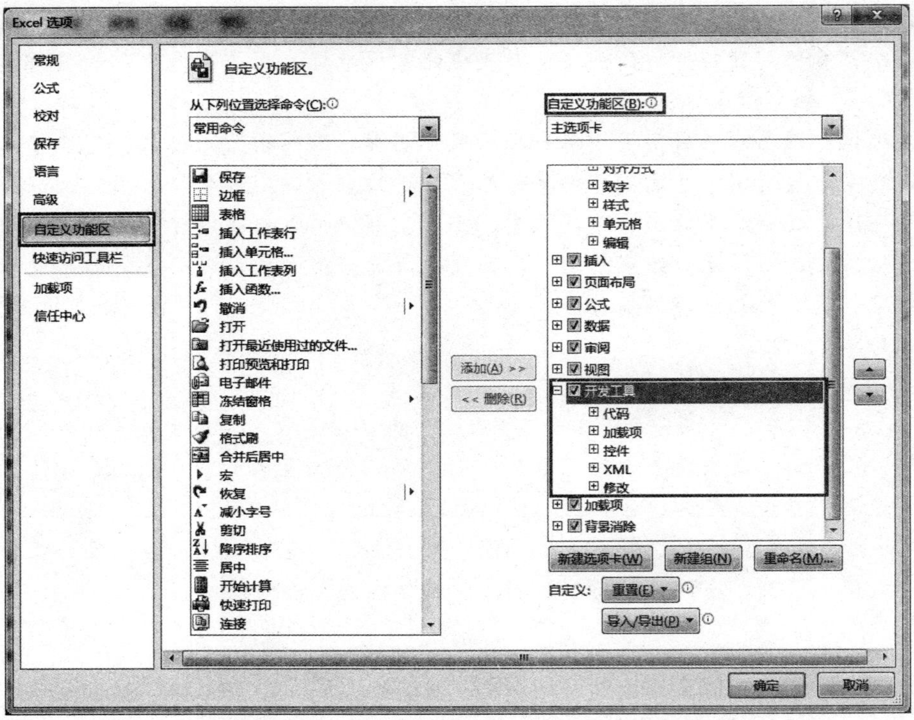

图 3-3　设置 Excel 软件“开发工具”菜单

图 3-4　选择“分组框（窗体控件）”控件

点击“分组框（窗体控件）”后鼠标指针会变成细十字形，在工作表第七行相应的位置单击或拖动，即可绘制一个“分组框（窗体控件）”，如图 3-5 所示。

为了调查表美观，删除“分组框（窗体控件）”的名称“分组框 1”。

（2）插入选项按钮控件。

点击“开发工具”菜单，在“控件”工具组中点击“插入”按钮，在“表单控件”分组中选择“选项按钮（窗体控件）”，在调查表的第一个问题“您目前使用的 Excel 是哪个版本？”后的分组框控件区域中插入选项按钮控件，修改控件默认的名称“选项按钮 1”为问题选项答案“不清楚”，按照相同的方法插入答案选项按钮：“2000”“2002 或 2003”“2007”。

插入选项按钮控件的菜单及插入控件后的效果如图 3-6 所示。

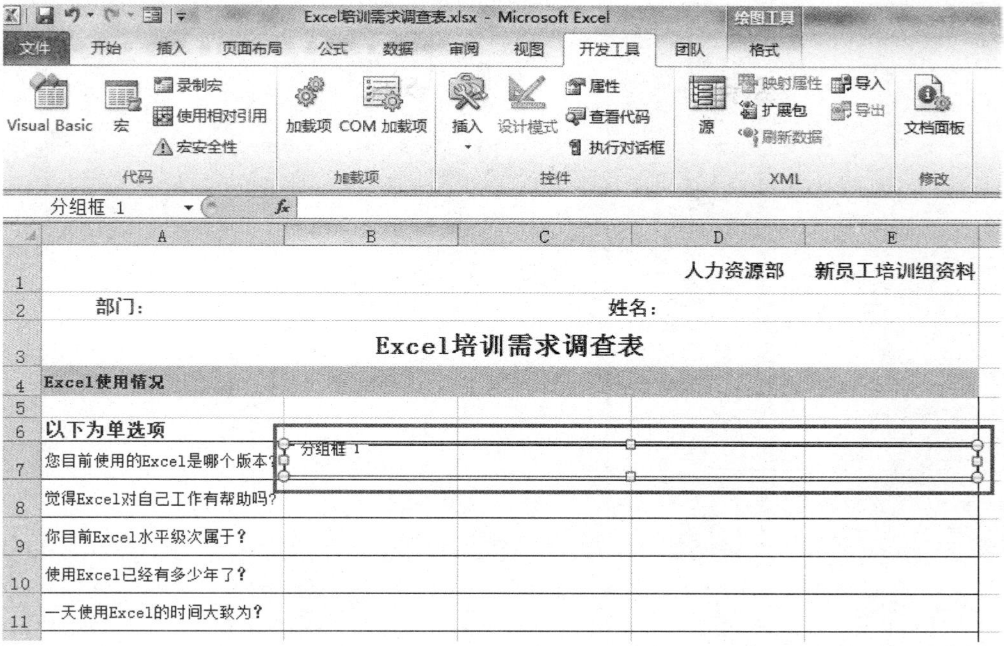

图 3-5　插入“分组框（窗体控件）”控件

图 3-6　插入选项按钮控件的菜单及插入选项按钮后的效果

（3）调整控件位置，对齐多个选项按钮。

将光标放在当前工作表任意的单元格中，按下“Ctrl”键，用鼠标右键选择待对齐位置的选项按钮控件，点击“格式”菜单，在“排列”选项组中选择“对齐”按钮，选择“顶端对齐”选项，令被选择的控件上部对齐。操作界面如图 3-7 所示。

图 3-7 运用“格式”菜单调整选项按钮位置

（4）隐藏分组框。

为了调查表美观整齐，需要不显示分组框控件的边框，运用隐藏分组框的功能实现。

单击“开始”菜单，在最右侧的“编辑”组中点击“查找和选择”按钮，在按钮下拉菜单中选择“选择窗格(P)…”选项，如图 3-8 所示。

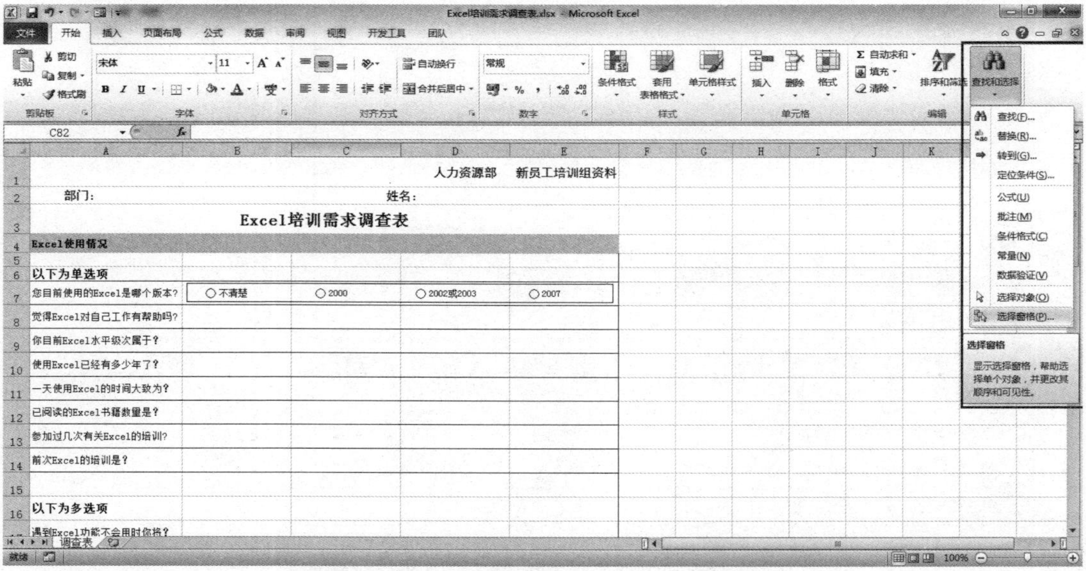

图 3-8 “选择窗格(P)…”功能菜单选项

点击“选择窗格(P)…”菜单选项，在当前 Excel 工作窗口的右侧显示“选择和可见性”窗口，窗口中显示了当前工作表中已插入的控件，如图 3-9 所示。

在窗口控件列表中，控件“Group Box1”即为前面插入的“组合框”控件。

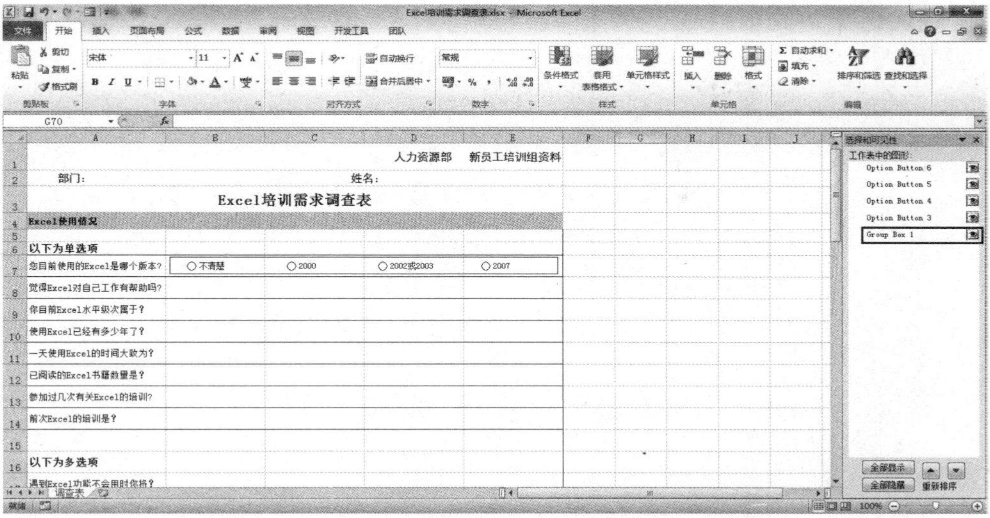

图 3-9　“选择和可见性”窗口中显示当前控件列表

点击控件“Group Box1”后面的“大眼睛”标志，使其变为空白，名称为“Group Box1”的组合框控件被隐藏，在工作表中该“分组框”控件的边框不再显示，设置完成后关闭“选择和可见性”窗口。

按照上面的方法插入调查表中其他问题选项的答案选项按钮控件。

3. 在调查表中插入复选框控件

当问题答案为多选项时需要使用复选框控件表现问题答案。

插入复选框控件的过程与插入选项按钮控件的过程相似，首先插入分组框控件，然后在分组框控件中插入复选框控件，最后隐藏复选框。

在工作表中插入复选框控件，如图 3-10 所示。

图 3-10　插入复选框控件

4. 在调查表中插入按钮控件并编写宏

(1) 插入“重填”按钮控件。

点击“开发工具”菜单，在“控件”工具组中点击“插入”按钮，选择“表单控件”分组的“按钮”控件，如图 3-11 所示。

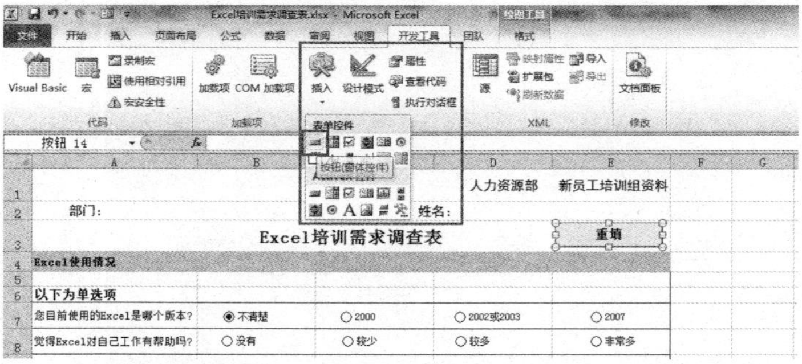

图 3-11 插入按钮控件

在当前工作表适当位置插入按钮控件，将按钮控件的默认名称修改为“重填”，调整按钮大小，修饰按钮控件名称的文字。

(2) 创建用于“重填”按钮的宏。

当用户点击按钮控件时将触发预先定义的操作动作，在 Excel 软件中预先定义的操作一般用“宏”实现，在本案例中仅仅定义、引用“宏”，对于编写“宏”不展开讨论。

点击“开发工具”菜单，在“代码”组中选择“宏”按钮，打开制作“宏”的对话窗口，如图 3-12 所示。

图 3-12 创建宏

在对话窗口的“宏名(M)”中输入新建宏的名称“重填”，点击“创建(C)”按钮创建名称为“重填”的宏。

在对话窗口中点击“创建(C)”按钮，打开创建宏的代码编辑窗口，在窗口中输入下面的代码，代码含义在此不做具体介绍，仅仅引用。

```
Sub 重填()
Dim option_Shape As Shape
On Error Resume Next
For Each option_Shape In ActiveSheet. Shapes
    option_Shape. Select
    With Selection
        . Value = xloff
        . LinkedCell = ""
    End With
Next option_Shape
Range("B44:E52"). ClearContents
End Sub
```

代码编辑窗口如图 3－13 所示，输入代码后保存退出，关闭代码编辑窗口。

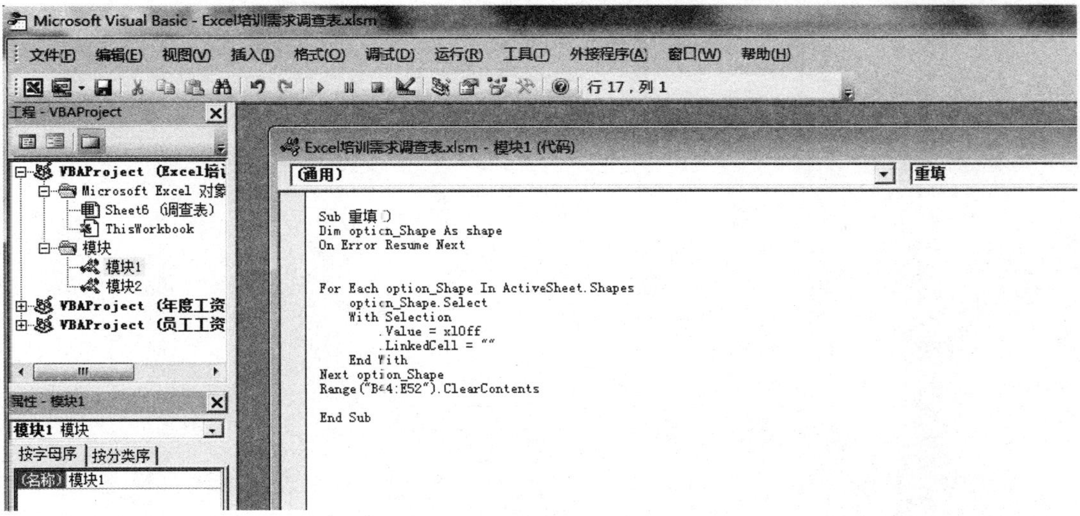

图 3－13　宏代码编辑窗口

(3) 在“重填”按钮控件中引用创建的宏。

用鼠标右键点击“重填”按钮，在右键菜单中点击选择“指定宏(N)…”选项，如图 3－14 所示。

图 3-14 “重填”按钮控件右键菜单指定“宏”

点击“指定宏(N)...”菜单选项，打开“指定宏”的对话窗口，在“宏名（M)”中选择已经制作的宏“重填”，点击“确定”按钮关闭当前窗口，如图 3-15 所示。

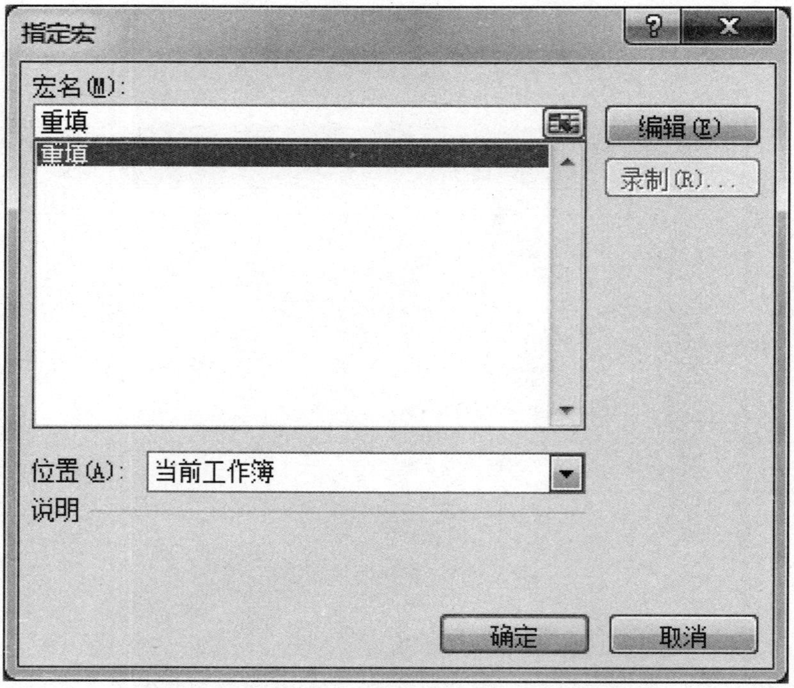

图 3-15 为“重填”按钮控件指定宏

经过上述操作即可制作“重填”按钮控件并调用指定的宏，当用户点击该按钮控件时将清除用户当前所有问题的答案，恢复所有问题的答案为初始状态。

第二节 制作员工培训成绩分析表

每次培训结束后，培训组织者将对参加培训的员工进行考核以评估培训的效果，统计分析员工培训成绩是培训组织工作的重要内容。

在本案例中，员工培训成绩统计分析在 Excel 工作簿“员工培训成绩分析表”中实现，在工作表“成绩分析表”中保存了员工的培训考核成绩。

一、统计分析员工培训成绩

1. 计算员工培训考核总成绩

选择当前工作表的单元格 G3，在公式编辑栏中输入公式：“=SUM(D3:F3)”，计算员工的总成绩。运用自动填充功能计算所有员工的培训总成绩。

2. 计算员工培训成绩的等级

按照公司规定，员工的培训成绩分为三个等级，如表 3-1 所示。

表 3-1　员工培训成绩等级表

总成绩	等级
总成绩>=270	优秀
225=<总成绩<270	合格
总成绩<225	待考核

在本案例中，运用函数 IF 计算员工培训成绩“等级”，函数 IF 在前面的案例中已经介绍，附录中也有说明。

选择当前工作表的单元格 H3，在公式编辑栏中输入公式：“=IF(G3>=270,"优秀",IF(G3>=225,"合格","待考核"))”，计算员工的考核等级，运用自动填充功能计算所有员工的培训成绩等级。

3. 统计各等级人数

在本案例中，运用函数 COUNTIF 计算各等级人数，函数 COUNTIF 在前面的案例中已经介绍，附录中也有说明。

选择当前工作表的单元格 C32，点击“公式”菜单，在“函数库”工具组中选择快捷按钮“插入函数 *fx*”按钮，在“插入函数”对话框中选择函数 COUNTIF，在函数 COUNTIF 的“函数参数”对话窗口中输入函数参数，函数参数设置窗口如图 3-16 所示。

输入参数后点击窗口右下方的“确定”按钮，关闭当前对话窗口，单元格 C32 中输入公式：“=COUNTIF(H3:H30,"优秀")”，该公式计算培训成绩为“优秀”的员工人数。

按照相同的方法计算培训成绩为“合格”和“待考核”的员工人数。

4. 计算员工培训成绩排名

在本案例中，运用函数 RANK. EQ 计算员工培训成绩排名，函数说明如下：

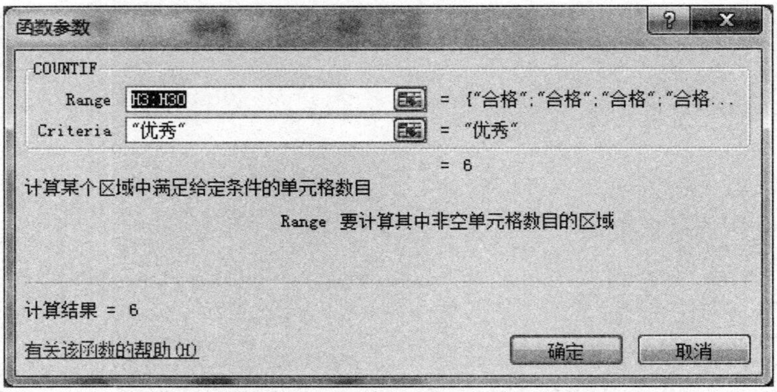

图 3-16 函数 COUNTIF 的函数参数对话窗口

知识链接

RANK.EQ 函数说明

功能： 返回一列数字的数字排位。其大小与列表中其他值相关，如果多个值具有相同的排位，则返回该组值的最高排位。

如果要对列表进行排序，则数字排位可作为其位置。

语法： RANK.EQ(number, ref, order)

函数参数：

- number：必需项。要找到其排位的数字。
- ref：必需项。数字列表的数组，对数字列表的引用。ref 中的非数字值会被忽略。
- order：可选项。一个指定数字排位方式的数字。如果参数 order 为零或省略，Excel 软件对数字的排位基于 ref 指定区域按降序排列。如果参数 order 不为零，Excel 软件对数字的排位基于 ref 指定区域按照升序排列。

函数说明：

函数 RANK.EQ 赋予重复数相同的排位。但重复数的存在将影响后续数值的排位。例如：在按升序排序的整数列表中，如果数字 10 出现两次，且其排位为 5，则 11 的排位为 7（没有排位为 6 的数值）。

运用函数 RANK.EQ 计算员工培训成绩排名的方法如下：

选择当前工作表的单元格 I3，点击“公式”菜单，在“函数库”工具组中选择快捷按钮“插入函数 *fx*”按钮，在“插入函数”对话框中选择函数 RANK.EQ，在函数 RANK.EQ 的“函数参数”对话窗口中输入函数参数，函数参数设置窗口如图 3-17 所示。

输入参数后点击窗口右下方的“确定”按钮，关闭当前对话窗口，在单元格 I3 中输入公式：“=RANK.EQ(G3, $G$3:$G$30)”，计算该员工培训成绩在所有参加培训员工培训成绩中的排名。

公式说明：

- 公式计算 G3 单元格的数值（当前员工的培训成绩）在 G3 至 G30 单元格区域（参

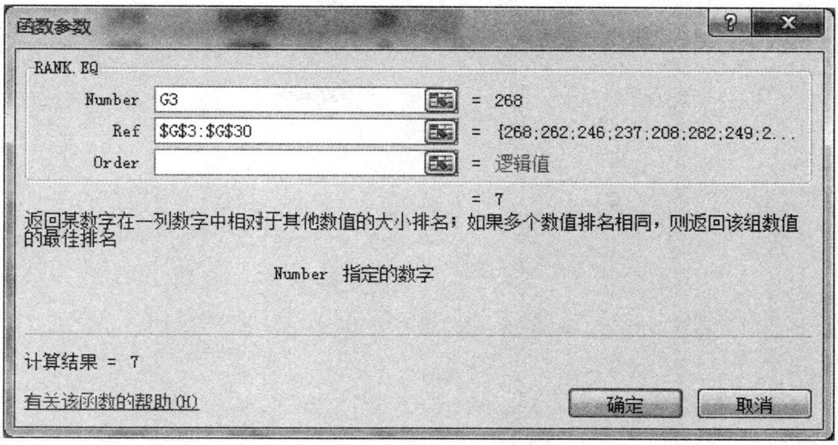

图 3－17　函数 RANK.EQ 的函数参数对话窗口

加培训所有员工的成绩）中的排名，排名采用降序排列，即总成绩最高的为第一名。

● 在公式中，对 G3 至 G30 单元格区域的引用采用绝对引用单元格方式，避免运用自动填充功能时发生错误。

二、设置工作表样式

1. 设置工作表中单元格格式

本案例中文字及单元格设置要求如下：

标题文字格式属性：字体“微软雅黑”、字号“11”。

数据文字格式属性：字体“微软雅黑”、字号“10”。

单元格对齐方式：水平与垂直均为“居中对齐”。

2. 运用套用表格格式功能设置工作表

选择当前工作表单元格区域 A1 至 I30，点击“开始”菜单，在样式分组中选择按钮“套用表格格式”，在表格格式列表中选择“表样式中等深浅 2”，操作界面如图 3－18 所示。

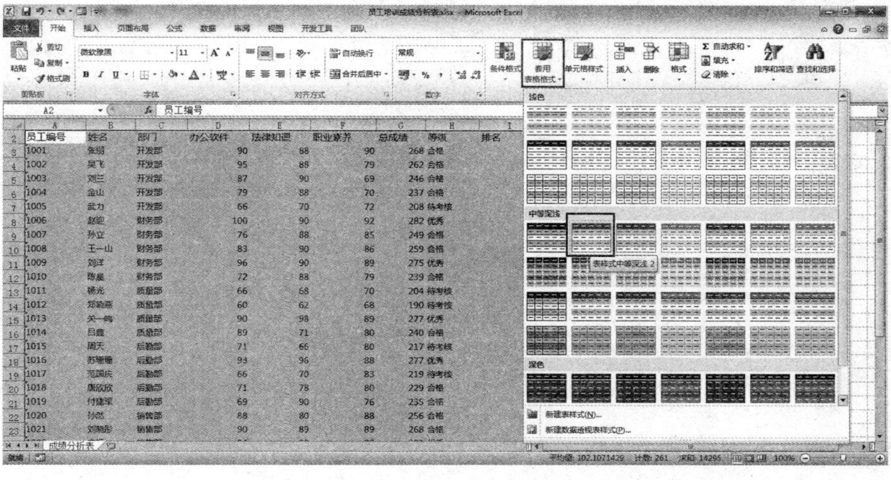

图 3－18　表格格式列表

选择表格格式后打开“套用表格式”对话窗口，在对话窗口中确定套用表格格式的单元格范围，点击窗口中的“确定”按钮为工作表设定表格的格式，表格格式套用范围确认窗口如图 3-19 所示。

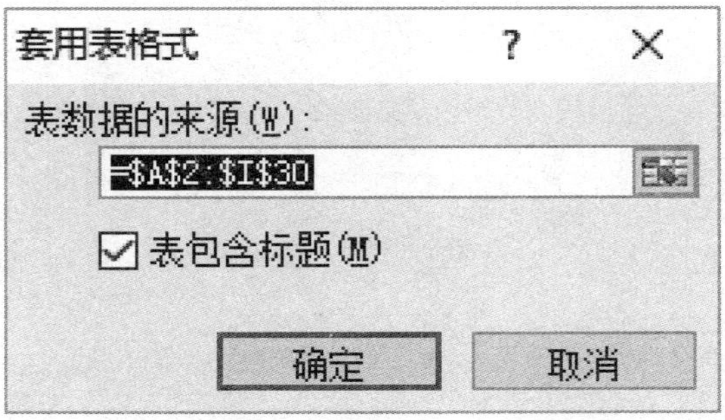

图 3-19　套用表格式范围确认窗口

设置表格格式后，工作表标题行中每一列的右侧默认增加了用于“筛选”的下拉三角按钮，当不需要此功能时可做如下操作取消此按钮。

点击“设计”菜单，点击“工具”选项组中的“转换为区域”按钮，将标题行转换为普通区域，即删除单元格的下拉三角按钮，操作界面如图 3-20 所示。

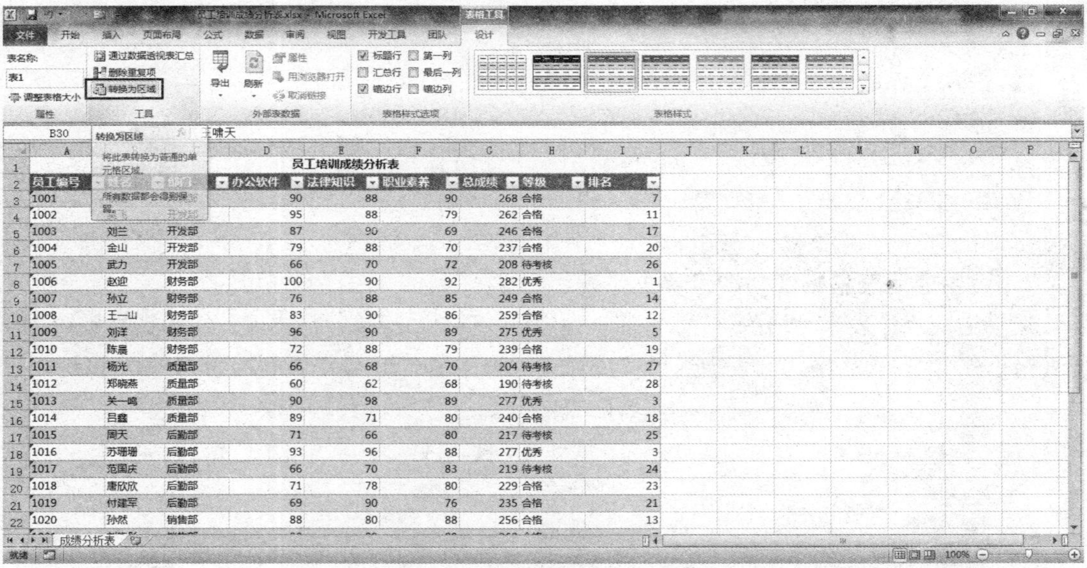

图 3-20　转换为区域按钮

3. 运用条件格式突出显示培训成绩等级为待考核的员工记录

培训成绩等级为“待考核”的员工需要引起重视，在将来的培训中需要重点关注，为了工作方便，在工作表中突出显示这些员工的信息。

在本案例中运用条件格式功能突出显示这些员工的培训成绩等级信息。培训成绩等级值为“待考核”的文字样式属性：颜色为“深红色”、字形为“粗体”。

条件格式的设置方法在前面案例已经介绍，在本案例中仅做简要说明。

选择“开始”菜单，在样式组中点击“条件格式”按钮，选择菜单“新建规则(N)…”设置单元格区域的条件格式，操作方法与前面案例相同。

设置单元格条件格式后，打开“条件格式规则管理器”窗口，在窗口中显示当前单元格区域设置的条件格式，如图 3-21 所示。

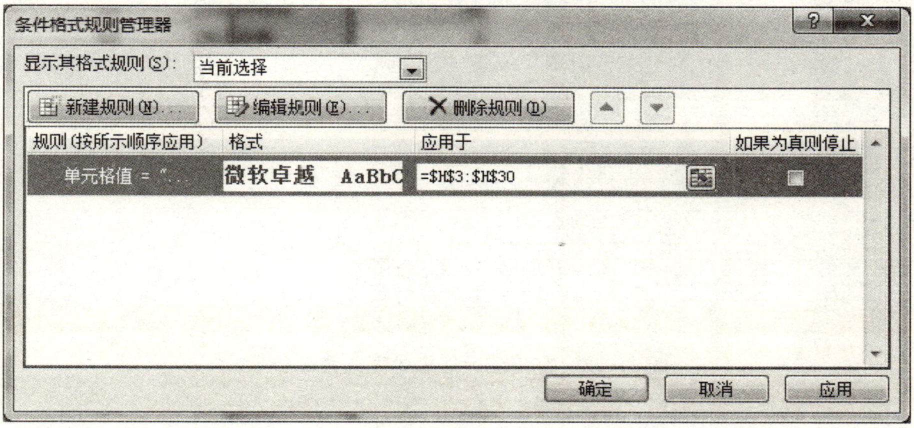

图 3-21 工作表中等级数据列条件格式规则管理器

第三节 制作培训学员反馈表

培训结束后，培训组织部门还需要对此次培训成果进行评估，总结此次培训的优点和缺点，以加强和改进培训工作。培训学员反馈表是培训结束后培训组织者发给学员的一张简单的调查表，用于了解学员对课程时间安排、授课场所、教材内容、讲师表达以及服务态度的意见及针对培训的一些建议。

本节案例的工作簿文件“培训学员反馈表”中包含两个工作表：工作表“培训评估表”由参加培训的学员填写，内容为对培训内容和授课教师的评估项目；工作表“评估统计表”供培训组织部门统计使用，用于统计学员对培训教师的打分和对培训内容的意见等。

一、制作培训评估表

在“培训评估表”中运用控件使学员方便地对评估项目打分。

按照制作培训需求调查表中插入控件、设置控件属性、调整控件位置的方法在当前工作表中“讲师的专业知识丰富”调查项后插入分组框控件和选项按钮控件，并在当前 Excel 工作窗口的右侧显示“选择和可见性”窗口，如图 3-22 所示。

选择针对当前调查项的分组框控件和选项按钮控件，运用复制的方法为其余所有的调查项建立选项组。

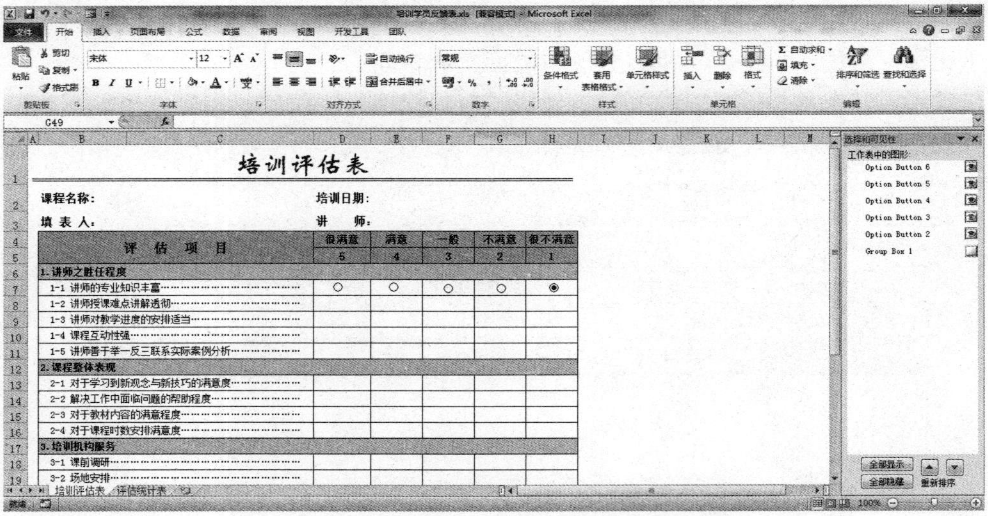

图 3-22 在培训评估表中插入表单控件

二、制作评估统计表

“评估统计表”用于对学员的打分和评语做汇总统计，供对授课教师和培训课程内容做评价使用。评估统计表的制作过程如下：

1. 同步课程名称等信息项目

选择当前工作表的单元格 C3，在公式编辑栏中输入公式：“=IF(培训评估表!C2=0,"",培训评估表! C2)”，获得被评估的课程名称。

公式说明：

● 默认情况下未录入数据的空单元格运用单元格相等函数输入到其他单元格后将显示为“0”，可以修改 Excel 软件的选项“在具有零值的单元格中显示零（Z）”使其显示为空值，设置方法在前面的章节已做说明。

● 在此公式中运用函数 IF 判断源数据单元格是否录入数据，如未录入数据则返回空值而避免返回“0”值。

运用相同的方法获得学员录入的信息：培训日期、填表人、讲师及第四个统计项目“您的收获和建议”的内容。

2. 计算评分项目分数

(1) 设置单元格链接计算评估项分数。

以评分项目“1-1 讲师的专业知识丰富”为例计算评分项目分数。

在“培训评估表”中选择评分项目后面待选项的选项按钮控件，点击鼠标右键，在鼠标右键菜单中选择“设置控件格式(F)…”选项，如图 3-23 所示。

点击“设置控件格式(F)…”选项，打开“设置控件格式”窗口，在窗口中点击“控制”选项卡，在“控制”选项卡窗口“单元格链接(L)”后的单元格选择框中选择输入工作表“评估统计表”的单元格 F8，设置结果如图 3-24 所示。

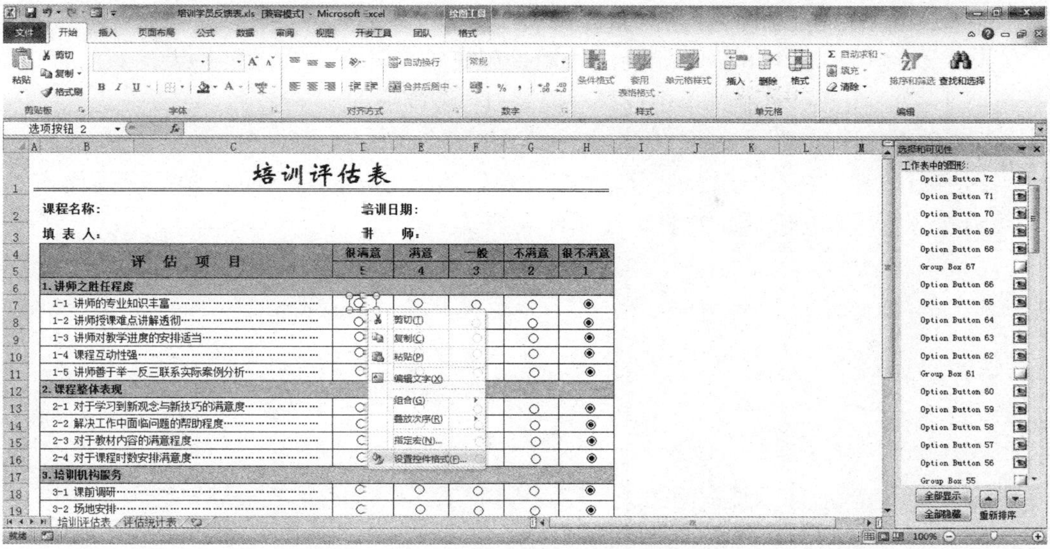

图 3-23　表单控件右鼠标键菜单

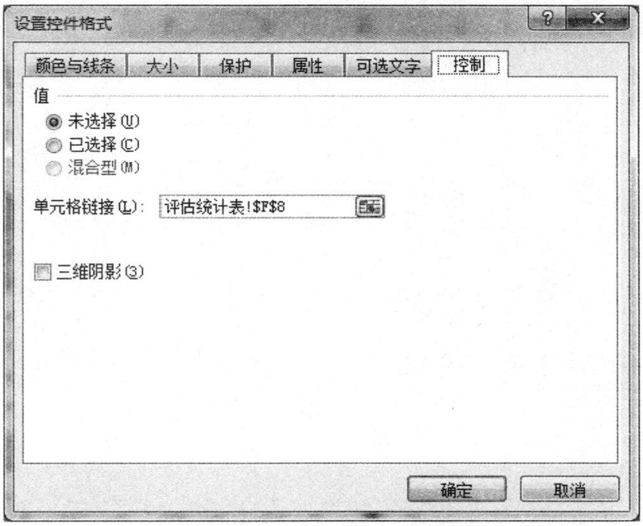

图 3-24　为控件设置单元格链接

为控件设置单元格链接属性后，目标单元格将保存被选择的选项按钮控件的顺序值。在本例中选项控件的顺序值从左至右为 1、2、3、4、5。为了正确保存学员的评分，在此嵌套运用 IF 函数计算评分，在“评估统计表”中选择单元格 D8，在公式编辑栏中输入公式“=IF(F8=1,5,IF(F8=2,4,IF(F8=3,3,IF(F8=4,2,1))))”。

按照相同的方法设置其他选项控件的单元格链接属性，计算该选项的评分。

(2) 计算每个评估项目的分数合计。

在“评估统计表”中选择单元格 D7，在公式编辑栏中输入公式：“=SUM(D8:E12)”，计算“讲师之胜任程度”评估项目的分数。

同理计算其他评估项目的分数。

（3）隐藏辅助单元格。

在“评估统计表”中F列单元格的作用是用于辅助计算，为了工作表美观隐藏该列。点击选择F列，在鼠标右键菜单中选择“隐藏(H)”即可。

3. 工作表安全设置

“评估统计表”仅仅用于培训组织方调查评估培训效果，为了防止学员误操作该工作表，可以按照第一章中介绍的方法设置工作表的安全属性。

第四章
绩效考核管理

绩效考核管理是针对企业员工承担的工作，应用科学的、定性与定量的方法对员工进行评价的过程。有效的绩效考核管理可以提升企业的绩效，提高劳动生产率，增强企业活力，调动员工的工作积极性。绩效考核管理的结果将作为员工奖惩和年终奖金发放的依据，因此绩效考核管理是人力资源管理部门非常重要的工作。

本章介绍运用 Excel 软件对员工绩效考核数据处理的方法，用以提高工作效率、方便日常工作。

第一节 制作员工绩效考核等级表

本案例的业务流程主要包括计算员工的考核成绩，考核成绩排名，根据公司规定确定各绩效考核等级的人数，最终以考核成绩排名和各绩效考核等级的人数为依据确定员工的绩效考核等级，并且满足公司对各个等级的人数的要求。

在本案例中，主要用到了如下 Excel 软件函数：AVERAGE、INT、COUNTA、IF、RANK. EQ、VLOOKUP、AND。

在本案例中，对前面案例中运用的函数和功能做了深入的探讨，例如：

（1）函数 VLOOKUP 模糊查找功能；

（2）在条件格式中运用复杂的公式设置格式条件。

本案例在“绩效考核”工作簿文件中实现，工作表“员工考核信息”中保存 1～6 月公司员工的绩效考核成绩，工作表“绩效等级信息”中的公司绩效考核等级信息将作为基础数据用于绩效考核数据处理。

一、计算员工绩效考核基础数据

1. 计算员工绩效考核平均成绩和排名

员工的月考核成绩保存在工作表“员工考核信息”中，在此工作表中计算员工绩效考核的平均成绩和绩效排名，为确定员工绩效等级做数据准备。

（1）计算员工1～6月的考核平均成绩。

选择当前工作表的单元格I2，在公式编辑栏中输入公式：“=AVERAGE(C2:H2)”，计算员工半年的考核平均成绩，结果保留2位小数，运用自动填充功能计算所有员工的考核平均成绩。

（2）计算员工绩效考核成绩排名。

在本案例中，员工绩效考核成绩排名主要运用函数RANK.EQ来实现，函数RANK.EQ在前面的案例中已经介绍，附录中也有说明。

绩效考核成绩排名的实现方法如下：

1）定义单元格区域名称。

为方便函数RANK.EQ引用单元格，在本案例中对函数涉及的I列数据第二行之后的所有单元格定义名称“KHCJ”，操作步骤如下。

选择当前工作表的单元格J2，按下组合键“Ctrl+Shift”后按下“↓”，此时Excel将选中I列所有非空的单元格，此时再次按下“↓”则会选择I列中除第一行之外的所有行，在“名称框”中为选定的区域命名为“KHCJ”。

2）运用函数RANK.EQ计算绩效考核成绩排名。

选择当前工作表的单元格J2，点击“公式”菜单，在“函数库”工具组中选择快捷按钮“插入函数 fx”，在“插入函数”对话框中选择函数RANK.EQ，在函数RANK.EQ的“函数参数”对话窗口中输入函数参数，如图4-1所示。

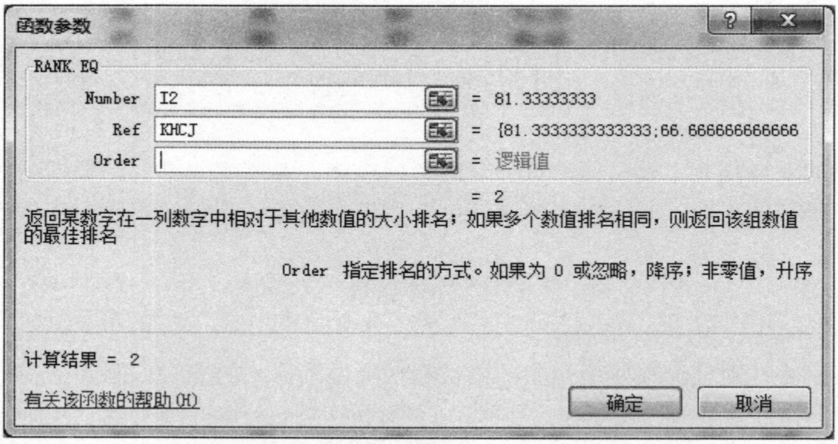

图4-1　函数RANK.EQ的函数参数对话窗口

输入参数后点击窗口右下方的“确定”按钮，关闭当前对话窗口，在单元格J2中输入公式：“=RANK.EQ(I2,KHCJ)”，该公式计算该员工绩效考核成绩排名。

公式说明：

在本案例中，员工编号为“1007”和“1015”的员工绩效考核平均成绩均为81.17，函数RANK.EQ在计算过程中将二人并列第三名，员工编号为“1018”的员工则为第五名，中间不出现第四名。

2. 计算各绩效考核等级的人数

各绩效考核等级的人数是确定员工绩效考核等级的基础数据，工作表“绩效等级信息”的数据是公司规定的每个绩效等级人数占参加考核员工总人数的百分比，在下面的计算中以此数据为依据，将计算获得的各绩效考核等级的人数写入工作表“考核等级分段统计”的“各等级人数统计”单元格区域中，供下面计算员工绩效考核等级使用。

（1）计算公司参加考核的员工总人数。

为了分配各绩效考核等级的名额，首先要确定参加绩效考核的总人数，公司每年参加绩效考核的员工人数是动态变化的，为了让计算通用化，在本案例中采用公式动态计算公司参加绩效考核的员工人数。

在工作表“考核等级分段统计”中选择单元格 D8，在公式编辑栏中输入公式：“=COUNTA(员工考核信息!$A:$A)-1”。

公式说明：

- 公式中运用函数 COUNTA 计算公司员工总人数，该函数在前面的案例中已经介绍，附录中也有说明。
- 函数 COUNTA 计算“员工考核信息”工作表 A 列中所有非空单元格的数目，参数“员工考核信息! $A:$A”代表引用 A 列所有单元格，函数 COUNTA 的计算结果减 1 的含义是去掉标题行从而得到正确结果。
- 当“员工考核信息”工作表中参加考核的员工增加或减少时，公式自动动态计算参加考核的员工人数，不必修改公式。

（2）按公司规定计算各绩效考核等级的人数。

在工作表“绩效等级信息”中保存了公司规定的各考核等级人数百分比，利用每个考核等级的百分比乘以参加考核的员工人数即可得到该考核等级的人数。在本案例中计算各考核等级人数的过程运用了函数 INT，函数说明如下：

知识链接

INT 函数说明

功能：将数字向下舍入到最接近的整数。

语法：INT(number)。

函数参数：number：必需项。需要进行向下舍入取整的实数。

示例：公式“=INT(8.9)”的运算结果为 8，函数 INT 将 8.9 向下舍入到最接近的整数。

选择考核等级分段统计工作表的单元格 D4，在公式编辑栏中输入公式：“=INT($D$8 * 绩效等级信息!D4)”，运用该公式计算绩效考核等级为“优秀”的员工人数。

同理计算绩效考核等级为“良好”“需改进”的员工人数分别填入 D5 和 D7 单元格。

选择当前工作表的单元格 D6，在公式编辑栏中输入公式：“=D8-D4-D5-D7”，运用该公式计算考核等级为“合格”的员工人数。

公式说明：

根据经验，在公司绩效考核中，绝大多数员工为“合格”等级，如果采用与计算其他绩效等级人数一样的方法计算则将有可能造成所有绩效等级员工人数汇总后与参加考核的总人数不符的问题，为了保证各绩效等级人数之和与公司参加绩效考核的员工的人数相等，特采用上面的公式。

（3）计算验证各绩效等级的累计人数。

计算各绩效等级累计人数是为了确保各绩效等级的人数计算正确无误。

1）计算各绩效等级的累计人数。

选择当前工作表的单元格 B4，在公式栏编辑中输入公式：“＝D4”，计算绩效等级为“优秀”的人数。

选择当前工作表的单元格 B5，在公式编辑栏中输入公式：“＝SUM(D4:D5)”，计算绩效等级为“优秀”“良好”的累计人数。

选择当前工作表的单元格 B6，在公式编辑栏中输入公式：“＝SUM(D4:D6)”，计算绩效等级为“优秀”“良好”“合格”的累计人数。

选择当前工作表的单元格 B7，在公式编辑栏中输入公式：“＝SUM(D4:D7)”，计算绩效等级为“优秀”“良好”“合格”“需改进”的累计人数。

2）检验各绩效等级的累计人数与参加考核的总人数是否相等。

判断各考核等级的累计人数与公司参加考核的总人数是否相等的目的是验证计算过程是否有误，验证过程中运用了函数 IF。函数 IF 在前面的案例中已经介绍，附录中也有说明。

选择当前工作表的单元格 B8，在公式编辑栏中输入公式：“＝IF(B7<>D8,"统计有误!","")”，当各个考核等级的累计人数与公司的参加考核的总人数不相等时，在单元格 B8 中显示提示语“统计有误!”提示用户检查数据。

二、计算员工绩效考核等级

本案例中主要运用函数 VLOOKUP 计算员工绩效考核成绩的等级，该函数在前面的案例中已经介绍，附录中也有说明。前面案例均运用函数 VLOOKUP 的精确查找功能，在本案例中介绍函数 VLOOKUP 的模糊查询功能。

知识链接

VLOOKUP 函数模糊查询功能说明

函数 VLOOKUP 一般用于精确查找，但也可以用于模糊查找，在 Excel 软件中模糊查找应用属于更高级的应用技巧。

模糊查找功能按查找的数据类型分为两种：一种是文本型模糊查找；另一种是数值型模糊查找，也可以称为区间查找。

数值型模糊查找即给定多个区间，指定一个数值就可以查找出它在哪个区间并返回这个区间所对应的值。模糊查找的原理是：给定一个数字，它会找到和它最接近，但比它小的那个数，示例说明如图 4-2 所示。

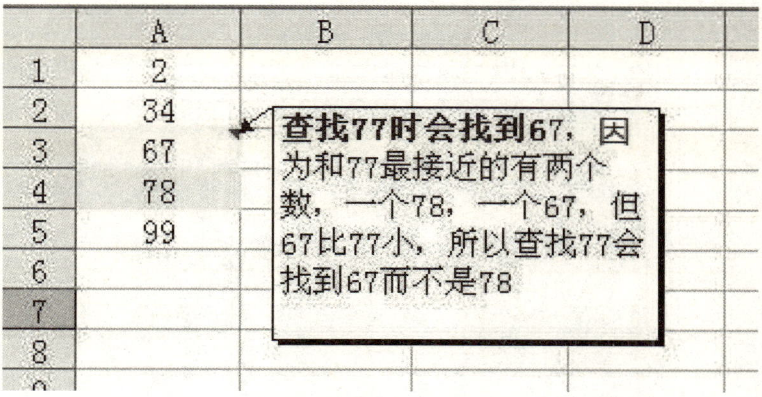

图 4-2　函数 VLOOKUP 数字的模糊查找原理示例

函数 VLOOKUP 的第四个参数如果是“0”或“FALSE”则函数执行精确查找，如果是“1”“TRUE”或省略则函数执行模糊查找。

运用函数 VLOOKUP 数值型模糊查找功能需要注意以下规则：引用的数字区域一定要从小到大排序，杂乱的数字则无法运用模糊查找功能。

在本案例中运用函数 VLOOKUP 的数值型模糊查找功能。

按照公司规定，员工绩效考核等级根据员工绩效成绩排名和每个考核等级人数两个条件确定。

确定员工绩效考核等级的方法是运用函数 VLOOKUP 的数字模糊查找功能，利用员工绩效考核排名在以各考核等级人数形成的考核等级排名列表区域中模糊查找得到考核等级。

为了确保考核等级结果无误，将计算获得的各考核等级的人数之和与按照公司考核规定百分比计算所得各等级人数比较，如果计算有误则提示操作人员。

计算员工绩效考核等级的过程如下：

1. 制作考核等级排名列表

在工作表“考核等级分段统计”中的“考核等级排名列表”区域计算各个考核等级的起始与终止的名次。制作“考核等级排名列表”的作用是为使用函数 VLOOKUP 的模糊查找功能，实现数字区间查找计算绩效等级做基础数据准备。

绩效考核成绩排名第一名的员工其绩效考核等级一定为“优秀”，所以绩效等级为“优秀”的起始排名为第一名，选择工作表“考核等级分段统计”中的单元格 C15，在单元格中写入数字“1”。考核等级为“优秀”的终止排名为该等级的人数，即等于单元格 D4 的数值。选择单元格 C16，在单元格中写入公式“＝D4”。

考核等级为“良好”的起始排名为考核等级为“优秀”的终止排名加“1”，选择工作表“考核等级分段统计”中的单元格 C17，在单元格中写入公式“＝C16＋1”。考核等级为“良好”的终止排名为考核等级为“良好”的起始排名加本等级的人数，本等级人数等于单元格 D5 的数值。选择单元格 C18 在单元格中写入公式“＝C16＋D5”。

以此类推计算其他考核等级的起始与终止排名，计算结果如图 4-3 所示。

考核等级排名列表		
等级	等级排名起止	等级名称
优秀起始	1	优秀
优秀终止	2	优秀
良好起始	3	良好
良好终止	6	良好
合格起始	7	合格
合格终止	26	合格
需改进起始	27	需改进
需改进终止	27	需改进

图 4-3 考核等级排名列表

数据说明：

图 4-3 的数据表示各考核等级起、止排名。例如：第五、六行代表考核等级为“良好”的员工其绩效排名是从第三名开始至第六名截止。

计算考核等级的起始与终止排名完成后，在工作表“考核等级分段统计”中选择单元格区域 C15 至 D22，将该区域命名为“DJPM”，该单元格区域将作为参数用于函数 VLOOKUP 中。

2. 确定员工的绩效考核等级

在工作表“员工考核信息”中选择单元格 K2，点击“公式”菜单，在“函数库”工具组中选择快捷按钮“插入函数 *fx*”按钮，在“插入函数”对话框中选择函数 VLOOKUP，在函数 VLOOKUP 的函数参数对话窗口中输入函数参数，如图 4-4 所示。

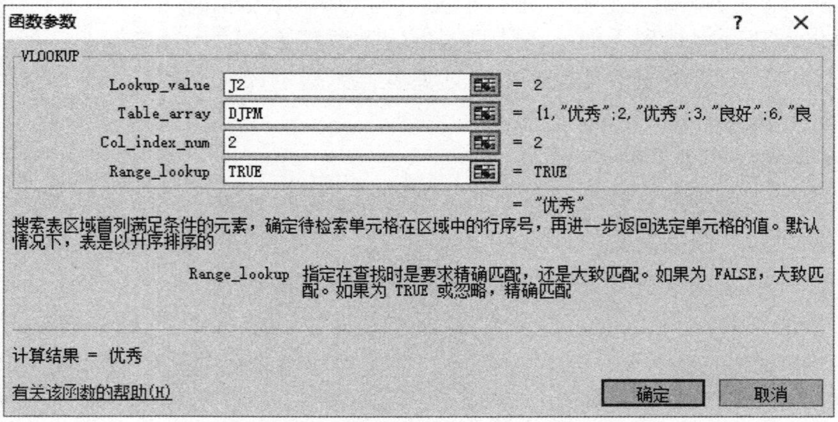

图 4-4 函数 VLOOKUP 的函数参数对话窗口

输入参数后点击窗口右下方的“确定”按钮，关闭当前对话窗口，单元格 K2 中输入公式：“=VLOOKUP(J2,DJPM,2,TRUE)”，该公式计算该员工绩效考核等级。

公式说明：

- 在公式中函数 VLOOKUP 的第四个参数值为“TRUE”代表函数执行模糊查询。
- 在公式中函数 VLOOKUP 的搜索区域由单元格区域名称“DJPM”指定，即前面制作的“考核等级排名列表”中的“等级排名起止”列，区域第一列单元格中的数据按照从小到大顺序排列，因此能够使用数字的区间查找功能。

● 在公式计算过程中，函数 VLOOKUP 用第一个参数 J2 单元格中的数字与名称“DJPM”指定单元格区域中的第一列比较找到和 J2 单元格中数字最接近但比它小的那个数，然后返回第二列的值，即员工的绩效考核等级。

运用自动填充功能计算其他员工的绩效考核等级。

3. 检验员工绩效考核等级的计算结果

在运用函数 RANK.EQ 计算员工绩效排名的过程中有可能出现因绩效成绩相等而并列排名的情况，并列排名有可能造成各绩效考核等级的员工人数与公司规定的该等级的人数不符，因此需要检验绩效考核等级的计算结果。

检验的方法是运用函数 COUNTIF 计算每个绩效考核等级的员工人数，然后与“各等级人数统计”表中的人数比较，当二者数据有差异时按就高原则处理。函数 COUNTIF 在前面的案例中已经介绍，附录中也有说明。

工作表“员工考核信息”的“绩效等级检验结果”区域中的“规定人数”列数据为公司规定的各绩效考核等级人数，数据来源于工作表“考核等级分段统计”中“各等级人数统计”区域中 D 列单元格的数据。

员工绩效考核等级计算结果检验过程如下：

(1) 定义单元格区域名称。

定义的单元格区域名称将作为参数用于函数 COUNTIF。

在工作表“员工考核信息”中选择单元格 K2，按下组合键“Ctrl＋Shift”后按下“↓”，此时 Excel 将选中 K 列所有非空的单元格，此时再次按下“↓”则会选择 J 列中除第一行之外的所有行，在“名称框”中为选定的区域命名为“JXDJ”。

(2) 统计计算结果中各个绩效等级的员工人数。

选择工作表“员工考核信息”中的单元格 N3，在公式编辑栏中输入公式：

“＝IF(COUNTA($K:$K)－1＝考核等级分段统计! $D$8,COUNTIF(JXDJ,M3),"")”。

公式说明：

● 在公式中运用函数 IF 利用判断条件“COUNTA($K:$K)－1＝考核等级分段统计! $D$8”判断在 K 列中是否已经完成了所有员工绩效等级的计算，如果绩效考核等级的计算未完成则该单元格显示为空。公式“COUNTA($K:$K)－1”的含义在前面已经说明，在此不做重复介绍。

● 当所有员工的绩效考核等级计算完成后，运用公式“COUNTIF(JXDJ，M3)”统计单元格区域“JXDJ”中等于 M3 单元格内容的单元格个数，即等级为“优秀”的人数。

运用自动填充功能计算其他等级的员工人数，分别填入单元格 N4、N5 、N6 中。

(3) 根据检验结果显示绩效考核等级计算结果是否有误的提示信息。

选择当前工作表中的单元格 P3，在公式编辑栏中输入公式：

“＝IF(N3＝O3,"统计结果正确","统计结果有误请调整")”。

该公式运用函数 IF 检验各绩效等级的统计结果与公司规定的各等级人数是否相等，

并提示相关信息。

运用自动填充功能将检验结果的提示信息分别填入单元格 P4、P5 、P6 中。

(4) 运用单元格条件格式显示检验结果不符的绩效考核等级。

单元格条件格式的设置方法在前面案例已经介绍，本案例与前面案例不同之处是运用“使用公式确定要设置格式的单元格”选项设置条件，其实现方法在此仅做简要说明。

在工作表“员工考核信息”中连续选择 M3 至 P6 的单元格区域，点击“开始”菜单，在“样式”工具组中选择快捷按钮“条件格式”，在下拉菜单中选择菜单“新建规则(N)…”，打开“新建格式规则”窗口。在对话窗口“选择规则类型(S)”分组下的选项列表中选择最后一行“使用公式确定要设置格式的单元格”；在“为符合此公式的值设置格式(O)”下面的文本框中输入公式：“=AND(COUNTA($K:$K)−1=考核等级分段统计! $D$8, $N3<>$O3)”；点击“格式(F)…”按钮，在打开的对话窗口中设置格式：字形“加粗”，颜色“红色”，设置完成后点击窗口右下方的“确定”按钮关闭窗口，如图 4-5 所示。

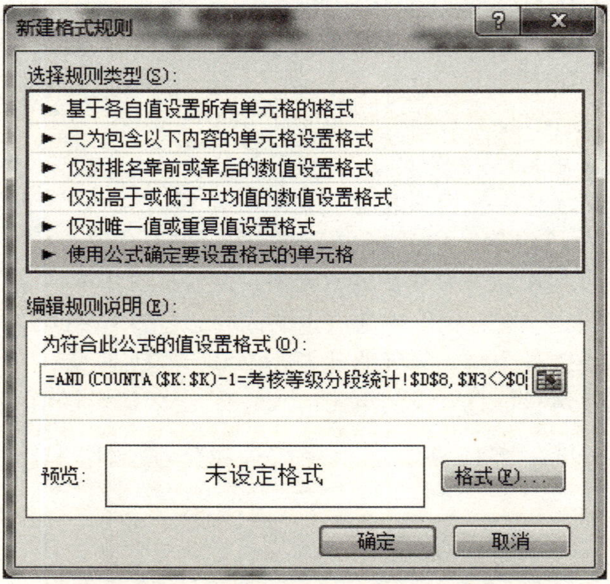

图 4-5 为检验结果单元格设置条件格式

单元格条件格式中条件公式说明：

- 条件公式中规定了两个条件：

第一个条件是“COUNTA($K:$K)−1=考核等级分段统计! $D$8”，该条件要求 K 列所有员工的绩效考核等级计算完成。

第二个条件是“ $N3<>$O3”，该条件要求被选区域单元格的 N 列与 O 列相对应行的值不相等，此处对单元格的引用需要绝对引用列、相对引用行。

- 函数 AND 要求上述两个条件需要同时满足。

备注：

当员工绩效等级计算结果出现问题时预设的条件格式生效，以醒目的文字提示用户。

第二节 制作员工年终奖金表

计算员工年终奖金是人力资源管理部门年终的一项工作。本节案例探讨了运用 Excel 软件函数 HLOOKUP 的模糊查询功能，根据员工销售业绩计算年终奖金的方法。

本节案例在“员工年终奖金表”工作簿文件中实现，在工作表“员工业绩奖励标准”中保存了公司的奖励标准，工作表“员工业绩奖金”为奖金发放表。

一、员工业绩奖励标准数据整理

为了促进销售人员开拓业务，取得更好的业绩，公司制定了业绩奖金规范，标准如下：

- 销售额在 50 000 元以下的没有奖金；
- 销售额在 50 000～59 999 元的，业绩奖金为销售额的 2%；
- 销售额在 60 000～79 999 元的，业绩奖金为销售额的 5%；
- 销售额在 80 000～99 999 元的，业绩奖金为销售额的 10%；
- 销售额在 100 000 元以上的，业绩奖金为销售额的 15%。

工作表“员工业绩奖励标准”中以数据表的形式描述了公司业绩奖金的发放标准，为了方便使用函数 HLOOKUP，在工作表中增加第三行“销售额参照数”，该行数据是销售额区间的下限，这张工作表将作为计算员工业绩奖金的基础数据。

二、计算员工奖金额

在本案例中，运用函数 HLOOKUP 计算员工的奖金金额。

知识链接

HLOOKUP 函数说明

功能： 在表格的首行或数值数组中搜索值，然后返回表格或数组中指定行所在列中的值，函数名 HLOOKUP 中的 H 代表“行”。当比较值位于所需查找的数据左边一列时，则可使用函数 VLOOKUP。

语法： HLOOKUP(lookup_value, table_array, row_index_num, range_lookup)

函数参数：

- lookup_value：必需项。要在表格的第一行中查找的值。lookup_value 可以是数值、引用或文本字符串。

- table_array：必需项。在其中查找数据的信息表。使用对区域或区域名称的引用。参数 table_array 第一行的数值可以为文本、数字或逻辑值。如果参数 range_lookup 为“TRUE”，则 table_array 的第一行的数值必须按升序排列，否则函数 HLOOKUP 将不能给出正确的数值。如果 range_lookup 为“FALSE”，则 table_array 不必进行排序。

- row_index_num：必需项。在参数 table_array 中将返回的匹配值的行号。row_index_num 为“1”时，返回 table_array 第一行的值；row_index_num 为“2”时，返回 table_array 第二行中的值，以此类推。如果 row_index_num 小于 1，则函数 HLOOKUP 返回错误值“#VALUE!”；如果 row_index_num 大于 table_array 的行数，则函数 HLOOKUP 返回错误值“#REF!”。
- range_lookup：可选项。一个逻辑值，指定希望函数 HLOOKUP 执行精确匹配查找还是近似匹配查找。如果为“TRUE”或省略，则返回近似匹配值。换言之，如果找不到精确匹配值，则返回小于 lookup_value 的最大值。如果为“FALSE”，则函数 HLOOKUP 将查找精确匹配值。如果找不到精确匹配值，则返回错误值“#N/A”。

函数说明：

- 如果函数 HLOOKUP 参数 lookup_value 小于 table_array 第一行中的最小数值，函数 HLOOKUP 返回错误值“#N/A”。
- 如果参数 range_lookup 为“FALSE”且 lookup_value 为文本，则可以在 lookup_value 中使用通配符问号（?）和星号（*）。问号匹配任意单个字符，星号匹配任意一串字符。如果要查找实际的问号或星号，请在字符前键入波形符（~）。

工作表“员工业绩奖金”中已经输入了员工编号、姓名、销售额等基础数据信息，本节案例将在此表中计算员工的奖金金额，计算过程如下：

1. 单元格区域命名

为了方便函数 HLOOKUP 引用单元格区域，定义单元格区域名称“JLBZ”，名称引用的单元格区域为工作表“员工业绩奖励标准”的单元格区域 B3 至 F4。

2. 运用函数 HLOOKUP 查询奖励比例

选择当前工作表的单元格 D2，点击菜单“公式”，在函数库分组中点击“插入函数 *fx*”按钮，选择函数“HLOOKUP”，在“函数参数”对话窗口中输入参数，函数 HLOOKUP 的参数设置如图 4-6 所示。

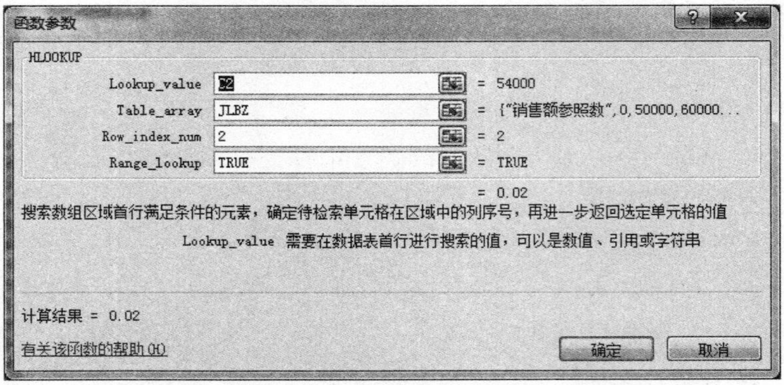

图 4-6 HLOOKUP 函数参数对话窗口查询奖励标准

在对话窗口中正确输入函数参数，点击“确定”按钮关闭窗口，在 D2 单元格中输入如下公式："=HLOOKUP(C2,JLBZ,2,TRUE)"。

公式说明：

● 公式中第四个参数为"TRUE"，函数 HLOOKUP 执行模糊查询，在运算过程中，如果找不到精确匹配值，则返回小于参数 lookup _ value 的最大值。

● 函数 HLOOKUP 在运算过程中运用 C2 单元格的数据与名称"JLBZ"指定单元格区域的第一行（即销售额参照数）数据模糊匹配查询，在名称"JLBZ"的单元格区域第一行中没有等于参数 lookup _ value（值为"54000"）的项目，因此返回比"54000"小的值"50000"所在列的数据，即 C 列数据。

● 参数 Row _ index _ num 的值为"2"，则指定返回名称"JLBZ"单元格区域中的第二行数据。

● 公式的运行结果为返回名称"JLBZ"引用单元格区域中 C 列第二行数据，即"2%"。

运用自动填充功能查询所有员工的奖励比例。

3. 计算员工的奖金额

选择当前工作表的单元格 E2，在公式编辑栏中输入公式："=C2 * D2"，计算员工奖金金额。

运用自动填充功能计算所有员工的奖金金额。

第五章 综合统计分析

企业通过分析人力资源数据可以了解企业的薪酬结构、人力资源年龄结构、学历结构、部门人员构成等人力资源信息，并将此用于制定企业人才管理方案、优化提高企业的竞争力上。

人力资源管理部门不仅需要用数据表展现数据分析结果，还需要用数据图呈现统计数据，不仅需要展示静态数据图，还需要根据场景动态抽取、筛选数据生成数据图。

本章案例数据统计分析内容包括：运用函数生成公司综合统计数据；联合运用数据透视表、频率函数和数组函数分析公司薪酬分布、工龄分布、平均工龄与平均薪酬分布、员工性别人数统计；在数据分析的基础上运用多种图形表现统计结果；联合运用切片器和图表功能动态展现公司各部门的薪酬、工龄、性别的统计数据。

本章案例从实际情况出发，综合运用多种 Excel 函数和功能，介绍 Excel 软件在人力资源管理数据分析中的应用。

本章案例运用 Excel 软件如下函数和功能对人力资源数据进行统计、分析与展示：

- 主要使用函数 COUNTIF、SUMIF、AVERAGEIF、COUNTIFS、SUMIFS、AVERAGEIFS、FREQUENCY、IF、MAX、IFERROR、TEXT 等；
- 运用高级筛选功能获得不重复数据；
- 运用统计图表展现统计数据；
- 运用数据透视表功能实现对公司员工的工龄、薪酬、部门、职位分类数据进行多角度分析、统计、查询、显示；
- 运用数据切片器功能筛选数据透视表中的数据，并在统计图中动态显示数据；
- 运用单元格条件格式功能渐变填充单元格、动态显示数据；
- 运用自绘形状功能显示统计数据，美化图形报表的显示效果。

本章案例的最终成果将为用户提供自助筛选人力资源统计数据，并运用动态图表展示数据的功能。本章案例数据分析图最终效果如图 5－1 所示。

本章案例在“统计分析案例”工作簿文件中实现，工作表“员工信息”中保存公司所有员工的人事信息和薪酬信息。

人力资源数据综合统计分析的实现过程如下。

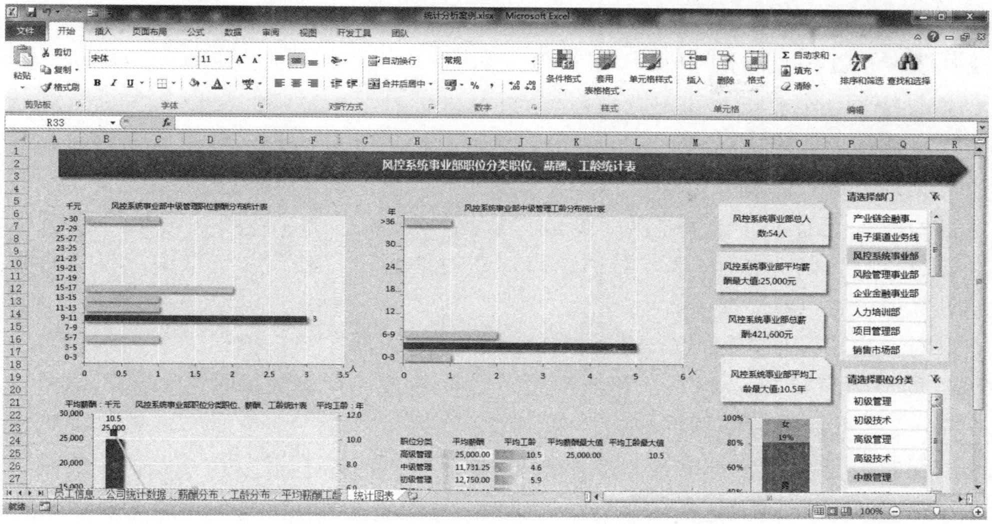

图 5-1　公司人力资源统计数据分析图

一、制作公司人力资源统计数据

以工作表“员工信息”中的数据为基础分别以“部门”“职位”“职位分类”作为统计依据，统计各个分类中的“人数”“总工资”“平均工资”“平均工龄”，这些统计数据将作为制作数据图表的数据源，统计结果如图 5-2 所示。

部门数据统计

部门	人数	总工资	平均工资	平均工龄
项目管理部	15	188,700	12,580.00	5.2
风险管理事业部	4	84,600	21,150.00	9.5
销售市场部	6	140,500	23,416.67	17.3
资产负债产品事业部	92	849,880	9,237.83	4.0
质量检测事业部	110	930,600	8,460.00	3.3
咨询与解决方案中心	167	1,421,330	8,510.96	3.3
支付结算事业部	114	1,075,540	9,434.56	3.9
总经理办公室	10	244,700	24,470.00	15.1
电子渠道业务线	33	399,240	12,098.18	4.7
企业金融事业部	40	360,000	9,000.00	3.8
运营管理中心	49	720,210	14,698.16	8.4
人力培训部	1	24,500	24,500.00	35.5
风控系统事业部	54	421,600	7,807.41	2.9
增值业务事业部	70	586,900	8,384.29	3.2
产业链金融事业部	30	246,250	8,208.33	3.2

职位数据统计

职位	人数	总工资	平均工资	平均工龄
事业部经理	10	214,980	21,498.00	10.3
总监	7	191,500	27,357.14	16.6
事业部副经理	5	100,680	20,136.00	11.8
总经理	6	164,550	27,425.00	21.2
副总经理	3	81,550	27,183.33	20.2
部门经理	35	587,900	16,797.14	8.1
项目经理	57	839,430	14,726.84	6.2
部门副经理	2	39,550	19,775.00	13.5
助理	16	156,000	9,750.00	4.4
运营管理	37	458,980	12,404.86	6.5
高级软件工程师	58	982,500	16,939.66	7.9
高级架构师	5	98,800	19,760.00	12.6
中级软件工程师	213	1,965,130	9,225.96	3.6
中级架构师	6	89,150	14,858.33	7.6
初级软件工程师	304	1,602,800	5,272.37	1.8
实习生	30	114,500	3,816.67	0.3
初级架构师	1	6,550	6,550.00	6.5

职位分类数据统计

职位分类	人数	总工资	平均工资	平均工龄
高级管理	31	753,260	24,298.71	15.0
中级管理	94	1,466,880	15,605.11	7.1
初级管理	53	614,980	11,603.40	5.9
高级技术	63	1,081,300	17,163.49	8.2
中级技术	219	2,054,280	9,380.27	3.7
初级技术	335	1,723,850	5,145.82	1.7

图 5-2　基础数据统计结果

创建工作表并将其命名为“公司统计数据”，在工作表中以“部门”为分类依据统计各部门的“人数”“总工资”“平均工资”“平均工龄”，实现方法与过程如下：

1. 运用高级筛选功能获得公司的部门信息

高级筛选功能在前面的案例中用于复杂条件下的数据筛选，在本案例中运用该功能筛选不重复记录。

工作表“员工信息”的D列（标题为“部门”）保存公司员工所属部门的名称信息，在D列数据中部门名称大量重复存在。Excel软件的高级筛选功能可以从大量重复数据中提取非重复数据，运用该功能可以得到公司所有部门的名称信息，这些数据将作为综合统计分析的基础数据，实现方法如下。

选择当前工作表的单元格A2，单击“数据”菜单，在“排序和筛选”分组中单击“高级”按钮，打开“高级筛选”对话窗口，在对话窗口“方式”选项中选择“将筛选结果复制到其他位置(O)”选项。

点击对话窗口“列表区域(L)”文本框后的数据选择按钮，选择“员工信息”工作表的D列（即“部门”）一列数据，该属性指定数据筛选操作的数据源。点击对话窗口“复制到(T)”文本框后的数据选择按钮，选择当前工作表中的A2单元格，该属性指定数据筛选结果保存单元格的起始位置。单击对话窗口中“选择不重复记录(R)”选项，如图5-3所示。

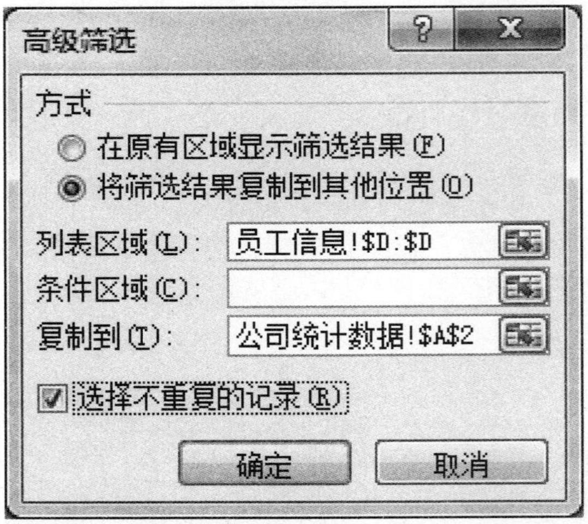

图5-3 运用高级筛选功能获得公司部门信息

完成设置后点击窗口下方的“确定”按钮，关闭当前窗口，公司部门名称信息将填入当前工作表A2下面的单元格。

说明：

“高级筛选”窗口中“列表区域(L)”属性指定的筛选操作数据源必须包含工作表的标题行字段“部门”，即D2单元格，因为高级筛选操作默认将被选择单元格区域中第一个单元格的内容作为标题返回。

2. 计算各部门的“人数”“总工资”“平均工资”“平均工龄”

在当前工作表的B2至E2单元格区域中按照图5-2所示分别输入数据列的标题名称。

（1）统计各部门人数。

运用函数COUNTIF统计部门人数。函数COUNTIF在前面的案例中已经介绍，附录中也有说明。

选择当前工作表的单元格B3，点击“公式”菜单，在“函数库”分组中单击“插入

函数 fx”按钮，打开“插入函数”对话框，选择函数 COUNTIF，单击“确定”按钮，打开函数 COUNTIF“函数参数”对话窗口。

在对话窗口第一个参数“range”中选择输入“员工信息”工作表中 D 列（即“部门”）数据作为统计范围。

在对话窗口第二个参数“criteria”中选择输入“公司统计数据”工作表中 A3 单元格的数据（值为“项目管理部”）作为统计条件。

参数输入完成后单击“确定”按钮关闭函数参数对话窗口。操作窗口如图 5－4 所示。

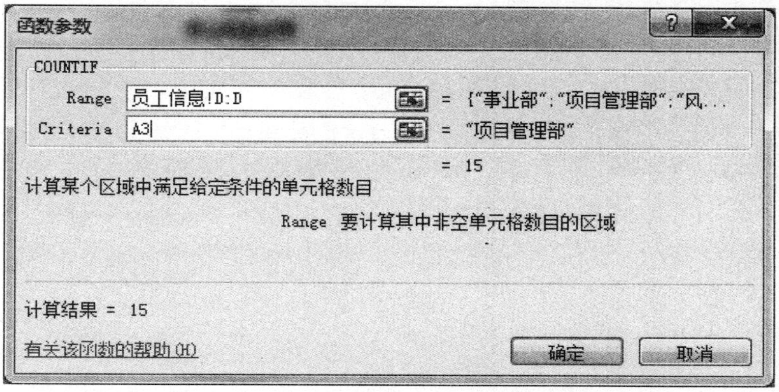

图 5－4　COUNTIF 函数参数对话窗口用于统计部门人数

运用自动填充功能统计其他部门的人数。

（2）计算各部门的总工资。

运用函数 SUMIF 统计部门总工资。

知识链接

SUMIF 函数说明

功能：对范围中符合指定条件的值求和。

语法：SUMIF(range, criteria, sum _ range)

函数参数：

● range：必需项。用于条件计算的单元格区域。每个区域中的单元格都必须是数字或名称、数组或包含数字的引用。空值和文本值将被忽略。

● criteria：必需项。用于确定对哪些单元格求和的条件，其形式可以为数字、表达式、单元格引用、文本或函数。任何文本条件或任何含有逻辑或数学符号的条件都必须使用双引号括起来。如果条件为数字，则无须使用双引号。

● sum _ range：可选项。要求和的实际单元格。如果省略 sum _ range 参数，Excel 软件会对在参数 range 中指定的单元格求和。

运用函数 SUMIF 统计各部门总工资方法如下：

选择当前工作表的单元格 C3，点击“公式”菜单，在“函数库”分组中单击“插入函数 fx”按钮，打开“插入函数”对话框，选择函数 SUMIF，单击“确定”按钮，打开函数 SUMIF“函数参数”对话窗口。

在对话窗口第一个参数“range”中选择输入“员工信息”工作表 D 列（即“部门”）数据作为求和的条件范围，函数 SUMIF 在该单元格区域中查询符合参数“criteria”指定条件的记录行。

在对话窗口第二个参数“criteria”中选择输入当前工作表 A3 单元格的数据（即“项目管理部”），函数 SUMIF 以该数据作为求和条件。

在对话窗口第三个参数“sum _ range”中选择输入“员工信息”工作表 K 列（即“薪酬”）数据作为有条件求和的数据范围，函数 SUMIF 将符合参数“criteria”指定条件记录行中的该列数据求和。

参数输入完成后单击“确定”按钮关闭函数参数对话窗口。操作窗口如图 5－5 所示。

图 5－5　SUMIF 函数参数对话窗口用于统计部门总工资

运用自动填充功能统计其他部门的总工资。

（3）计算各部门平均工资。

部门平均工资的计算方法：部门平均工资＝部门总工资/部门人数。

选择当前工作表的单元格 D3，在公式编辑栏输入公式“＝C3/B3”，计算项目管理部的平均工资。

运用自动填充功能统计其他部门的平均工资。

（4）计算各部门平均工龄。

运用函数 AVERAGEIF 统计部门平均工龄。

知识链接

AVERAGEIF 函数说明

功能： 返回某个区域内满足给定条件的所有单元格的平均值（算术平均值）。

语法： AVERAGEIF(range, criteria, average _ range)

函数参数：

● range：必需项。用于条件计算的一个或多个单元格，其中包含数字或包含数字的名称、数组或引用。

● criteria：必需项。形式为数字、表达式、单元格引用或文本的条件，以此参数为条件定义将计算平均值的单元格。

● average _ range：可选项。计算平均值的实际单元格区域。如果省略，则使用参数 range 指定的单元格区域计算平均值。

运用函数 AVERAGEIF 统计各部门平均工龄方法如下：

选择当前工作表的单元格 E3，点击“公式”菜单，在“函数库”分组中单击“插入函数 fx”按钮，打开“插入函数”对话框，选择函数 AVERAGEIF，单击“确定”按钮，打开函数 AVERAGEIF“函数参数”对话窗口。

在对话窗口第一个参数“range”中选择输入“员工信息”工作表 D 列（即“部门”）数据作为求平均值的条件范围，函数 AVERAGEIF 在该单元格区域中查询符合参数“criteria”指定条件的记录行。

在对话窗口第二个参数“criteria”中选择输入当前工作表 A3 单元格的数据（即“项目管理部”），函数 AVERAGEIF 以该数据作为求平均值的条件。

在对话窗口第三个参数“average _ range”中选择输入“员工信息”工作表 H 列（即“工龄”）数据作为有条件求平均值的数据范围，函数 AVERAGEIF 将符合参数“criteria”指定条件记录行中的该列数据求平均值。

参数输入完成后单击“确定”按钮关闭函数参数对话窗口。操作窗口如图 5-6 所示。

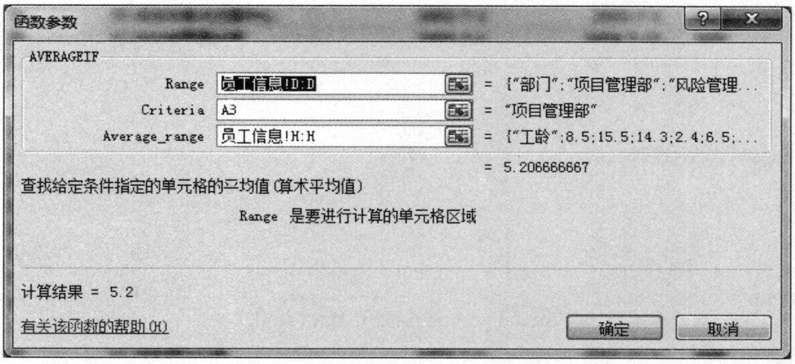

图 5-6 AVERAGEIF 函数参数对话窗口用于计算部门平均工龄

运用自动填充功能统计其他部门的平均工龄。

（5）按照样例设置单元格格式。

在当前工作表中将单元格 A1 至 E1 合并后居中，输入统计表标题“部门数据统计”，字体为“微软雅黑”、字号为“11”、字形“加粗”。

设置统计表列标题字体为“微软雅黑”，字号为“10”，单元格对齐方式为“水平/垂直居中对齐”。

设置“人数”“总工资”“平均工资”“平均工龄”单元格水平对齐方式“靠右”，垂直对齐方式“居中”。

设置“人数”列单元格数字不保留小数，“平均工龄”列单元格数字保留一位小数，“总工资”和“平均工资”列单元格格式设为“使用千分位分隔符”，保留两位小数。

备注：

按照上述方法计算“职位数据统计”和“职位分类数据统计”的统计数据并设置单元格格式。

二、薪酬分布统计分析

薪酬分布统计以“员工信息”工作表中的数据作为数据源，运用数据透视表功能以“部门”和“职位分类”为筛选条件统计分析员工薪酬分布情况。在数据透视表统计数据的基础上运用数组函数 FREQUENCY 按公司规定的薪酬区间统计各区间的人数，这些统计数据将成为动态图表的数据源。统计结果如图 5－7 所示。

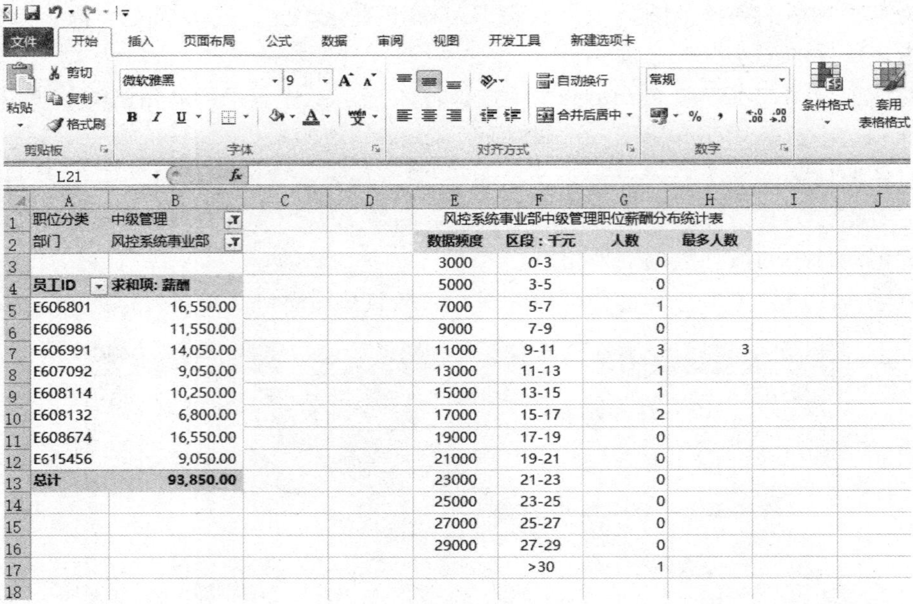

	A	B	C	D	E	F	G	H
1	职位分类	中级管理			风控系统事业部中级管理职位薪酬分布统计表			
2	部门	风控系统事业部			数据频度	区段：千元	人数	最多人数
3					3000	0-3	0	
4	员工ID	求和项：薪酬			5000	3-5	0	
5	E606801	16,550.00			7000	5-7	1	
6	E606986	11,550.00			9000	7-9	0	
7	E606991	14,050.00			11000	9-11	3	3
8	E607092	9,050.00			13000	11-13	1	
9	E608114	10,250.00			15000	13-15	1	
10	E608132	6,800.00			17000	15-17	2	
11	E608674	16,550.00			19000	17-19	0	
12	E615456	9,050.00			21000	19-21	0	
13	总计	93,850.00			23000	21-23	0	
14					25000	23-25	0	
15					27000	25-27	0	
16					29000	27-29	0	
17						>30	1	
18								

图 5－7　薪酬分布统计结果

在薪酬分布统计过程中运用的数据透视表功能、函数 FREQUENCY 在前面的案例中已经介绍。

创建工作表将其命名为“薪酬分布”，将工作表单元格的字体设为“微软雅黑”、字号为“9”，薪酬分布统计将在此工作表中进行。

实现薪酬分布统计的步骤与方法如下。

1. 运用数据透视表统计分析各部门、各职位分类员工的薪酬信息

插入数据透视表的简单操作步骤如下：

“员工信息”工作表是数据透视表的数据源，在该工作表中选择数据区域内任意非空单元格，单击“插入”菜单，在“表格”分组中单击“数据透视表”按钮，打开“创建数据透视表”对话窗口。数据透视表的运算结果插入“薪酬分布”工作表 A1 开始的单元格中。

在“薪酬分布”工作表数据透视表布局工作界面中，以“部门”和“职位分类”字段作为“报表筛选项”；以“员工 ID”字段作为行标签，并将数据显示区域的文字“行标

签”修改为“员工 ID”；以“薪酬”字段作为统计字段放到“∑数值”区域中，汇总方式为“求和”。

数据透视表布局工作界面如图 5－8 所示。

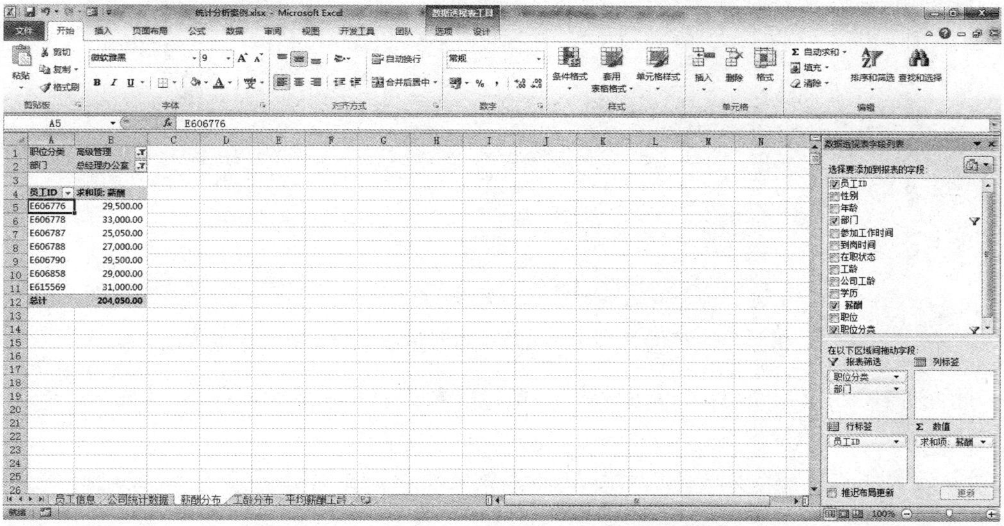

图 5－8　薪酬分布数据透视表布局窗口

2. 按区间统计分析员工薪酬分布

按照公司统计要求，薪酬分布统计以 2 000 元作为一个分区间隔，统计分析每个薪酬间隔内一个或多个部门中、一个或多个职位分类的人数及人数最多的薪酬区间。

在本案例中运用频率分析函数 FREQUENCY 实现统计要求，实现的方法与步骤如下。

（1）基础数据说明。

当前工作表的 E 列（即“数据频度”列）数据是员工薪酬分布统计间隔的分界点，具体含义在第 F 列中解释。例如：E3 单元格中的数据 3 000 表示员工薪酬大于 0 元且小于等于 3 000 元的区间段，在 F3 单元格表示为“0－3”；E4 单元格中的数据 5 000 表示员工薪酬大于 3 000 且小于等于 5 000 的区间段，在 F4 单元格表示为“3－5”，以此类推。E 列（即“数据频度”列）中的数据是使用函数 FREQUENCY 所必需的基础数据，需要按顺序排列。

当前工作表的 G 列（即“人数”列）将保存以该“部门”、该“职位分类”作为分类统计条件下在该薪酬区域的人数。

当前工作表的 H 列（即“最多人数”列）将仅填充以该“部门”、该“职位分类”作为分类统计条件下所有薪酬区域中分布人数最多区域对应的单元格，在该单元格中保存相应的最多人数。

（2）运用函数 FREQUENCY 统计薪酬分布。

1）运用公式对话窗口输入公式。

函数 FREQUENCY 的统计结果将放在当前工作表 G 列（即“人数”列）中 G3 至 G17 的单元格区域中，因此连续选择单元格 G3 至 G17。

点击“公式”菜单，在“函数库”分组中单击“插入函数 fx”按钮，打开“插入函数”对话窗口，选择函数 FREQUENCY，单击“确定”按钮，打开函数 FREQUENCY“函数参数”对话窗口，如图 5－9 所示。

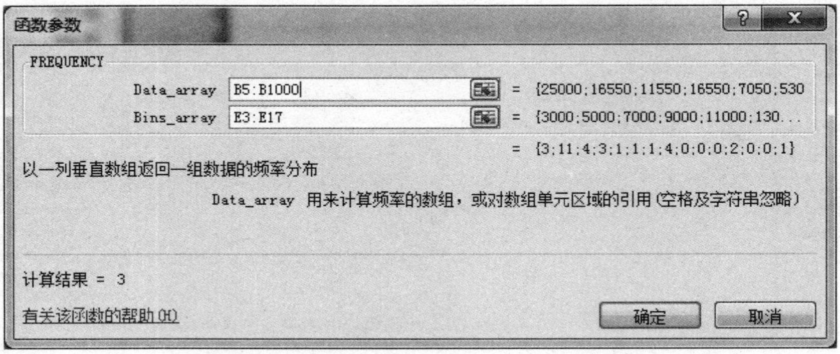

图 5－9　FREQUENCY 函数参数对话窗口统计薪酬分布

对话窗口中的第一个参数 data _ array 指定需要统计的数据。

说明：

因筛选条件不同，数据透视表的筛选结果数量不同，当前公司员工人数为 799，筛选结果数据最多 799 行，在输入框中输入单元格区域“B5：B1000”保证所有统计数据被选择，函数 FREQUENCY 忽略空白单元格和文本，因此多余的空单元格不影响统计分析结果。

对话窗口中的第二个参数 bins _ array 指定统计分组间隔数据。点击数据选择按钮，选择单元格区域 E3 至 E17，即“数据频度”列的数据。

参数输入完成后单击“确定”按钮，关闭当前窗口，在公式编辑栏中输入公式。

2）运用数组公式功能计算薪酬分布数据。

参数输入完成关闭“函数参数”对话窗口后，将光标放在工作表公式编辑栏中，按下组合键“Ctrl＋Shift＋Enter”，将公式修改为数组形式“{＝FREQUENCY(B5:B1000,E3:E17)}”，函数 FREQUENCY 将统计结果数据填入被选择的单元格区域中。函数 FREQUENCY 的数组公式及统计结果如图 5－10 所示。

图 5－10　函数 FREQUENCY 的数组公式及薪酬分布统计结果

(3) 计算各薪酬分段区间内最多人数。

工作表 H 列（即“最多人数”列）的计算规则是如果当前单元格相对应的左侧 G 列（即“人数”列）单元格内的数据等于 G 列数据的最大值则返回该最大值填入当前单元格，否则返回空值。

根据计算规则，需要联合应用函数 IF 和函数 MAX 统计各薪酬分段区间内最多人数。函数 IF 和函数 MAX 在前面的案例中已经介绍，附录中也有说明。计算方法如下：

首先运用函数 MAX 获得 G 列数据的最大值，然后运用函数 IF 以对应单元格的数字是否与最大值相等为条件判断返回相应的值。

选择当前工作表的单元格 H3，在公式编辑栏中输入公式：

“=IF(MAX($G$3:$G$17)=G3,G3,"")”。

公式说明：

在公式中函数 MAX 的参数使用绝对引用单元格的形式计算“人数”列的最大值，防止运用自动填充功能填充其他单元格时对单元格的引用发生变化。

3. 制作动态的统计表标题

当前工作表 E1 单元格中的数据为薪酬分布统计表的标题，标题内容需要根据数据透视表当前的筛选条件动态变化以准确表达统计表数据的内容，在此运用连接符“&”实现动态统计表标题功能。字符串连接符“&”在前面的案例中已经介绍，附录中也有说明。

制作动态统计表标题步骤如下：

在工作表中将单元格区域 E1 至 H1 合并后居中。

选择合并后的单元格，在公式编辑栏中输入公式：“=B2&B1&"职位薪酬分布统计表"”。

输入公式后统计表的标题将随数据透视表筛选条件变化而动态更新。

备注：

按照相同的方法和步骤制作“工龄分布”统计分析工作表。

三、部门综合信息统计分析

部门综合信息统计内容较多，主要包括如下内容：根据统计条件统计部门人员信息，计算部门员工的平均薪酬、部门平均工龄等信息，这些统计信息将作为数据源用于制作动态图表。部门综合信息统计分析在工作表“平均薪酬工龄”中实现，在这张工作表中将综合运用数据透视表功能和多个函数如 IF、COUNTIFS、SUMIFS、AVERAGEIFS、IFERROR、TEXT 等实现统计分析。各统计项目及实现方法如下。

1. 统计分析各部门“男”“女”员工人数

运用数据透视表功能统计各部门“男”“女”员工人数。插入数据透视表的方法和步骤如前所述。

在数据透视表的布局窗口中做如下设置，以“员工 ID”字段为行标签，并将数据显示区域的文字“行标签”修改为“员工 ID”；以“性别”字段为列标签，并将数据显示区域的文字“列标签”修改为“性别”；以“部门”字段为报表筛选项；以“性别”字段作统计字段放到“Σ数值”区域中，汇总方式为“计数”。

部门性别统计数据透视表的布局窗口如图 5－11 所示。

图 5－11　部门性别统计数据透视表布局窗口

2. 统计各部门不同职位的人数

统计各部门不同职位人数的数据源是“员工信息”工作表的员工信息，统计分析过程中涉及两个统计条件：一个条件是部门名称；另一个条件是职位分类名称。

运用函数 COUNTIFS 可实现统计各部门不同职位的人数。

知识链接

COUNTIFS 函数说明

功能：将条件应用于跨多个区域的单元格，并计算符合所有条件的单元格个数，可以同时设定多个条件。

语法：COUNTIFS(criteria_range1, criteria1, criteria_range2, criteria2, …)

函数参数：

- criteria_range1：必需项。在其中计算关联条件的第一个区域。
- criteria1：必需项。第一个区域中将被计算在内的条件，条件的形式为数字、表达式、单元格引用或文本，它定义了要计数的单元格范围。
- criteria_range2，criteria2：可选项。附加的区域及其关联条件。最多允许 127 个区域/条件对。

说明：

每一个附加的区域都必须与参数 criteria_range1 具有相同的行数和列数。这些区域无须彼此相邻。

运用函数 COUNTIFS 统计各部门不同职位人数的步骤如下：

选择当前工作表的单元格 H3，点击“公式”菜单，在“函数库”分组中单击“插入

函数 fx”按钮，打开“插入函数”对话框，选择函数 COUNTIFS，单击“确定”按钮，打开“函数参数”对话窗口。

在对话窗口的第一个参数“criteria _ range1”中选择输入“员工信息”工作表中 D 列（即“部门”数据列）作为匹配第一个统计条件的查询范围，函数 COUNTIFS 在该单元格区域中查询符合参数“criteria1”指定条件的记录行。

在对话窗口的第二个参数“criteria1”中选择输入当前工作表 B1 单元格的数据（即数据透视表筛选条件中选择的部门名称）作为第一个统计条件。

在对话窗口的第三个参数“criteria _ range2”中选择输入“员工信息”工作表中 M 列（即“职位分类”的数据列）作为匹配第二个统计条件的查询范围，函数 COUNTIFS 在该单元格区域中查询符合参数“criteria2”指定条件的记录行。。

在对话窗口的第四个参数“criteria2”中选择输入当前工作表 G3 单元格的数据（即需要统计的职位分类名称）称作为第二个统计条件。

参数输入完成后单击“确定”按钮关闭函数参数对话窗口。操作窗口如图 5 - 12 所示。

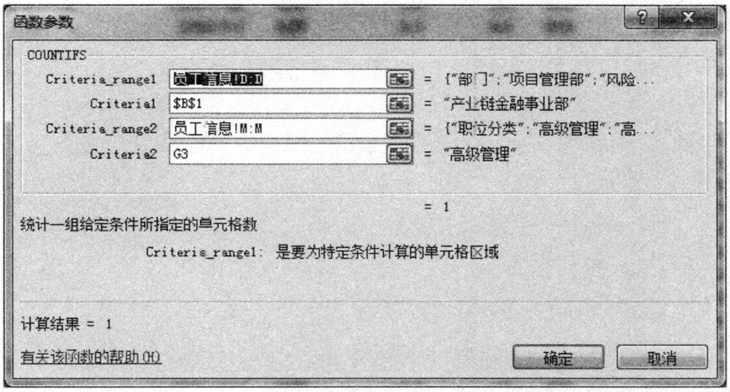

图 5 - 12 COUNTIFS 函数参数对话窗口统计部门相应职位的员工人数

运用自动填充功能统计表格中的各部门不同职位分类的员工人数。

3. 统计各部门不同职位分类员工薪酬之和

统计各部门不同职位分类员工薪酬之和的数据源是“员工信息”工作表的员工薪酬，统计分析过程中涉及两个统计条件：一个条件是部门名称；另一个条件是职位分类名称。

运用函数 SUMIFS 可实现统计各部门不同职位分类员工薪酬之和。

知识链接

SUMIFS 函数说明

功能： 用于对一组给定条件指定的单元格进行求和，可以同时设定多个条件。

语法： SUMIFS(sum _ range, criteria _ range1, criteria1, criteria _ range2, criteria2 …)

函数参数：

- sum _ range：必需项。指定进行求和的单元格或单元格区域。
- criteria _ range1：必需项。指定要计算的第一个条件区域，通常是指与求和单元格处于同一行的条件区域，在求和时，该区域将参与条件的判断。

- criteria1：必需项。指定第一个求和的条件，条件的形式为数字、表达式、单元格引用或者文本。
- criteria _ range2，criteria2，…：可选项。附加的区域及其关联条件。最多可以输入127 个区域/条件对。

函数说明：

- criteria _ range1 和 criteria1 成对出现，设置用于搜索某个区域是否符合特定条件的搜索对。一旦在该区域中存在符合条件的项目，将 sum _ range 参数中的相应值求和。
- 函数 SUMIFS 与函数 SUMIF 相似，但是参数顺序有所不同。具体而言，参数 sum _ range 在函数 SUMIFS 中是第一个参数，而在函数 SUMIF 中则是第三个参数。

运用函数 SUMIFS 统计各部门不同职位分类员工薪酬之和的方法如下：

选择当前工作表的单元格 I3，点击“公式”菜单，在“函数库”分组中单击“插入函数 fx”按钮，打开“插入函数”对话框，选择函数 SUMIFS 单击“确定”按钮，打开“函数参数”对话窗口。

在对话窗口的第一个参数“sum _ range”中选择输入“员工信息”工作表中 K 列（即“薪酬”数据列）作为求和项的数据范围。

在对话窗口的第二个参数“criteria _ range1”中选择输入“员工信息”工作表中 D 列（即“部门”数据列）作为匹配第一个求和条件的查询范围，函数 SUMIFS 在该单元格区域中查询符合参数“criteria1”指定条件的记录行。

在对话窗口的第三个参数“criteria1”中选择输入当前工作表 B1 单元格的数据（即数据透视表筛选条件中选择的部门名称）作为第一个求和条件。

在对话窗口的第四个参数“criteria _ range2”中选择输入“员工信息”工作表中 M 列（即“职位分类”数据列）作为匹配第二个求和条件的查询范围，函数 SUMIFS 在该单元格区域中查询符合参数“criteria2”指定条件的记录行。

在对话框的第五个参数“criteria2”中选择输入当前工作表 G3 单元格的数据（即需要统计的职位分类名称）作为第二个求和条件。

参数输入完成后单击“确定”按钮关闭函数参数对话窗口，操作窗口如图 5－13 所示。

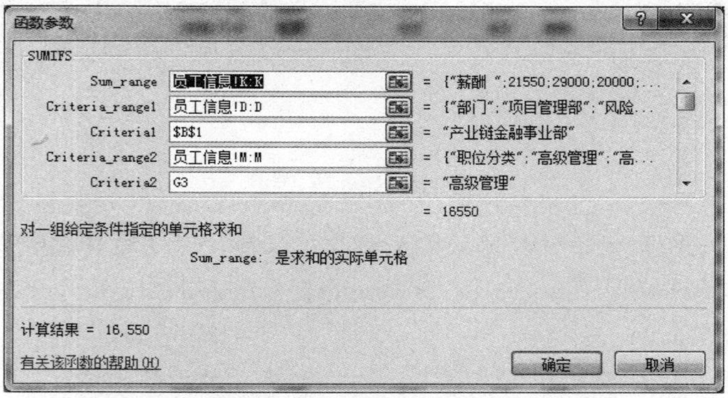

图 5－13 SUMIFS 函数参数对话窗口统计部门相应职位的员工薪酬之和

运用自动填充功能统计表格中的各部门相应职位分类员工薪酬之和。

4. 统计各部门不同职位分类员工的平均薪酬

（1）统计平均薪酬。

各部门不同职位分类员工平均薪酬计算公式如下：平均薪酬＝总薪酬/人数。

在统计计算过程中有可能出现满足统计条件的人数为零的情况，当出现这种情况时，Excel 软件将在相应的单元格中显示错误信息“#DIV/0!”，即除数为零的错误。为了避免出现上述错误，引入函数 IFERROR。函数 IFERROR 判断公式计算过程中是否出现错误，当出现错误时，该函数返回函数参数设定的值而非报错信息。函数 IFERROR 在前面的案例中已经介绍，附录中也有说明。

在当前工作表中选择 J3 单元格，在公式编辑栏中输入公式：“=IFERROR(I3/H3,"")”，计算指定部门中相应职位分类员工平均薪酬。

（2）设置单元格显示格式。

设置单元格数字显示格式：使用千分位分隔符、保留 2 位小数。

运用自动填充功能计算统计表格中的各部门相应职位分类的员工平均薪酬。

5. 统计各部门不同职位分类员工平均工龄

（1）统计平均工龄。

统计各部门不同职位分类员工平均工龄的数据源是“员工信息”工作表的工龄信息，统计分析过程中涉及两个统计条件：一个条件是部门名称；另一个条件是职位分类名称。

运用函数 AVERAGEIFS 统计各部门不同职位分类员工的平均工龄。

知识链接

AVERAGEIFS 函数说明

功能：返回满足多个条件的所有单元格的平均值（算术平均值）。

语法：AVERAGEIFS(average_range, criteria_range1, criteria1, criteria_range2, criteria2, …)

函数参数：

- average_range：必需项。要计算平均值的一个或多个单元格，其中包含数字或包含数字的名称、数组或引用。
- criteria_range1、criteria_range2 等，其中 citeria_range1 是必需项，后续 criteria_range 是可选项。在其中计算关联条件的 1 至 127 个区域。
- criteria1、criteria2 等，其中 criteria1 是必需项，后续 criteria 是可选项。形式为数字、表达式、单元格引用或文本的 1 至 127 个条件，用来定义将计算平均值的单元格。

运用函数 AVERAGEIFS 统计各部门不同职位分类员工平均工龄的方法如下：

选择当前工作表的单元格 K3，点击“公式”菜单，在“函数库”分组中单击“插入函数 fx”按钮，打开“插入函数”对话框，选择函数 AVERAGEIFS 单击“确定”按钮，打开“函数参数”对话窗口。

在对话窗口的第一个参数“average_range”中选择填入“员工信息”工作表中 H 列

（即“工龄”数据列）作为求平均值的数据范围。

在对话窗口的第二个参数“criteria _ range1”中选择输入“员工信息”工作表中D列（即“部门”数据列）作为匹配第一个求平均值条件的查询范围，函数AVERAGEIFS在该单元格区域中查询符合参数“criteria1”指定条件的记录行。

在对话窗口的第三个参数“criteria1”中选择输入当前工作表B1单元格的数据（即数据透视表的筛选条件中选择的部门名称）作为第一个求平均值条件。

在对话窗口的第四个参数“criteria _ range2”中选择输入“员工信息”工作表中M列（即“职位分类”数据列）作为匹配第二个求平均值条件的查询范围，函数AVERAGEIFS在该单元格区域中查询符合参数“criteria2”指定条件的记录行。

在对话框的第五个参数“criteria2”中选择输入当前工作表G3单元格的数据（即需要统计的职位分类的名称）作为第二个求平均值条件。

参数输入完成后单击“确定”按钮关闭函数参数对话窗口。在K3单元格中输入公式：“=AVERAGEIFS(员工信息!H:H,员工信息!D:D, $B$1,员工信息!M:M,G3)”。操作窗口如图5-14所示。

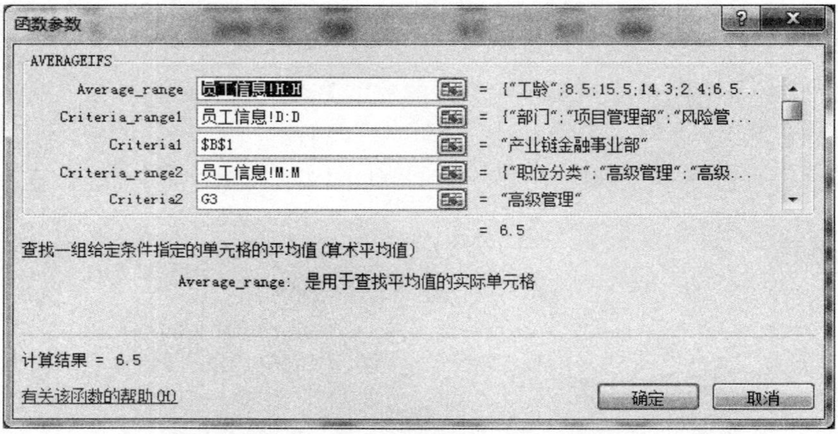

图5-14 AVERAGEIFS函数参数对话窗口统计部门相应职位分类员工平均工龄

备注：

在计算过程中有可能出现满足统计条件的人数为零的情况。与计算平均薪酬相似，为避免Excel软件提示除数为零的错误信息引入函数IFERROR处理错误信息。

修改K3单元格中的公式如下：

“=IFERROR(AVERAGEIFS(员工信息!H:H,员工信息!D:D, $B$1,员工信息!M:M,G3),"")”。

（2）设置单元格显示格式。

设置单元格数字显示格式：使用千分位分隔符、不保留小数。

运用自动填充功能统计表格中的各部门相应职位分类员工平均工龄。

6. 统计各部门不同职位分类员工平均薪酬最大值

联合运用函数IF和函数MAX计算各部门不同职位分类员工平均薪酬最大值。

选择当前工作表的单元格 L3，在公式编辑栏中输入公式："=IF(J3=MAX($J$3:$J$8),MAX($J$3:$J$8),"")"。计算各部门不同职位分类员工平均薪酬最大值。

运用自动填充功能统计各部门相应职位分类员工平均薪酬最大值。

7. 统计各部门不同职位分类员工平均工龄最大值

平均工龄最大值的计算方法与计算平均薪酬最大值相似。

平均工龄最大值是动态图表数据源的一部分，为了显示美观，在数据图表中不需要显示值为空的数据，因此需要修改小于平均工龄最大值单元格的数据为"#N/A"而非空值，运用函数 NA 将空值转化为"#N/A"。

知识链接

NA 函数说明

功能：返回错误值"#N/A"，表示"无法得到有效值"。可以运用函数 NA 标示空单元格。在没有内容的单元格中输入"#N/A"，可以避免不小心将空白单元格计算在内而产生的问题（当公式引用到含有"#N/A"的单元格时，会返回错误值"#N/A"）。

语法：NA()。

函数参数：NA 函数语法没有参数。

选择当前工作表的单元格 M3，在公式编辑栏中输入公式：

"=IF(K3=MAX($K$3:$K$8),MAX($K$3:$K$8),NA())"。

公式说明：

在上面的公式中，若当前单元格的值与平均工龄最大值不相等时返回函数 NA() 的值"#N/A"而非空值。

运用自动填充功能统计各部门相应职位分类员工平均工龄最大值。

8. 制作动态统计表标题

制作动态统计表标题的目的与实现方法与工作表"薪酬分布"的动态标题相同，实现方法如下：

将当前工作表的单元格 G1 至 M1 合并后居中，选择合并后的单元格，在公式编辑栏中输入公式："=B1&"职位、薪酬、工龄统计表""即可。

9. 部门综合数据统计

综合运用函数 SUM、MAX、TEXT 和字符串连接符"&"动态统计部门综合数据，这些函数和运算符在前面的案例中已经介绍，附录中也有说明。

下面简要介绍各个统计数据实现的方法。

(1) 计算部门男职工百分比。

部门男职工百分比的计算公式为：部门男职工的人数/部门总人数。

选择当前工作表的单元格 I13，在公式编辑栏中输入公式：

"=SUM(B5:B799)/(SUM(B5:B799)+SUM(C5:C799))"。

公式说明：

公式中“B5:B799”代表所有男职工的统计单元格区域，“C5:C799”代表所有女职工的统计单元格区域。

因筛选条件不同，数据透视表的筛选结果数量不同，当前公司员工数目为799，筛选结果数据最多799行，在参数指定最大的求和区域中保证所有的统计数据被选择，函数SUM忽略空白单元格，因此多余的空单元格不影响计算结果。

设置单元格数字显示格式：百分比形式，保留两位小数。

（2）计算部门女职工百分比。

部门女职工百分比的计算公式为：部门女职工的人数/部门总人数。

选择当前工作表的单元格I14，在公式编辑栏中输入公式：

“=SUM(C5:C799)/(SUM(B5:B799)+SUM(C5:C799))”。

设置单元格数字显示格式：百分比形式，保留两位小数。

（3）计算部门总人数。

选择当前工作表的单元格G15，在公式编辑栏中输入公式：

“=B1&"总人数："&SUM(H3: H8)&"人"”。

（4）计算部门平均工龄最大值。

工作表中平均工龄最大值列单元格中的内容包含有错误值“#N/A”，当函数MAX计算该列的最大值时将返回错误值“#N/A”，在计算过程中需要首先检验单元格中的数据是否为数值型，在计算公式中运用函数ISNUMBER检验单元格的数据是否为数值型。

知识链接

ISNUMBER函数说明

功能：判断引用的参数或指定单元格中的值是否为数值型，正确返回“TRUE”，否则返回“FALSE”。

语法：ISNUMBER(value)

函数参数：

- value：必需项，待检验的内容。

选择当前工作表的单元格G16，在公式编辑栏中输入公式：

“=B1&M2&":"&MAX(IF(ISNUMBER(M3),M3,0),IF(ISNUMBER(M4),M4,0),IF(ISNUMBER(M5),M5,0),IF(ISNUMBER(M6),M6,0),IF(ISNUMBER(M7),M7,0),IF(ISNUMBER(M8),M8,0))&"年"”。

公式说明：

在公式中，函数MAX的参数由6个IF函数的返回值组成，IF(ISNUMBER(M3),M3,0)是第一个参数。ISNUMBER（M3）作为函数IF的判断条件，当M3单元格的数据是数值型时则返回单元格数据，否则返回数值“0”，这样保证函数 MAX 正确运行。

（5）计算部门平均薪酬最大值。

在计算部门平均薪酬最大值的公式中运用了函数 TEXT，函数 TEXT 在前面的案例中已经介绍，附录中也有说明。

选择当前工作表的单元格 G17，在公式编辑栏中输入公式：

“=B1&L2&":"&TEXT(MAX(L3:L8),"#,###,###")&"元"”。

公式说明：

- 在公式中，函数 TEXT 的作用是将公式“MAX(L3:L8)”的返回值按照指定格式显示。
- 公式“TEXT(MAX(L3:L8),"#,###,###")”表示将第一个参数“MAX(L3:L8)”的计算结果转化为文本型数据并且按照第二个参数指定的格式显示。第二个参数"#,###,###"表示显示格式采用千分位显示，不显示小数位。

（6）计算部门总薪酬。

选择当前工作表的单元格 G18，在公式编辑栏中输入公式：

“=B1&I2&":"&TEXT(SUM(I3:I8),"#,###,###")&"元"”。

四、运用切片器功能制作动态统计图表

动态统计图表的数据源于工作表“薪酬分布”“工龄分布”“平均薪酬工龄”中多个数据透视表里的数据，在各个数据透视表中设置报表筛选项选值可以使数据透视表呈现不同的数据，从而使图表展现不同的统计数据图，但分别设置多个数据透视表的报表筛选项既不直观也不方便，在统计图表中插入切片器能够方便、快速地控制位于不同工作表中的多个数据透视表的报表筛选项，使统计图表能够动态展示被选择的数据。

知识链接

切片器概念介绍

切片器是 Excel 2010 版本中新增加的功能。切片器是一个可视化的筛选工具，是数据透视表和数据透视图功能的延伸和补充，利用它可以以一种直观的交互方式快速筛选数据透视表或数据透视图中的数据。

切片器将数据透视表或数据透视图中的每个字段单独创建为一个选取器，然后在不同的选取器中对字段进行筛选，完成与数据透视表字段中的筛选按钮相同的功能，但是切片器使用起来更加方便灵活。另外，创建的切片器可以应用到多个数据透视表中，或在当前数据透视表中使用其他数据透视表中创建的切片器，不用切换工作表进行筛选操作。

可以为切片器设置显示格式以适应整个工作簿的格式。

在工作表中插入、设置切片器的方法如下：

新建工作表并将其命名为“统计图表”，在该工作表中将制作动态统计图表，运用切片器控制统计图表的数据源。

1. 插入切片器

在工作表“薪酬分布”中插入切片器。

在工作表数据透视表数据区域中选择任意单元格，点击“数据透视表工具/选项”菜单，在“排序和筛选”分组中单击“插入切片器”按钮，在弹出的菜单中点击“插入切片器(I)…”选项。

选择、点击“插入切片器”按钮及菜单如图 5－15 所示。

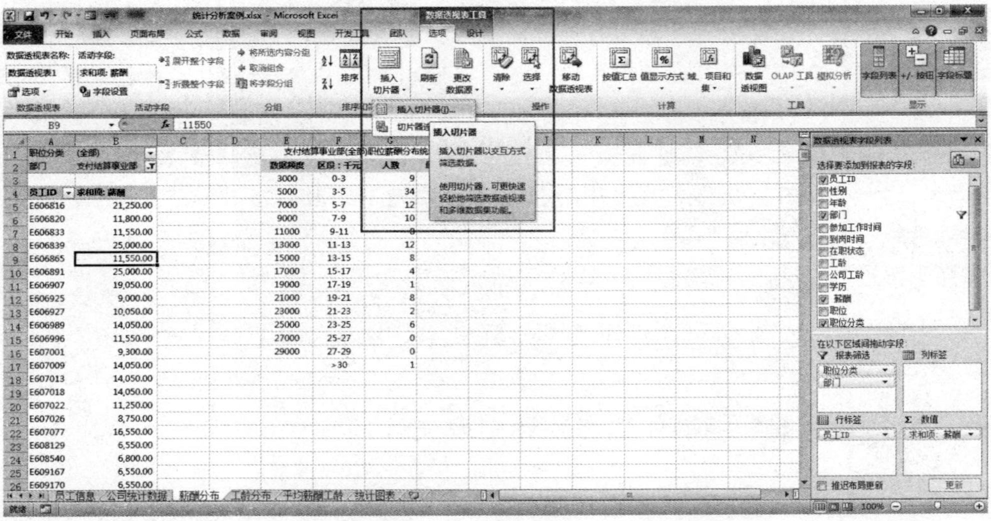

图 5－15　插入切片器按钮

插入切片器的对话框如图 5－16 所示，在对话框中列出了数据透视表数据源的所有标题字段名称。

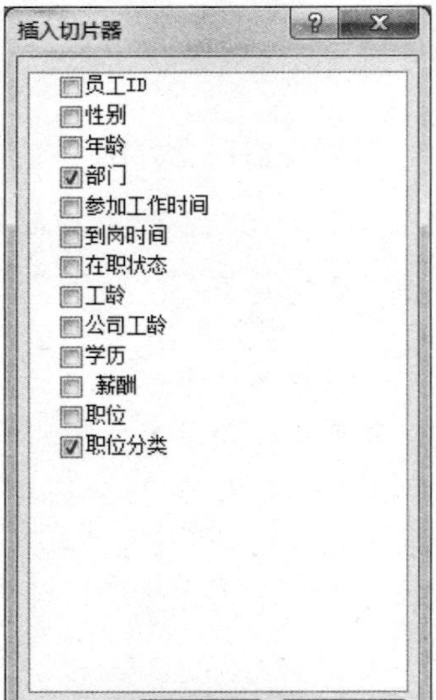

图 5－16　插入切片器对话框

在插入切片器的对话框中，选择字段“部门”和“职位分类”，单击“确定”按钮关闭对话框，在当前工作表中插入“部门”和“职位分类”两个字段的切片器，如图 5-17 所示。

图 5-17 部门和职位分类两个字段的切片器

备注：

插入部门和职位分类两个字段的切片器后将其剪切到工作表“统计图表”中。

2. 设置切片器数据透视表连接属性

部门字段的切片器在数据透视表“薪酬分布”中建立，因此切片器默认数据源即为数据透视表“薪酬分布”。在切片器的连接属性中可以设置连接多数据透视表，从而可以访问多个数据源，设置方式如下。

选择部门字段的切片器，点击鼠标右键，在右键菜单中选择最后一项“数据透视表连接(I)…”，打开“数据透视表连接（请选择部门）”设置窗口，在对话窗口中以列表形式显示当前工作簿中已经创建的数据透视表，如图 5-18 所示。

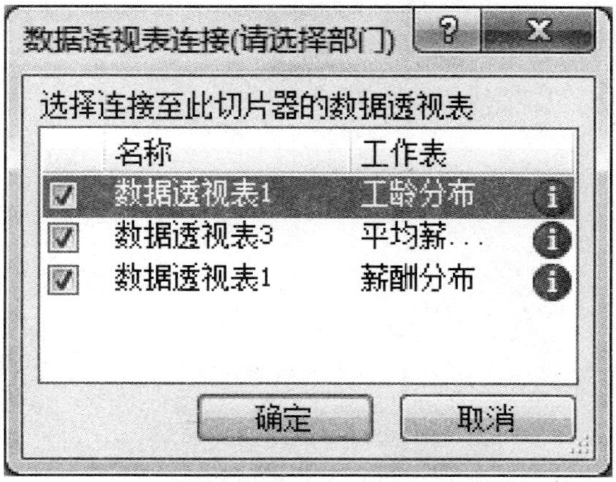

图 5-18 切片器数据透视表连接设置窗口

在窗口中点击选择切片器需要连接的数据透视表，点击“确定”按钮关闭窗口。

3. 设置切片器格式

（1）修改切片器显示名称。

选择部门字段切片器，点击鼠标右键，在右键菜单中选择最后一个选项“切片器设置(E)…”，在“切片器设置”窗口“页眉”分组“标题(C)”项后的文本框中将该切片器的标题名称修改为“请选择部门”，设置窗口如图 5－19 所示。

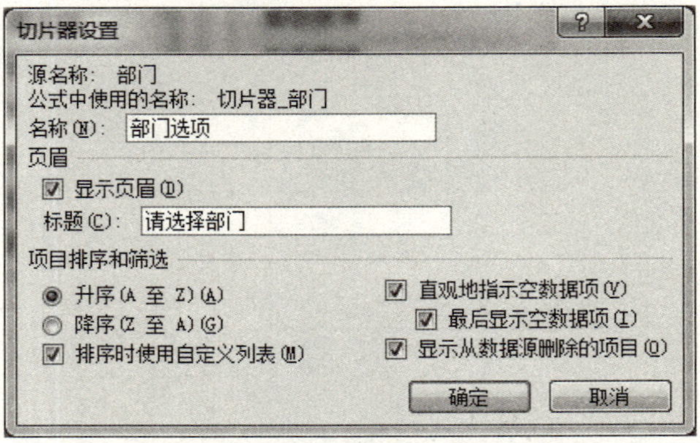

图 5－19　切片器设置窗口修改显示名称

（2）设置切片器样式。

切片器中的字体格式、字体颜色、填充样式等属性不能直接通过“开始”菜单中的命令按钮设置，必须通过“切片器工具/选项”中的“切片器样式”设置。

Excel 软件中预置了许多切片器样式，预置样式主要区别在于配色方案，预置样式如图 5－20 所示。

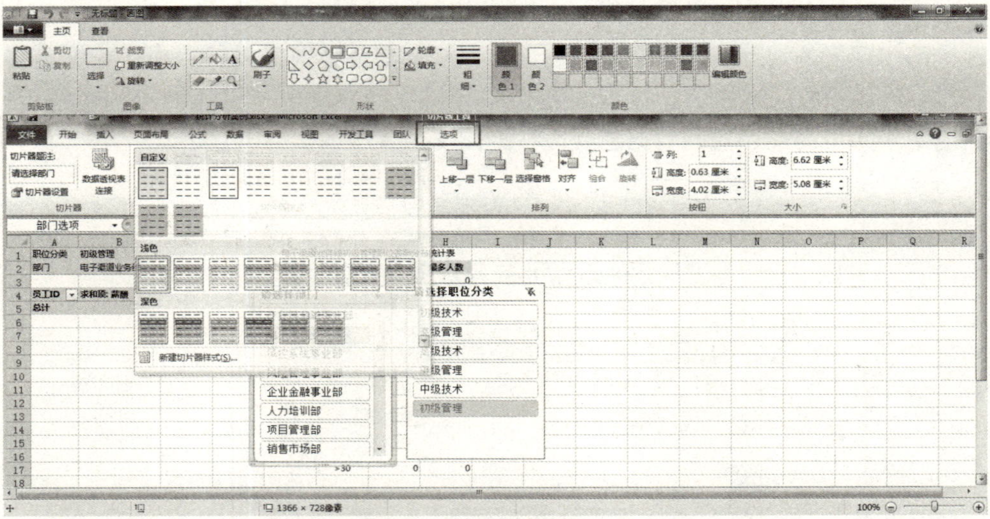

图 5－20　切片器预置样式

用户无法直接修改切片器预置样式，如果需要设置个性化的切片器样式，则必须通过自定义样式实现。用户可以通过复制预置样式而创建自定义的样式，也可以从空白样式开始创建新的自定义样式而最终形成自己的切片器样式。

下面介绍运用复制预置样式而创建自定义样式的方法。

1）复制切片器样式。

在本案例中以“切片器样式浅色 2”样式为基础，复制、创建自定义切片器样式。

选择部门字段切片器，点击“切片器工具/选项”菜单，用鼠标右键点击“切片器样式”分组中样式“切片器样式浅色 2”，在右键菜单中选择“复制(C)”选项，选择菜单如图 5-21 所示。

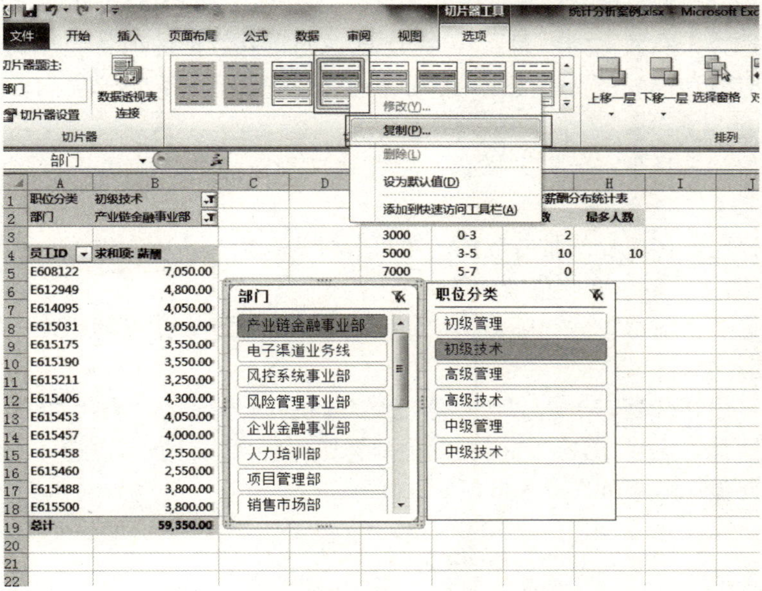

图 5-21 复制切片器样式选项菜单

选择复制选项后打开“修改切片器快速样式”对话窗口，如图 5-22 所示。

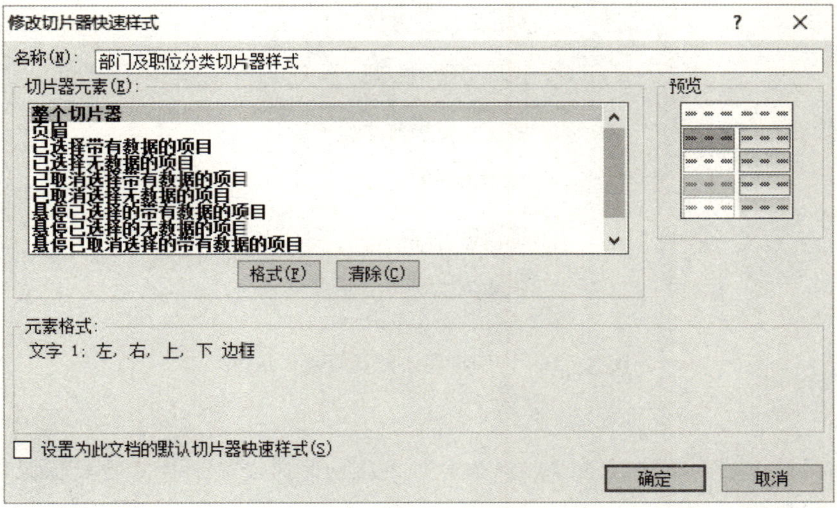

图 5-22 复制并命名切片器样式

在对话窗口“名称(N):”项目后的文本框中输入新样式名称“部门及职位分类切片器样式”。

在对话窗口“切片器元素(E)”下的列表区域选择需要修改的切片器元素，点击“格式(F)”按钮，设置该切片器元素的“字体”“边框”“填充”等属性。

本案例自定义切片器元素格式属性如下：

设置“整个切片器”元素样式：字体选项为字体“微软雅黑”、字号“10”；边框选项为“无边框”；填充选项为选择色板的第二行第一列即“白色 背景1 深色5%”。

设置切片器“页眉”样式：字体选项为字形“加粗”、颜色“深红”。

设置“已选择带有数据的项目”“悬停已选择的带有数据的项目”样式：字体选项为字形“加粗”、颜色“深红”；填充选项为选择色板的第二行第五列即“蓝色 强调文字颜色1 背景1 淡色80%”。

设置“已取消选择带有数据”样式：填充选项为选择色板的第一行第一列即“蓝色 白色 背景”。

设置“悬停已取消选择的带有数据的项目”样式：填充选项为选择色板的第一行第六列即“红色 强调文字颜色2 淡色80%”。

设置完成后点击窗口下方“确定”按钮关闭窗口，创建自定义的切片器样式。

2）应用切片器样式。

选择部门字段切片器，点击“切片器工具/选项”菜单，在“切片器样式”分组“自定义”区域内选择自定义样式“部门及职位分类切片器样式”为当前选择的切片器设置样式，切片器最终显示效果如图5-23所示。

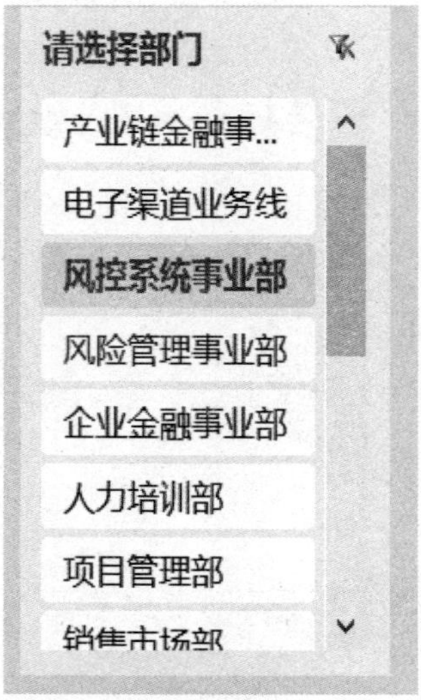

图5-23 部门字段切片器最终显示效果

备注：

按照相同的方法和要求设置“职位分类”字段切片器，该切片器的数据源不包括数据透视表“平均薪酬工龄”。

切片器制作完成后将其剪切、拷贝到工作表“统计图表”中。

五、制作图表展示统计数据

知识链接

Excel 软件图表介绍

在 Excel 软件中，图表是指将工作表中的数据用图形表示出来，是数据的一种可视化表示形式。通过使用类似柱形或折线这样的元素，按照图形格式显示系列数值数据。

图表的图形格式可让用户更容易理解大量数据中不同数据系列之间的关系。图表还可以显示数据的全貌，以便分析数据并找出重要趋势。

当基于工作表选定区域建立图表时，Excel 软件使用来自工作表的数据，并将其当作数据点在图表上显示，数据点用条形、线条、柱形、切片、点及其他形状表示，这些形状称作数据标示。

在建立图表的过程中，默认情况下仅显示其中一部分图表元素，而其他图表元素可以根据需要添加，可以通过增加图表项，如数据标记、图例、标题、文字、趋势线、误差线及网格线来美化图表及强调某些信息。大多数图表元素均可被移动、调整大小或者更改格式，也可以用图案、颜色、对齐、字体及其他格式属性来设置这些图表元素的格式，还可以删除不希望显示的图表元素。

图表中包含许多图表元素，图 5－24 展示了主要的图表元素。

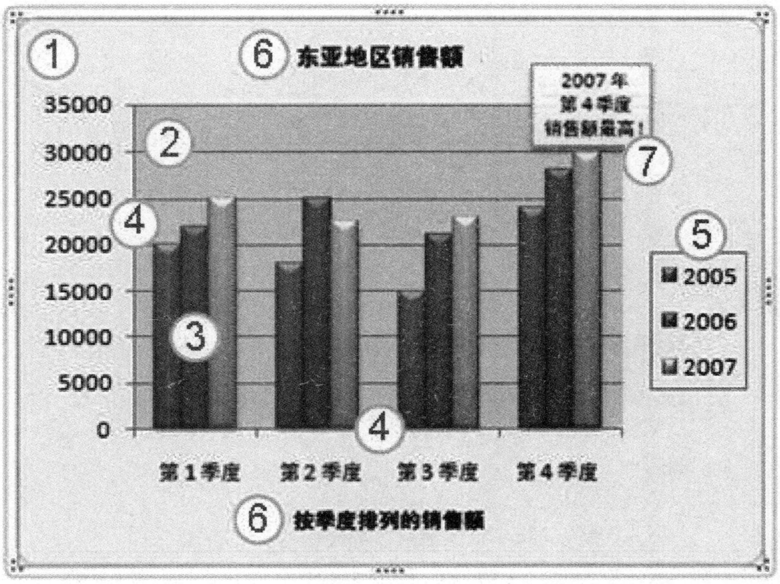

图 5－24 图表元素及说明

图表元素说明：

- 标注 1：图表的图表区，包含整个图表及其全部元素。
- 标注 2：图表的绘图区。在二维或三维图表中，是指通过坐标轴来界定的区域，包括所有数据系列、分类名、刻度线标志和坐标轴标题。

● 标注 3：在图表中绘制的数据系列（在图表中绘制的相关数据点，这些数据源自数据表的行或列。图表中的每个数据系列具有唯一的颜色或图案并且在图表的图例中表示。可以在图表中绘制一个或多个数据系列，但是饼图只有一个数据系列）的数据点（在图表中绘制的单个值，这些值由条形、柱形、折线、饼图或圆环图的扇面、圆点和其他被称为数据标记的图形表示。相同颜色的数据标记组成一个数据系列）。

● 标注 4：横（分类）和纵（值）坐标轴（界定图表绘图区的线条，用作度量的参照框架。Y 轴通常为垂直坐标轴并包含数据，X 轴通常为水平轴并包含分类），数据沿着横坐标轴和纵坐标轴绘制在图表中。

● 标注 5：图表的图例（图例是一个方框，用于标识图表中的数据系列或分类指定的图案或颜色）。

● 标注 6：图表标题（图表标题是说明性的文本，是图表内容的说明，可以自动与坐标轴对齐或在图表顶部居中）。

● 标注 7：用来标识数据系列中数据点详细信息的数据标签（为数据标记提供附加信息的标签，数据标签代表源于数据表单元格的单个数据点或值）。

下面以工作表“薪酬分布”中的数据作为数据源建立图表。

1. 制作平均薪酬区间人数分布统计图

平均薪酬区间人数分布统计图最终效果如图 5－25 所示，制作统计图的步骤和方法如下。

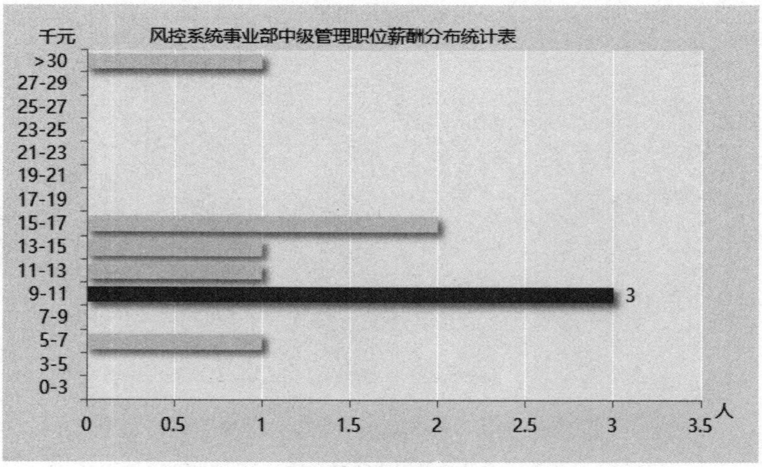

图 5－25 平均薪酬区间人数分布统计图

（1）插入空白图表。

选择工作表“薪酬分布”中的任意空单元格。点击“插入”菜单，在“图表”快捷按钮分组中点击按钮“条形图”，在“条形图”下拉菜单的“二维条形图”中选择“簇状条形图”插入空白图表。插入空白图表的选择菜单如图 5－26 所示。

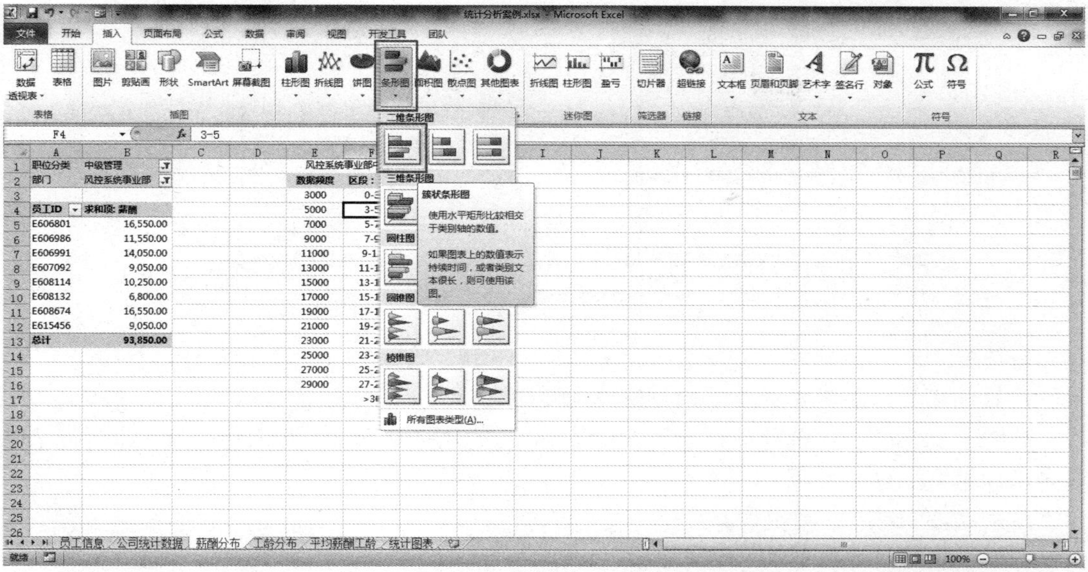

图 5－26　插入簇状条形图的菜单

（2）为图表选择数据源。

插入空白簇状条形图表后，点击“图表工具/设计”菜单，在“数据”快捷分组中点击“选择数据按钮”，打开图表“选择数据源”对话窗口，如图 5－27 所示。

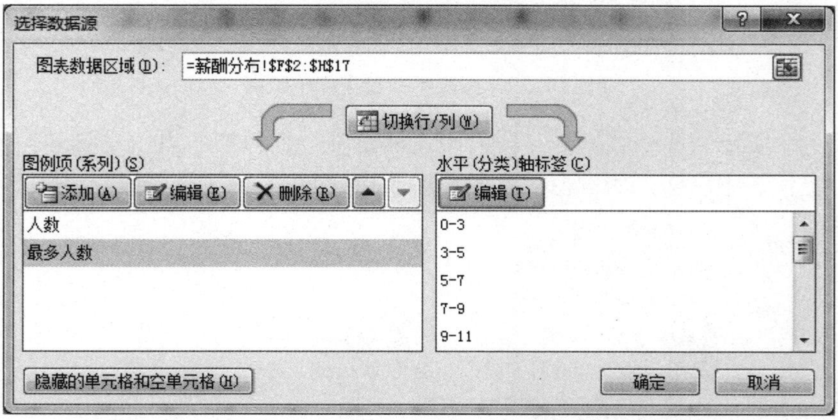

图 5－27　图表选择数据源窗口

在对话窗口中，“图例项（系列）(S)”指定在图表中需要显示的数据系列，在本案例的图表中需要显示“人数”和“最多人数”两个数据项。

点击“添加(A)”按钮，打开“编辑数据系列”窗口，如图 5－28 所示。在“系列名称(N):”中选择工作表“薪酬分布”的 G2 单元格（即“人数”列标题名称）。在“系列值(V):”中选择工作表“薪酬分布”的 G3 至 G17 单元格（即“人数”列的数据单元格区域）。设置窗口如图 5－28 所示。

选择数据后点击“确定”按钮，关闭当前对话窗口。

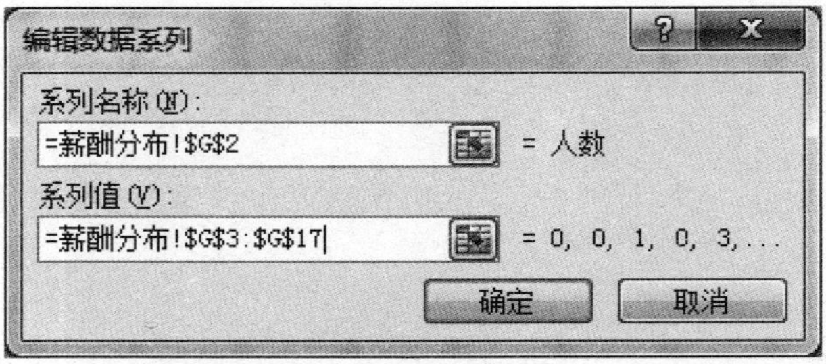

图 5－28　在图表中添加数据系列“人数”

备注：

按照相同的方法添加数据系列“最多人数”。

在图 5－27 所示“选择数据源”对话窗口中，“水平（分类）轴标签(C)”指定图表中纵向坐标轴（Y 轴）数据。

点击“编辑(T)”按钮打开“轴标签”编辑窗口，如图 5－29 所示。本案例中图表纵向坐标轴为薪酬分布区间段，即工作表“薪酬分布”的 F3 至 F17 单元格区域。选择数据后点击“确定”按钮，关闭当前对话窗口。

图 5－29　图表中指定坐标轴数据

在图 5－27 所示“选择数据源”窗口中正确设置数据源后，点击“确定”按钮关闭对话窗口，为工作表中已插入的空白簇状条形图表增加数据源，显示效果如图 5－30 所示。

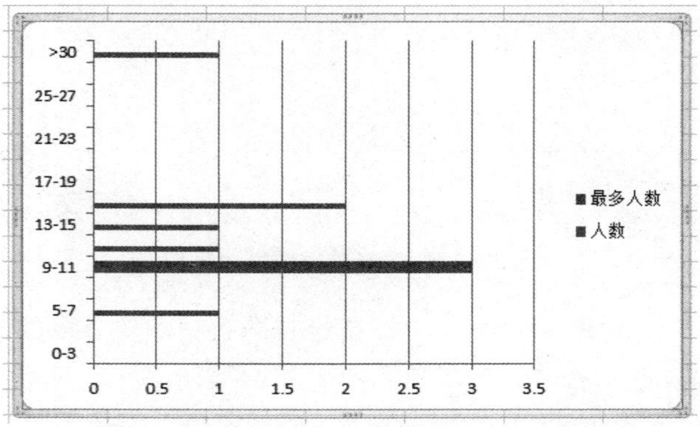

图 5－30　平均薪酬区间人数分布统计图

说明：

在平均薪酬区间人数分布统计的最终样例图中，横坐标代表平均薪酬分布的人数，纵坐标代表平均薪酬划分区间。图例区说明：蓝色数据条代表“人数”，红色数据条代表“最多人数”。

（3）设置图表属性。

1）设置图表文字格式。

选择图表，点击“开始”菜单，运用“字体”分组中的按钮设置文字。

本案例图表文字样式属性：字体为“微软雅黑”，字号为“8”，字形为“常规”。

2）设置图表区填充颜色及边框。

点击选择图表区，点击鼠标右键，在右键菜单中选择“设置图表区格式(F)…”，如图 5－31 所示。

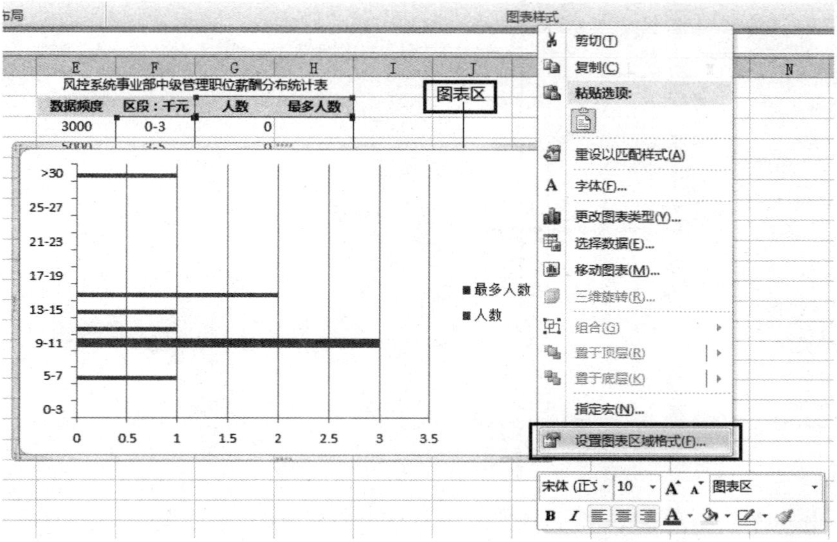

图 5－31　设置图表区边框菜单

本案例图表区样式属性：填充颜色为“无填充”，边框颜色为“无线条”。

3）设置图表绘图区背景。

点击选择图表中的数据区域，点击鼠标右键，在右键菜单中选择“设置绘图区格式(F)…”，如图 5－32 所示。

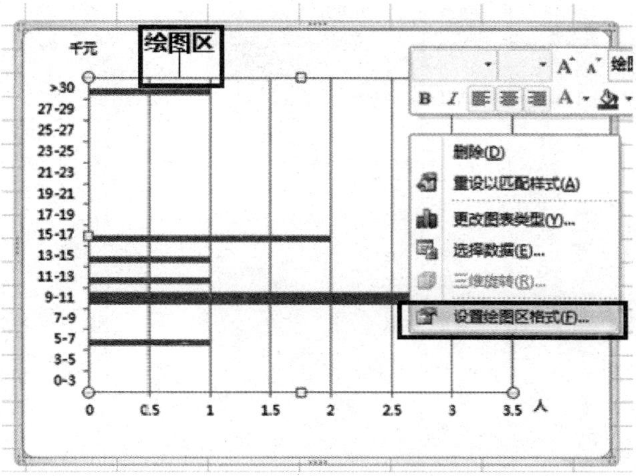

图 5－32　设置绘图区格式菜单

本案例中绘表区样式属性：填充为“纯色填充”，填充颜色为“橄榄色 强调文字颜色 3 淡色 80%”。

4）设置图表标题。

点击选择图表，选择“图表工具/布局”菜单，在“标签”分组中选择“图表标题”按钮，在弹出的菜单中选择“图表上方”选项插入图表标题，如图 5-33 所示。

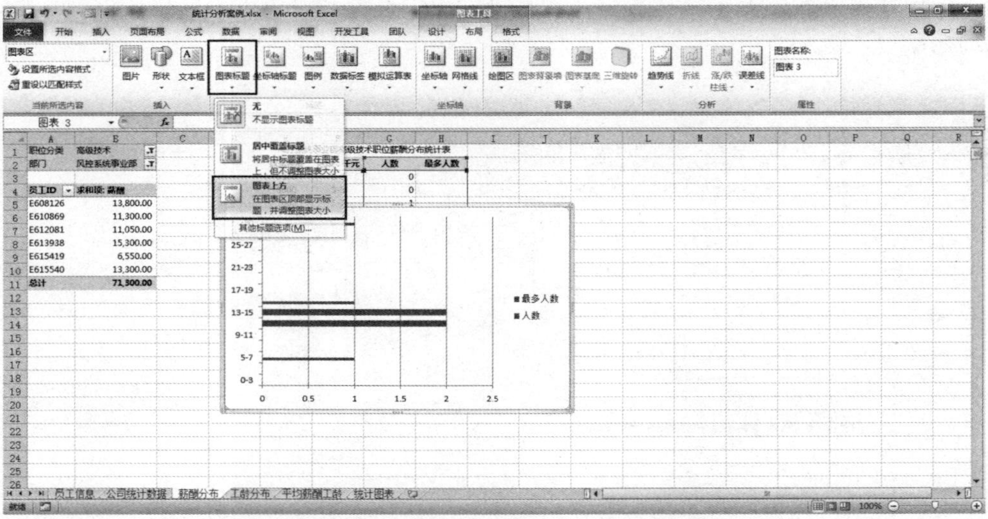

图 5-33 设置图表标题的菜单及按钮

在本案例中图表标题的内容不是固定不变的，需要随切片器选择的内容变化，工作表“薪酬分布”单元格 E1 的值体现了切片器选择的内容，因此将该单元格的值作为图表标题。设置动态图表标题的方法如下：

选择已经插入的图表标题，在公式编辑栏中输入公式：“=薪酬分布！$E$1”，设置效果如图 5-34 所示。

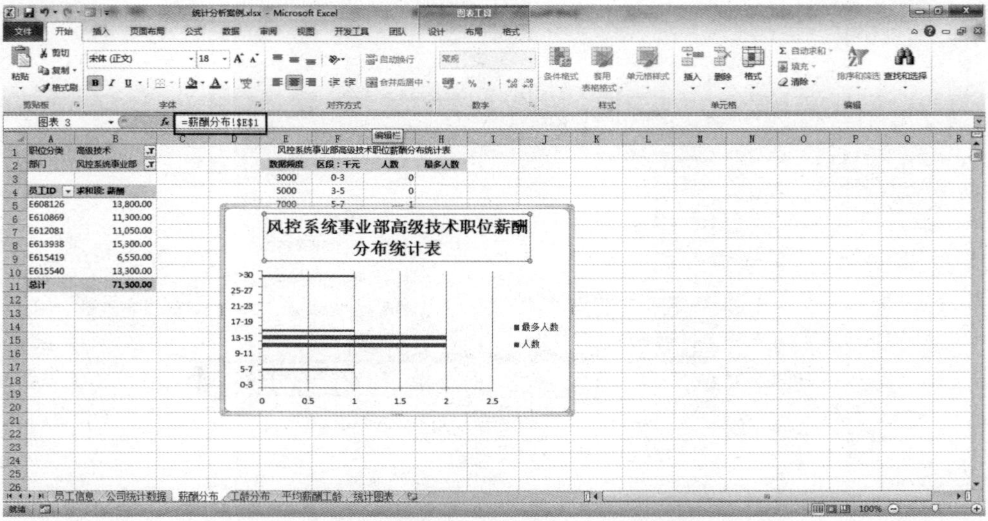

图 5-34 设置动态图表标题

本案例图表标题文字属性：字体为“微软雅黑”，字号为“8”，字形为“常规”，将图表标题移动到恰当位置。

5）设置图表坐标轴标题。

点击选择图表，点击“图表工具/布局”菜单，在“标签”分组中选择“坐标轴标题”按钮，在弹出的菜单中选择“主要横坐标轴标题（H）”设置图表横坐标轴标题，在随后弹出的下级菜单中选择“坐标轴下方标题”插入横坐标轴标题，将横坐标轴标题文字修改为“人”，操作菜单如图 5－35 所示。

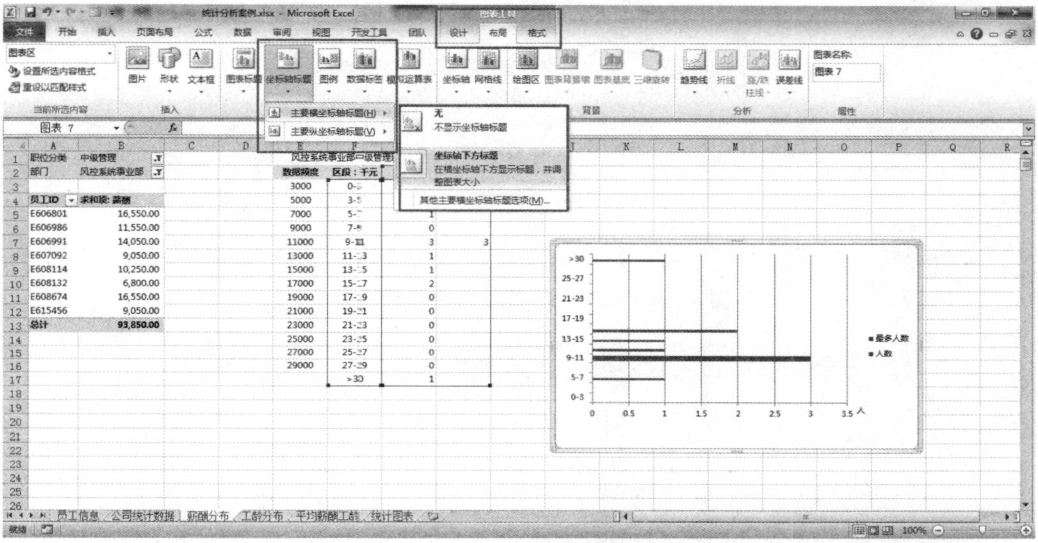

图 5－35　设置图表坐标轴标题按钮及菜单

本案例坐标轴标题文字属性：字体为“微软雅黑”，字号为“8”，字形为“常规”，将标题移动到恰当位置。

备注：

按照相似的方法设置图表纵坐标轴标题。纵坐标轴标题选择“横排标题”，纵坐标轴标题文字为“千元”。

6）设置图表网格线。

图表的网格线是数据的刻度线或查询的辅助线。

点击选择图表，点击“图表工具/布局”菜单，在“坐标轴”分组中选择“网格线”按钮，在弹出的菜单中选择“主要纵网格线(V)”中，在随后弹出的下级菜单中选择“其他主要网格纵线选项(M)…”，操作菜单如图 5－36 所示。

本案例主要网格线格式：线条颜色设为“白色”。

7）设置图表数据标签。

在图表数据区中选择红色（即最多人数）数据图形条。

点击选择“图表工具/布局”菜单，在“标签”分组中选择“数据标签”按钮，在弹出的菜单中选择“其他数据标签选项(M)…”，打开“设置数据标签格式”窗口，如图 5－37 所示。

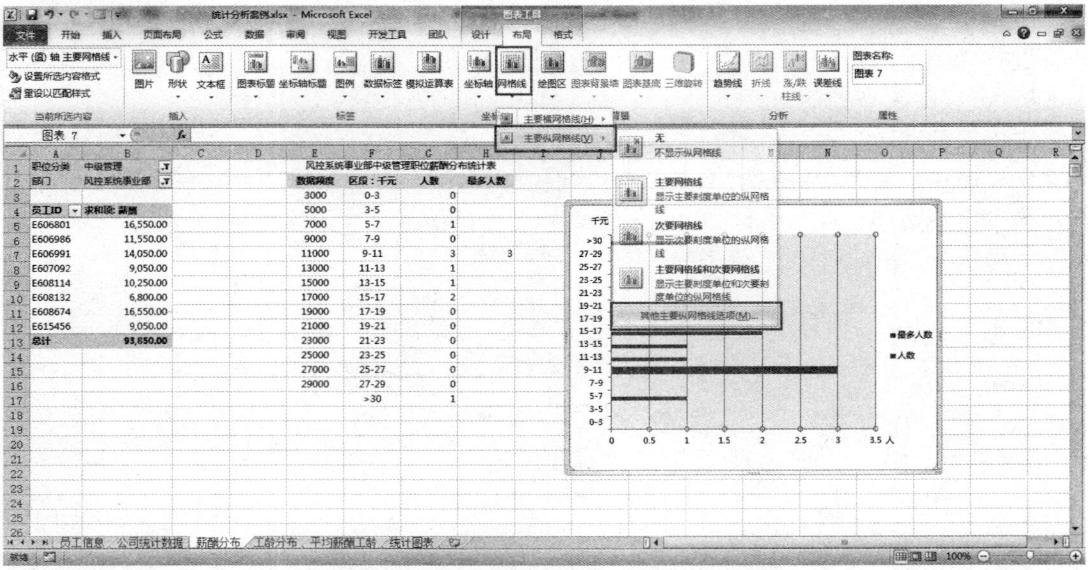

图 5-36　设置图表网格线的按钮及菜单

图 5-37　设置数据标签格式

在窗口左侧选择“标签选项”，在“标签选项”的“标签包括”分组选项中选择“值(V)”选项，在“标签位置”分组选项中选择“数据标签外(O)”选项。

按照上述方法添加数据标签后的效果如图 5-38 所示。

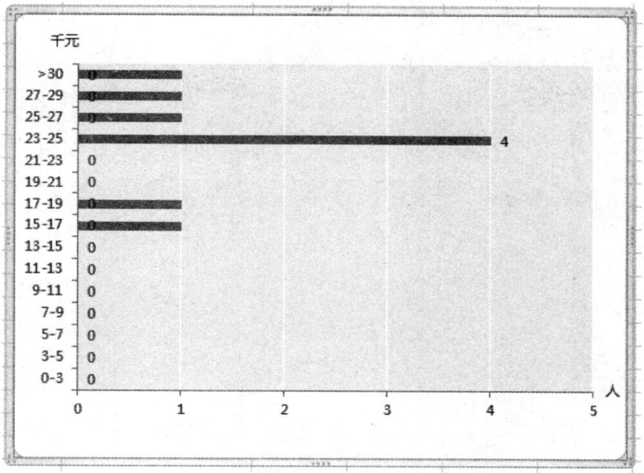

图 5－38 在图表中添加数据标签

因为在数据源中“最多人数”列仅有一个单元格（即最大值对应的单元格）有数据值，其余单元格值为空，在图表中单元格值为空的数据标签均显示为零。在本案例图表中仅仅需要显示“最多人数”不为空的数据标签即可，其他为空或零的数据标签不需要显示，为了解决这个问题需要修改数据标签中的数字显示格式属性。

在“设置数据标签格式”窗口中，选择左侧“数字”选项，在右侧“类别（C）”下面的选项列表中选择“自定义”选项，在“类型”下面的选项列表中选择“#,###;;”。

数据标签数字显示格式设置窗口如图 5－39 所示。

图 5－39 设置数据标签格式中数字显示格式

8）设置人数数据系列的显示格式。

为蓝色数据图形条（即人数数据系列）设置填充和阴影属性，美化显示效果。

在图表数据区中选择蓝色图形条。点击鼠标右键，在右键菜单中选择最后一项“设置数据系列格式(F)”，打开“设置数据系列格式”窗口，如图 5－40 所示。

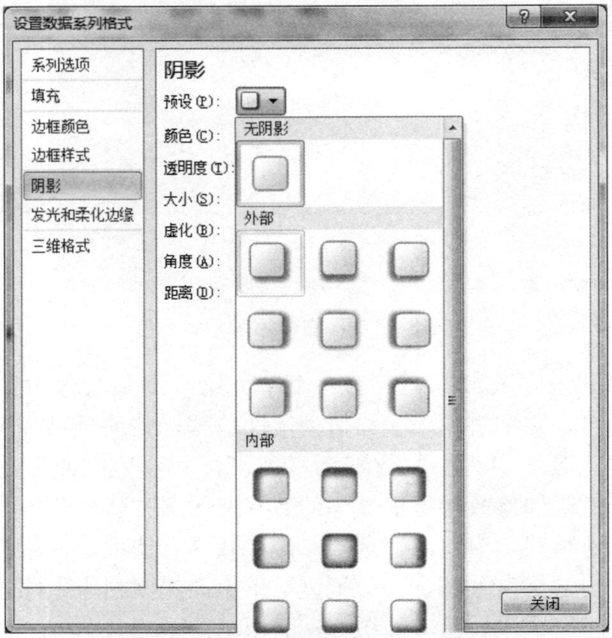

图 5－40　设置数据系列的阴影选项

在对话窗口左侧选择“填充”选项，设置填充属性为“纯色填充”，填充颜色为“白色 背景 1 深色 15%”。

在对话窗口左侧选择“阴影”选项，在右侧“阴影”属性设置区中，点击“预设（P）”，在弹出的菜单中选择“外部”中的第一种样式，即“右下斜偏移”。设置完毕后关闭窗口。

9）调整最多人数数据系列（红色数据条）显示位置与人数数据系列（蓝色数据条）显示位置重合。

本数据图表示各平均薪酬区间人数分布统计，最多人数数据系列（红色数据条代表的数据，仅有一条红色数据标识）表示某个薪酬区间人数最多，其数值与该薪酬区间的人数（蓝色数据条代表的数据）相等，将二者重合显示并且用红色数据条覆盖蓝色数据条可以醒目显示该薪酬区间人数最多，其实现方法如下：

在图表数据区中选择最多人数数据系列（即红色数据图形条），点击鼠标右键，在右键菜单中选择最后一项“设置数据系列格式（F）”，打开“设置数据系列格式”对话窗口，如图 5－41 所示。

在对话窗口左侧选择第一项“系列选项”。

在对话窗口右侧“系列选项”区域中调整“系列重叠(O)”属性值，用鼠标拖动滑块至最右侧“重叠型”。此操作的作用是令“最多人数”和“人数”两个数据系列重叠显示。

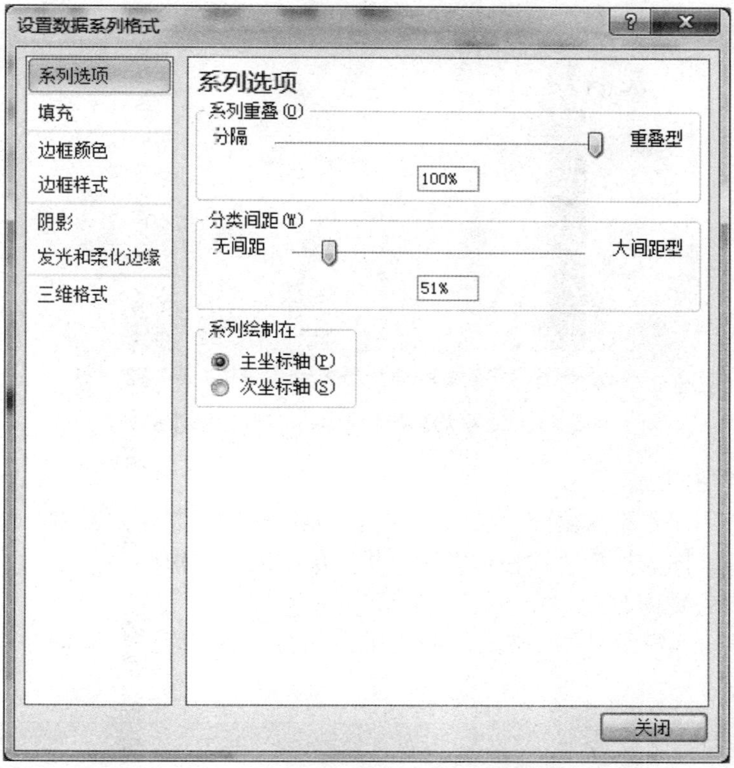

图 5－41　设置数据系列格式对话窗口

在对话窗口右侧“系列选项”区域中调整“分类间距(W)”属性值，将数值设置为“51%”，修改数据系列之间的距离。设置完成后点击“关闭”按钮关闭对话窗口。

10）隐藏图表图例。

在本案例的图表中不必显示图例，隐藏图例后可有更多空间显示图表内容，隐藏图例方法如下：

点击选择图表，点击“图表工具/布局”菜单，在“标签”分组中选择“图例”按钮，在弹出的菜单中选择“无”选项，即可隐藏图例。调整绘图区大小使之充满整个图表区。

备注：

运用同样的方法制作“工龄分布”统计图表。

图表制作完成后将所有图表剪切、拷贝到工作表“统计图表”中。

2. 制作平均薪酬和平均工龄分布统计图

平均薪酬和平均工龄分布统计图最终效果如图 5－42 所示。

在数据图中需要表现四组数据，即不同部门和职位分类的平均薪酬分布、平均薪酬最大值、平均工龄分布和平均工龄最大值。在数据图中横坐标为“职位分类”。纵坐标有两个：左侧坐标轴是平均薪酬，作为主坐标轴；右侧坐标轴是平均工龄，作为次坐标轴。这种数据图称为两轴线柱状图。

两轴线柱状图的制作方法如下。

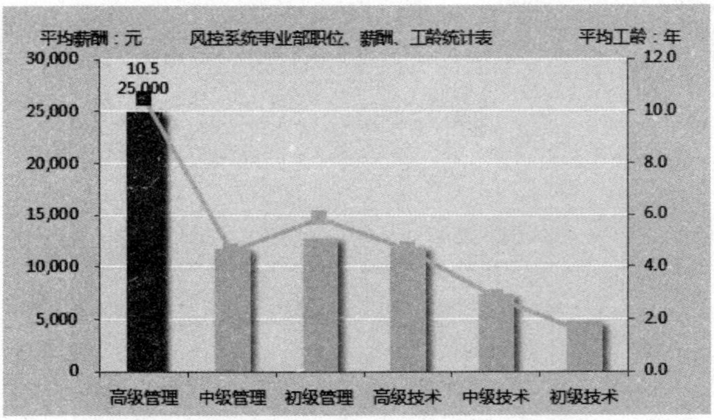

图 5-42 平均薪酬和平均工龄分布统计图

（1）插入空白图表。

点击选择工作表“平均薪酬工龄”的空白单元格，按照制作“薪酬分布”统计图的方法插入空白图表，图表类型为“柱形图”分类中的“簇状柱形图”。

（2）设置图表数据源。

参考“薪酬分布”统计图中选择数据源的方法为空白图表选择数据源，操作窗口如图 5-43 所示。

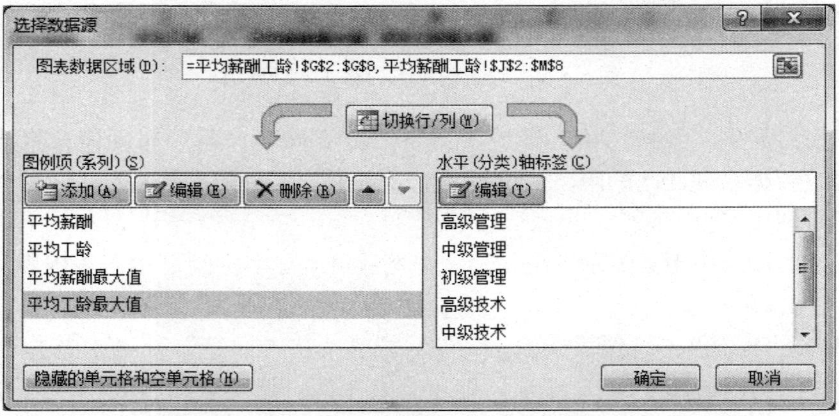

图 5-43 平均薪酬和平均工龄分布统计图选择数据源

在窗口中添加“平均薪酬”“平均薪酬最大值”“平均工龄”“平均工龄最大值”四个列的数据作为“图例项（系列）(S)”。

在窗口中选择“职位分类”数据作为“水平（分类）轴标签(C)”。

数据源参数选择见图 5-43。

（3）调整绘图区大小。

为图表设置数据源后，数据将按照图例形式在图表中显示。在本图表中因为“平均薪酬”和“平均薪酬最大值”（以千为单位）与“平均工龄”和“平均工龄最大值”（以个位为单位）两者数据值差别较大，造成“平均工龄”和“平均工龄最大值”数据系列在绘图区中几乎无法显示，为了显示这两个系列数据需要增加图表区高度直到能够显示其数据系列标志（仅显示出来即可），调整后效果如图 5－44 所示。

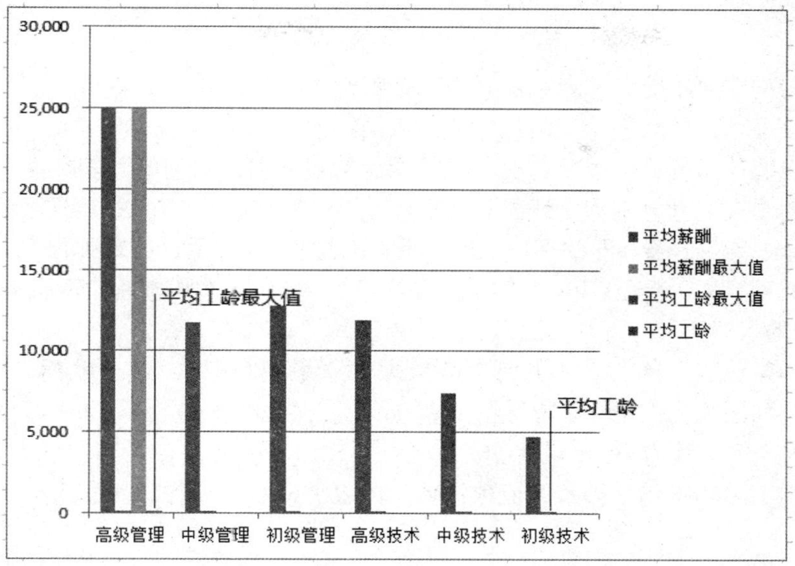

图 5－44　调整图表区高度的显示效果

（4）设置图表两个坐标轴及其属性。

点击选择紫色图形条，即“平均工龄最大值”系列数据，点击鼠标右键弹出右键菜单，选择“设置数据系列格式(F)”打开“设置数据系列格式”对话窗口，如图 5－45 所示。

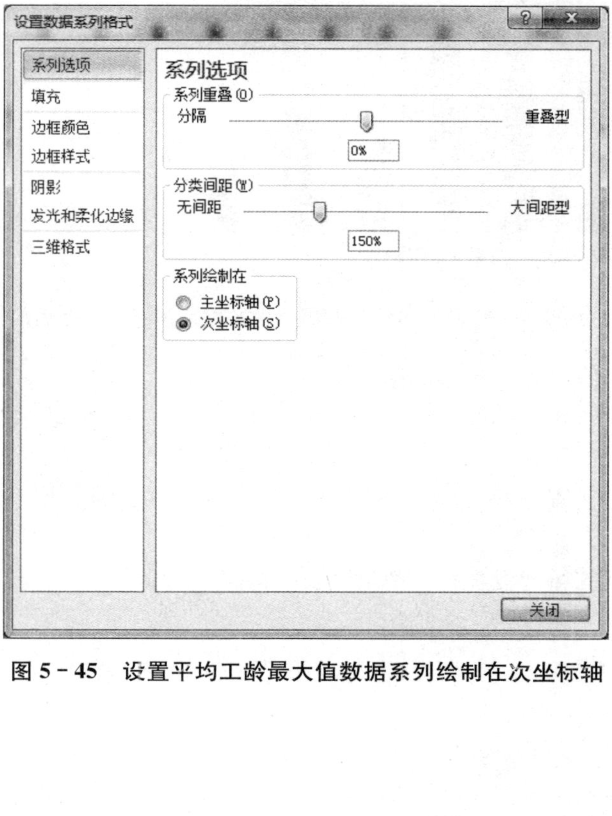

图 5－45　设置平均工龄最大值数据系列绘制在次坐标轴

在对话窗口左侧选择第一项“系列选项”，在右侧区域下方设置“系列绘制在”属性的值为“次坐标轴”。

备注：

同理设置“平均工龄”系列数据（即红色图形条）绘制在次坐标轴。

（5）更改平均工龄和平均工龄最大值图表类型。

为了增强统计图的显示效果，在本案例中保持薪酬数据系列的图表类型不变，修改工龄数据系列的图表类型分别为折线图和散点图。

点击选择红色图形条（即“平均工龄”系列数据），点击鼠标右键弹出菜单，选择“更改系列图表类型(Y)”选项，在“更改图表类型”对话窗口中选择“折线图”分类中的“带数据标记的折线图”。

点击选择紫色图形条（即“平均工龄最大值”系列数据），点击鼠标右键弹出菜单，选择“更改系列图表类型(Y)”选项，在“更改图表类型”的对话窗口中选择“X Y 散点图”分类中的“仅带数据标记的散点图”。

更改平均工龄和平均工龄最大值数据系列图表类型后图表样式如图 5－46 所示。

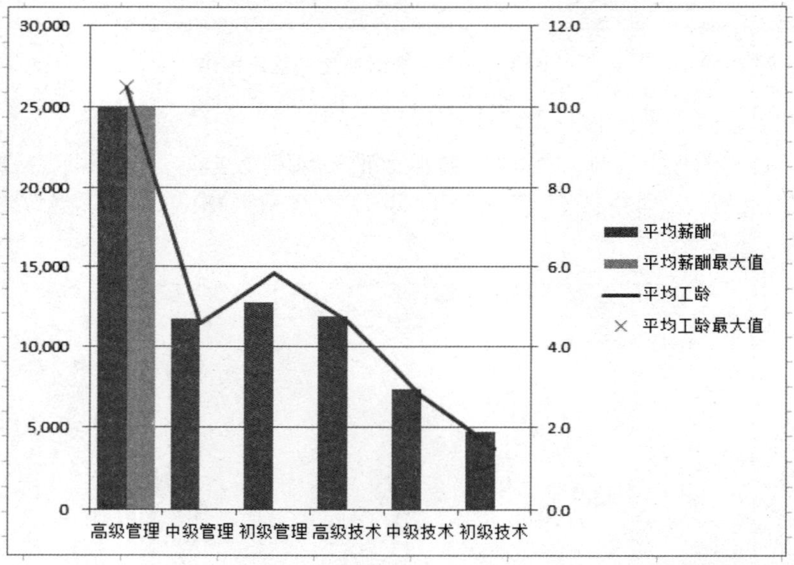

图 5－46 更改平均工龄和平均工龄最大值数据系列图表类型后的图表样式

（6）修改平均工龄最大值图形的数据标记。

在图 5－46 中，平均工龄最大值数据标记不明显，为了突出显示平均工龄最大值需要修改其数据标记。

双击平均工龄最大值的数据标记（即“×”），打开“设置数据系列格式”对话窗口，如图 5－47 所示。

在对话窗口左侧选择“数据标记选项”，在右侧“数据标记类型”属性区域中设置参数，属性值见图 5－47。

在对话窗口左侧点击“数据标记填充”选项，将数据标记填充颜色设为“深红色”，以突出显示数据。

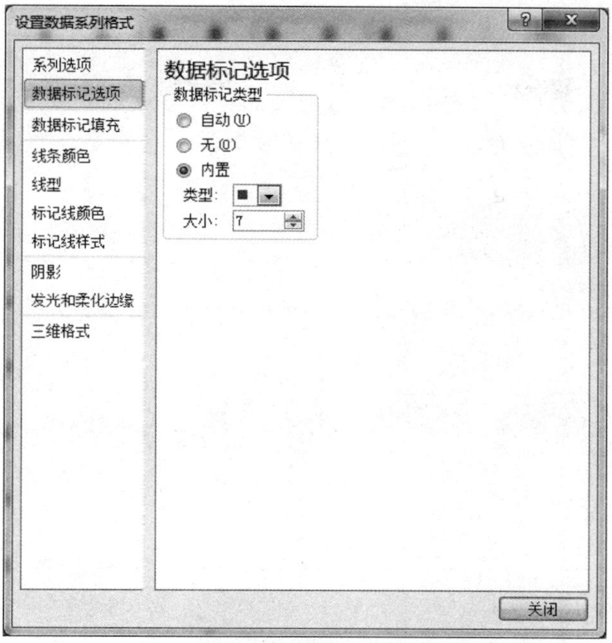

图 5-47 修改平均工龄最大值图形标记属性

(7) 将相关数据系列重叠显示。

按照制作“薪酬分布”统计图中介绍的方法重叠显示平均薪酬和平均薪酬最大值两个数据系列，将平均薪酬最大值数据系列的填充颜色设置为“深红色”。

备注：

按照“薪酬分布”图表的设置要求修饰当前图表。

图表制作完成后将图表剪切、拷贝到工作表“统计图表”中。

3. 制作性别比例统计图

性别比例统计图的数据来源于工作表“平均薪酬工龄”统计数据的单元格 I13 和 I14，最终效果如图 5-48 所示。

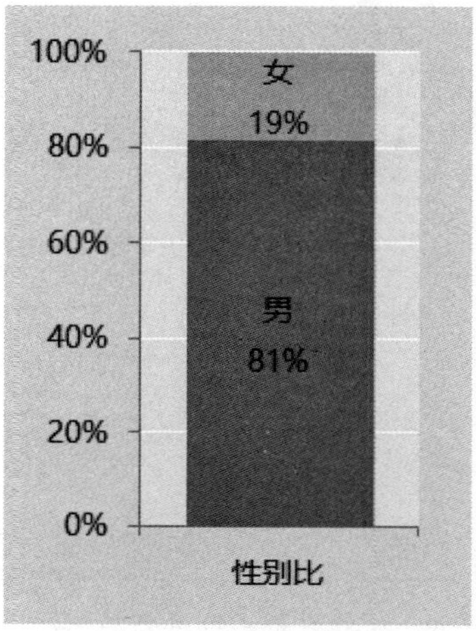

图 5-48 性别比例统计图

(1) 插入性别比例统计图并选择数据源。

点击选择工作表“平均薪酬工龄”的空白单元格，按照制作“薪酬分布”统计图的方法插入空白图表，图表类型为“柱形图”分类中的“百分比堆积柱形图”。

按照前面的方法与步骤为该空白图表选择数据源，选择数据源操作窗口如图 5-49 所示。

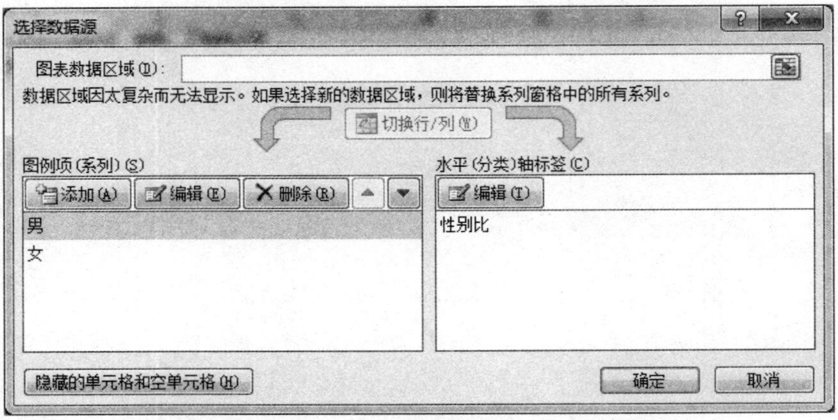

图 5-49 设置性别比例图表数据源

(2) 设置图形数据标签。

在性别比例图表中，为醒目提示数据标签代表的含义需要显示数据系列的名称，设置方法与“薪酬分布”的数据标签设置相似，仅增加设置“系列名称”的属性即可，设置操作窗口如图 5-50 所示。

图 5-50 设置性别数据系列数据标签格式

（3）设置图形坐标轴显示刻度。

性别比例统计图的纵坐标轴刻度默认间隔是10%，为了显示美观将其修改为间隔20%，设置方法如下。

选择图表纵坐标轴刻度，点击鼠标右键，在右键菜单中选择最后一项“设置坐标轴格式(F)”。在“设置坐标轴格式”窗口“坐标轴选项”中修改“主要刻度单位”的值为“0.2”，设置窗口如图5-51所示。

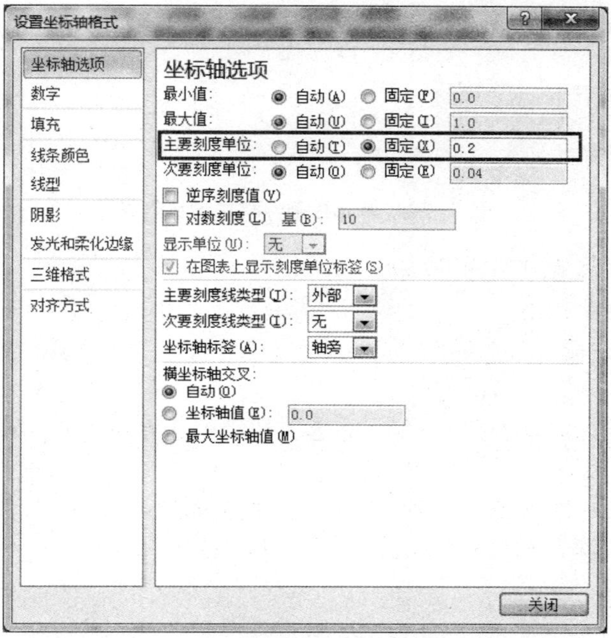

图5-51　设置坐标轴刻度

备注：

按照“薪酬分布”图表设置要求修饰当前图表。

图表制作完成后将图表剪切、拷贝到工作表“统计图表”中。

4. 运用条件格式功能在统计图中展现“平均薪酬工龄”工作表中职位分类、薪酬、工龄统计数据

（1）填充统计数据到“统计图表”工作表。

运用单元格相等的方法将工作表“平均薪酬工龄”中“职位分类”“平均薪酬”“平均工龄”“平均薪酬最大值”“平均工龄最大值”数据列的值输入至工作表“统计图表”适当位置的单元格中。

说明：

因为平均薪酬最大值列包含有错误值“#N/A”，为了在相应单元格中屏蔽错误值，在单元格中输入公式：“=IFERROR(平均薪酬工龄!M3,"")”。

设置单元格格式：字体为“微软雅黑”，字号为“8”，单元格水平和垂直对齐方式均为“居中对齐”。

设置平均薪酬、平均薪酬最大值数据格式保留两位小数，使用千分位分割。

设置平均工龄、平均工龄最大值数据格式保留一位小数。

(2) 运用单元格条件格式功能设置统计数据区域单元格格式。

单元格条件格式功能在前面的案例中多次使用，在此使用该功能的渐变填充方法设置单元格格式以动态显示统计数据区域的数据，最终显示效果如图 5－52 所示。

职位分类	平均薪酬	平均工龄	平均薪酬最大值	平均工龄最大值
高级管理	25,000.00	10.5	25,000.00	10.5
中级管理	11,731.25	4.6		
初级管理	12,750.00	5.9		
高级技术	11,883.33	4.6		
中级技术	7,320.83	2.8		
初级技术	4,724.00	1.5		

图 5－52　单元格条件格式设置效果

单元格条件格式设置方法如下：

选择平均薪酬列单元格，点击“开始”菜单，在“样式”分组中点击“条件格式”按钮，在下拉菜单中选择“数据条(D)”选项，在其下级菜单中选择“其他规则(M)…”选项，打开“新建格式规则”对话窗口。

在对话窗口“选择规则类型(S)”下的选项列表中选择第一项“基于各自值设置所有单元格的格式”。

在对话窗口“条形图外观”选项分区中设置相关属性：“填充(F)”选择“渐变填充”；“颜色(C)”选择“白色/背景 1 深色 15%”；“边框(R)”选择“无边框”，参数设置如图 5－53 所示。

图 5－53　运用单元格条件格式功能设置单元格渐变填充

备注：

按照相同的方法设置平均工龄列单元格条件格式，颜色为“深蓝 文字 2 淡色 60%”。

5. 在工作表“统计图表”中插入综合统计数据项

综合统计数据项的数据源于工作表“平均薪酬工龄”相关单元格区域，在统计图表中综合统计数据项最终显示效果如图 5－54 所示。

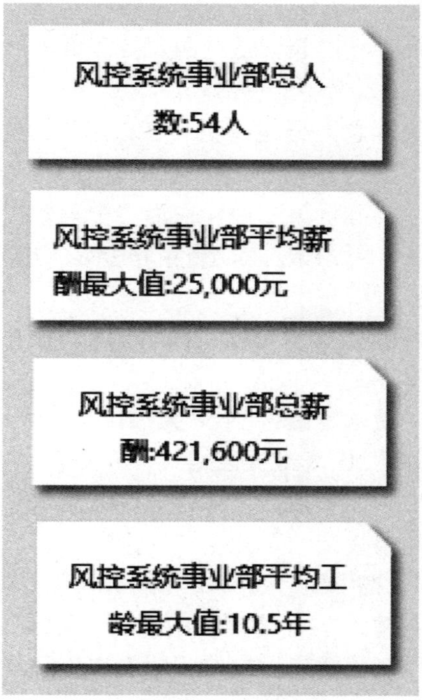

图 5－54　综合统计数据项

图中显示效果的实现方法是首先运用“形状”功能插入一个“形状”，然后设置其显示样式，最后在该形状中输入统计数据项，实现方法如下。

（1）插入形状。

点击菜单“插入”，在“插图”分组中选择“形状”按钮，在其下拉菜单“矩形”分组中选择“剪去单角的矩形”，在当前工作表适当位置插入矩形，按照样例调整大小。

（2）设置形状属性美化显示效果。

选择已插入的矩形，点击“绘图工具/格式”菜单，在“形状样式”分组中选择相应按钮，设置形状显示效果。

设置填充颜色：在“形状样式”分组中选择“形状填充”按钮，在色板“主题颜色”区域中选择第二行第一列即“白色、背景、深色 5%”。

设置阴影：在“形状样式”分组中选择“形状效果”按钮，在其下级菜单中选择“阴影”选项，为该矩形增加阴影，阴影为“外部”“右下角偏移”，删除矩形的边界轮廓。

（3）输入统计数据。

选择当前工作表中已插入的矩形，在公式编辑栏中输入公式：“＝平均薪酬工龄!G15”，在当前矩形中显示当前部门的名称和总人数。

修饰文字显示效果：字体为“微软雅黑”，字号为“8”，水平和垂直对齐方式均为“居中对齐”。

备注：

按相同的方法插入统计数据：部门总薪酬、部门平均薪酬最大值、部门平均工龄最大值。

6. 插入并修饰图表标题

在本图表中使用形状修饰美化图表标题，实现方法与上面插入综合统计数据项相同。

（1）插入图表标题形状。

图表标题的形状为“箭头汇总”分组中的“五边形”，插入位置在当前工作表第三行之上的空间。

设置图表标题形状样式：第五行第二列样式为“中等效果、蓝色、强调颜色 1”。

设置形状阴影：“外部”“右下角偏移”，删除五边形的边界轮廓。

（2）设置图表标题数据值。

选择当前工作表中已插入的“五边形”，在公式编辑栏中输入公式：“＝平均薪酬工龄!G1”，在五边形中显示图表标题。

修饰文字效果：字体为“微软雅黑”，字号为“12”，字形为“粗体”。

7. 设置工作表“统计图表”图表数据区格式

在工作表“统计图表”中图表及数据仅保存在 A1 至 S35 的单元格区域中，在工作表中仅显示这些单元格，隐藏非报表区的单元格将使图表更加简洁、美观，实现方式如下：

选择当前工作表第 36 行，按下组合键“Ctrl＋Shift”后再按下“↓”，选择第 36 行之后的所有数据行。点击鼠标右键，在右键菜单中选择“隐藏（H）”选项，被选中的单元格区域被隐藏而不可显示，呈灰色状态。按照相同的方法隐藏当前工作表第 S 列之后的所有数据列。

设置当前工作表 A1 至 S35 单元格区域的填充颜色为“蓝色 强调文字颜色 1 淡色 80%”。

经过上述操作步骤后即可制作一张美观、整洁的动态图表。

附录 A
本书函数列表

AND 函数

功能： 函数用于判断所有参数的计算结果是否为真，如果为真，返回“TRUE”；只要有一个参数的计算结果为假，即返回“FALSE”。

语法： AND(logical1, logical2, …)

函数参数：

- logical1：必需项。需要检验的条件。
- logical2：可选项。需要检验的条件。

AVERAGEIF 函数

功能： 返回某个区域内满足给定条件的所有单元格的平均值（算术平均值）。

语法： AVERAGEIF(range, criteria, average _ range)

函数参数：

- range：必需项。用于条件计算的一个或多个单元格，其中包含数字或包含数字的名称、数组或引用。
- criteria：必需项。形式为数字、表达式、单元格引用或文本的条件，以此参数为条件定义将计算平均值的单元格。
- average _ range：可选项。计算平均值的实际单元格区域。如果省略，则使用参数 range 指定的单元格区域计算平均值。

AVERAGEIFS 函数

功能： 返回满足多个条件的所有单元格的平均值（算术平均值）。

语法： AVERAGEIFS(average _ range, criteria _ range1, criteria1, criteria _ range2, criteria2, …)

函数参数：

- average _ range：必需项。要计算平均值的一个或多个单元格，其中包含数字或包含数字的名称、数组或引用。
- criteria _ range1、criteria _ range2 等，其中 criteria _ range1 是必需项，后续 criteria _ range 是可选项。在其中计算关联条件的 1 至 127 个区域。
- criteria1、criteria2 等其中 criteria1 是必需项，后续 criteria 是可选项。形式为数字、表达式、单元格引用或文本的 1 至 127 个条件，用来定义将计算平均值的单元格。

CHOOSE 函数

功能：使用 index _ num 返回数值参数列表中的数值。使用 CHOOSE 可以根据索引号从最多 254 个数值中选择一个。例如：如果 value1 到 value7 表示一周的 7 天，那么将 1 到 7 之间的数字用作 index _ num 时，CHOOSE 将返回其中的某一天。

语法：CHOOSE(index _ num, value1, value2, …)

函数参数：

- index _ num：必需项。用于指定所选定的数值参数。index _ num 必须是介于 1 到 254 之间的数字，或是包含 1 到 254 之间的数字的公式或单元格引用。

如果 index _ num 值为 1，则 CHOOSE 函数返回 value1；如果为 2，则 CHOOSE 函数返回 value2，以此类推。

如果 index _ num 值小于 1 或大于列表中最后一个值的索引号，则 CHOOSE 函数返回错误值“#VALUE!”。

如果 index _ num 值为小数，则在使用前将被截尾取整。

- 函数 value1，value2，…：value1 是必需项，后续值是可选项。1 到 254 个数值参数，CHOOSE 将根据 index _ num 值从中选择一个数值或一项要执行的操作。参数可以是数字、单元格引用、定义的名称、公式、函数或文本。

函数说明：

如果 index _ num 为一个数组，则在计算函数 CHOOSE 时，将计算每一个值。

函数 CHOOSE 的数值参数不仅可以为单个数值，也可以为区域引用。

例如，公式：“=SUM(CHOOSE(2, A1:A10, B1:B10, C1:C10))”相当于输入公式“=SUM(B1:B10)”。该公式运用 CHOOSE 函数返回对 B1:B10 单元格区域的引用，然后以 B1:B10（CHOOSE 函数的返回结果）作为 SUM 函数的参数来求和。

COLUMN 函数

功能：返回指定单元格引用的列号。例如，公式“=COLUMN(D10)”返回值是“4”，因为列 D 为第四列。

语法：COLUMN(reference)

函数参数：

- reference：可选项。要返回其列号的单元格或单元格范围。

函数说明：

如果省略参数 reference 或该参数为一个单元格区域，并且函数 COLUMN 是以水平数组公式的形式输入的，则函数 COLUMN 将以水平数组的形式返回参数 reference 的列号。

COUNTA 函数

功能： 计算区域（区域：工作表中的两个或多个单元格。区域中的单元格可以相邻或不相邻）中非空单元格的个数。

语法： COUNTA(value1, value2, …)

函数参数：

- value1：必需项。表示要计数的值的第一个参数。
- value2，…：可选项。表示要计数的值的其他参数，最多可包含 255 个参数。

函数说明：

- COUNTA 函数可对包含任何类型信息的单元格进行计数。COUNTA 函数不会对空单元格进行计数。
- 如果不需要对逻辑值、文本或错误值进行计数（换句话说，只希望对包含数字的单元格进行计数），请使用 COUNT 函数。
- 如果只希望对符合某一个或多个条件的单元格进行计数，请使用 COUNTIF 函数或 COUNTIFS 函数。

COUNTIF 函数

功能： 计算指定区域中满足给定条件的单元格的个数。

语法： COUNTIF(range, criteria)

函数参数：

- range：必需项。一个或多个要计数的单元格，其中包括数字或名称、数组或包含数字的引用。
- criteria：必需项。为确定哪些单元格将被计算在内的条件，其形式可以为数字、表达式、单元格引用或文本。

COUNTIFS 函数

功能： 将条件应用于跨多个区域的单元格，并计算符合所有条件的单元格个数，可以同时设定多个条件。

语法： COUNTIFS(criteria_range1, criteria1, criteria_range2, criteria2, …)

函数参数：

- criteria_range1：必需项。在其中计算关联条件的第一个区域。

● criteria1：必需项。第一个区域中将被计算在内的条件，条件的形式为数字、表达式、单元格引用或文本，它定义了要计数的单元格范围。

● criteria _ range2，criteria2：可选项。附加的区域及其关联条件。最多允许 127 个区域/条件对。

函数说明：

每一个附加的区域都必须与参数 criteria _ range1 具有相同的行数和列数。这些区域无须彼此相邻。

DATE 函数

功能：将三个单独的值合并为一个日期，函数返回表示特定日期的连续序列数。

语法：DATE(year, month, day)

函数参数：

● year：必需项。参数的值可以包含一到四位数字。Excel 将根据计算机正在使用的日期系统来解释该参数。默认情况下，Excel 软件使用的是 1900 日期系统，这表示第一个日期为 1900 年 1 月 1 日。

函数说明：

为避免出现意外结果，应对此参数使用四位数字。例如："07" 可能意味着 "1907" 或 "2007"。因此，使用四位数的年份可避免混淆。

如果 year 介于 0 到 1899 之间（包含这两个值），则 Excel 软件会将该值与 1900 相加来计算年份。例如：DATE(108，1，2) 返回 2008（1900+108）年 1 月 2 日。

如果 year 介于 1900 到 9999 之间（包含这两个值），则 Excel 软件将使用该数值作为年份。例如，DATE(2008，1，2) 将返回 2008 年 1 月 2 日。

如果 year 小于 0 或大于等于 10 000，则 Excel 软件返回 错误值 "#NUM! "。

● month：必需项。一个正整数或负整数，表示一年中从 1 月至 12 月的各个月。

如果 month 大于 12，则 month 会将该月份数与指定年中的第一个月相加。例如：DATE(2008，14，2) 返回代表 2009 年 2 月 2 日的序列数。

如果 month 小于 1，month 则从指定年份的一个月份开始递减该月份数，然后再加上 1 个月。例如：DATE(2008，−3，2) 返回代表 2007 年 9 月 2 日的序列数。

● day：必需项。一个正整数或负整数，表示一个月中从 1 日到 31 日的各天。

如果 day 大于月中指定的天数，则 day 会将天数与该月中的第一天相加。例如：DATE(2008，1，35) 返回代表 2008 年 2 月 4 日的序列数。

如果 day 小于 1，则 day 从指定月份的第一天开始递减该天数，然后再加上 1 天。例如：DATE(2008，1，−15) 返回代表 2007 年 12 月 16 日的序列数。

DATEDIF 函数

功能：计算两个日期间相差的年数、月数或天数。

语法：DATEDIF(start _ date, end _ date, unit)

函数参数：

- start _ date：必需项。代表一段时期的首日或起始日的日期。
- end _ date：必需项。代表一段时期的最后一日或终止日的日期。
- unit：可选项。要返回信息的类型。参数 unit 取值及函数返回值如表 A－1 所示，函数 DATEDIF 计算示例如表 A－2 所示。

表 A－1　DATEDIF 函数中参数 unit 取值说明

Unit 值	函数返回值
"Y"	返回一段时期内的整年数
"M"	返回一段时期内的整月数
"D"	返回一段时期内的天数
"MD"	返回 start _ date 和 end _ date 之间相差的天数，忽略日期中的月份和年份
"YM"	返回 start _ date 和 end _ date 之间相差的月数，忽略日期中的天和年份
"YD"	返回 start _ date 和 end _ date 之间相差的天数，忽略日期中的年份

表 A－2　DATEDIF 函数示例

start _ date	end _ date	公式	描述（结果）
1/1/2001	1/1/2003	=DATEDIF(Start_date, End_date, "Y")	一段时期内的两个整年（2）
6/1/2001	8/15/2002	=DATEDIF(Start_date, End_date, "D")	2001 年 6 月 1 日和 2002 年 8 月 15 日之间的天数为 440（440）
6/1/2001	8/15/2002	=DATEDIF(Start_date, End_date, "YD")	忽略日期中的年份，6 月 1 日和 8 月 15 日之间的天数为 75（75）

DAY 函数

功能：返回以序列数表示的某日期的天数。天数是介于 1 到 31 之间的整数。

语法：DAY(serial _ number)

函数参数：

- serial _ number：必需项。要查找的日的日期。如果日期以文本形式输入，则会出现问题。

FREQUENCY 函数

功能：计算数值在某个区域内出现的频率，然后返回一个垂直数组。由于 FREQUENCY 返回一个数组，所以它必须以数组公式的形式输入。

语法：FREQUENCY(data _ array, bins _ array)

函数参数：

- data _ array：必需项。要对其频率进行计数的一组数值或对这组数值的引用。如果

data _ array 中不包含任何数值，则 FREQUENCY 返回一个零数组。

● bins _ array：必需项。要将 data _ array 中的值插入到的间隔数组或对间隔的引用。如果 bins _ array 中不包含任何数值，则 FREQUENCY 返回 data _ array 中的元素个数。

函数说明：

● 在 Excel 软件中，对于返回结果为数组的公式，必须以数组公式的形式输入，因此，在选择了用于显示返回的分布结果的相邻单元格区域后，函数 FREQUENCY 应以数组公式的形式输入。

● 返回数组中的元素比 bins _ array 中的元素多一个。返回数组中的额外元素返回最高的间隔以上的任何值的计数。例如：在对输入到三个单元格中的三个值范围（间隔）进行计数时，确保将 FREQUENCY 输入到保存结果的四个单元格。额外的单元格将返回 data _ array 中大于第三个间隔值的值的数量。

● 函数 FREQUENCY 将忽略空白单元格和文本。

HLOOKUP 函数

功能：在表格的首行或数值数组中搜索值，然后返回表格或数组中指定行所在列中的值，函数名 HLOOKUP 中的 H 代表“行”。当比较值位于所需查找的数据左边一列时，则可使用函数 VLOOKUP。

语法：HLOOKUP(lookup _ value, table _ array, row _ index _ num, range _ lookup)

函数参数：

● lookup _ value：必需项。要在表格的第一行中查找的值。Lookup _ value 可以是数值、引用或文本字符串。

● table _ array：必需项。在其中查找数据的信息表。使用对区域或区域名称的引用。参数 table _ array 的第一行数值可以为文本（文本不区分大小写）、数字或逻辑值。如果参数 range _ lookup 为“TRUE”，则 table _ array 的第一行的数值必须按升序排列，否则函数 HLOOKUP 将不能给出正确的数值。如果 range _ lookup 为“FALSE”，则 table _ array 不必进行排序。

● row _ index _ num：必需项。在参数 table _ array 中将返回的匹配值的行号。row _ index _ num 为“1”时，返回 table _ array 的第一行的值；row _ index _ num 为“2”时，返回 table _ array 第二行中的值，以此类推。如果 row _ index _ num 小于 1，则 HLOOKUP 返回错误值“＃VALUE!”；如果 row _ index _ num 大于 table _ array 的行数，则 HLOOKUP 返回错误值“＃REF! ”。

● range _ lookup：可选项。一个逻辑值，指定希望函数 HLOOKUP 执行精确匹配查找还是近似匹配查找。如果为“TRUE”或省略，则返回近似匹配值。换言之，如果找不到精确匹配值，则返回小于 lookup _ value 的最大值。如果为“FALSE”，则函数 HLOOKUP 将查找精确匹配值。如果找不到精确匹配值，则返回错误值“＃N/A”。

函数说明：

● 如果函数 HLOOKUP 参数 lookup _ value 小于 table _ array 第一行中的最小数值，函数 HLOOKUP 返回错误值“＃N/A”。

● 如果参数 range _ lookup 为“FALSE”且 lookup _ value 为文本，则可以在 lookup _ value 中使用通配符问号（?）和星号（*）。问号匹配任意单个字符；星号匹配任意一串字符。如果要查找实际的问号或星号，请在字符前键入波形符（~）。

IF 函数

功能：IF 函数是 Excel 软件中最常用的函数之一。IF 函数可以对值和期待值进行逻辑比较，如果指定条件的计算结果为“TRUE”，IF 函数将返回某个值；如果该条件的计算结果为“FALSE”，则 IF 函数返回另一个值。

语法：IF(logical _ test, value _ if _ true, value _ if _ false)

函数参数：

● logical _ test：必需项。计算结果可能为“TRUE”或“FALSE”的任意值或表达式。此参数可使用任何比较运算符。

● value _ if _ true：可选项。logical _ test 参数的计算结果为“TRUE”时所要返回的值。

● value _ if _ false：可选项。logical _ test 参数的计算结果为“FALSE”时所要返回的值。

函数说明：

对满足条件的数据进行处理，条件满足则输出第二个参数的内容，不满足则输出第三个参数的内容。可以省略第二个参数或第三个参数，但不能同时省略。

IFERROR 函数

功能：如果公式的计算结果错误则返回用户指定的值，否则返回公式的结果。使用 IFERROR 函数可捕获和处理公式中的错误。

语法：IFERROR(value, value _ if _ error)

函数参数：

● value：必需项。检查是否存在错误的参数。

● value _ if _ error：必需项。公式的计算结果错误时返回的值。公式计算中出现的错误类型如下：#N/A、#VALUE!、#REF!、#DIV/0!、#NUM!、#NAME? 或 #NULL!，这些均可被捕获。

函数说明：

● 如果 value 或 value _ if _ error 是空单元格，则 IFERROR 将其视为空字符串值（""）。

● 如果 value 是数组公式，则 IFERROR 为 value 中指定区域的每个单元格返回一个结果数组。

ISNUMBER 函数

功能：判断引用的参数或指定单元格中的值是否为数值型，正确返回“TRUE”，否则返回“FALSE”。

语法： ISNUMBER(value)

函数参数：

- value：必需项，待检验的内容。

INT 函数

功能： 将数字向下舍入到最接近的整数。

语法： INT(number)。

函数参数：

number：必需项。需要进行向下舍入取整的实数。

示例： 公式“=INT(8.9)”的运算结果为 8，函数将 8.9 向下舍入到最接近的整数。

LOOKUP 函数

功能： 查找一行或一列并返回另一行或列中相同位置的值。

LOOKUP 函数具有两种语法形式：向量形式和数组形式。

向量形式：只含一行或一列的区域称为向量。LOOKUP 的向量形式在单行区域或单列区域中查找值，然后返回第二个单行区域或单列区域中相同位置的值。当要指定包含要匹配的值的区域时，请使用 LOOKUP 函数的这种形式。

数组形式：函数 LOOKUP 的数组形式在数组（数组：用于建立可生成多个结果或可对在行和列中排列的一组参数进行运算的单个公式。数组区域共用一个公式；数组常量是用作参数的一组常量）的第一行或第一列中查找指定的值，并返回数组最后一行或最后一列内同一位置的值。当要匹配的值位于数组的第一行或第一列中时，请使用函数 LOOKUP 的这种形式。

向量形式语法： LOOKUP(lookup _ value, lookup _ vector, result _ vector)

函数参数：

- lookup _ value：必需项。LOOKUP 在第一个向量中搜索的值。lookup _ value 可以是数字、文本、逻辑值、名称或对值的引用。
- lookup _ vector：必需项。只包含一行或一列的区域。lookup _ vector 中的值可以是文本、数字或逻辑值。lookup _ vector 中的值必须以升序排列，否则 LOOKUP 可能无法返回正确的值。大写文本和小写文本是等同的。
- result _ vector：可选项。只包含一行或一列的区域。result _ vector 参数必须与 lookup _ vector 大小相同。

函数说明：

- 如果 LOOKUP 函数找不到 lookup _ value，则它与 lookup _ vector 中小于或等于 lookup _ value 的最大值匹配。
- 如果 lookup _ value 小于 lookup _ vector 中的最小值，则 LOOKUP 会返回错误值“#N/A”。

数组形式语法： LOOKUP(lookup _ value, array)

函数参数：

- lookup _ value：必需项。LOOKUP 在数组中搜索的值。lookup _ value 参数可以是数字、文本、逻辑值、名称或对值的引用。
- array：必需项。包含要与 lookup _ value 进行比较的文本、数字或逻辑值的单元格区域。数组中的值必须以升序排列，否则 LOOKUP 无法返回正确的值。大写文本和小写文本是等同的。

函数说明：

- 如果函数 LOOKUP 找不到 lookup _ value 的值，它会使用数组中小于或等于 lookup _ value 的最大值。
- 如果 lookup _ value 的值小于第一行或第一列中的最小值（取决于数组维度），LOOKUP 会返回错误值"#N/A"。
- 如果数组包含宽度比高度大的区域（列数多于行数），LOOKUP 会在第一行中搜索 lookup _ value 的值。
- 如果数组是正方的或者高度大于宽度（行数多于列数），LOOKUP 会在第一列中进行搜索。

备注：

- 函数 LOOKUP 的数组形式与函数 HLOOKUP 和函数 VLOOKUP 函数非常相似。区别在于：函数 HLOOKUP 在第一行中搜索 lookup _ value 的值，函数 VLOOKUP 在第一列中搜索，而函数 LOOKUP 根据数组维度进行搜索。
- 使用 HLOOKUP 和 VLOOKUP 函数，可以通过索引以向下或遍历的方式搜索，但是函数 LOOKUP 始终选择行或列中的最后一个值。

MATCH 函数

功能： 函数可在单元格区域中搜索指定项，然后返回该项在单元格区域中的相对位置。

如果需要获得单元格区域中某个项目的位置而不是项目本身，则应该使用 MATCH 函数而不是某个 LOOKUP 函数。例如：可以使用 MATCH 函数为 INDEX 函数的 row _ num 参数提供值。

语法： MATCH(lookup _ value, lookup _ array, match _ type)

函数参数：

- lookup _ value：必需项。需要在参数 lookup _ array 指定区域中查找的值。lookup _ value 参数可以为值（数字、文本或逻辑值）或对数字、文本或逻辑值的单元格引用。
- lookup _ array：必需项。要搜索的单元格区域。
- match _ type：可选项。值为数字"－1"、"0"或"1"。match _ type 参数指定 Excel 软件如何在 lookup _ array 中查找 lookup _ value 的值。此参数的默认值为"1"。match _ type 参数值含义如表 A－3 所示。

表 A-3 match _ type 参数值解析

match _ type	行为
1 或省略	MATCH 函数查找小于或等于 lookup _ value 的最大值。lookup _ array 参数中的值必须按升序排列，例如：…−2，−1，0，1，2，…，A-Z，FALSE，TRUE
0	MATCH 函数查找等于 lookup _ value 的第一个值。lookup _ array 参数中的值可以按任何顺序排列
−1	MATCH 函数会查找大于或等于 lookup _ value 的最小值。lookup _ array 参数中的值必须按降序排列，例如：TRUE，FALSE，Z-A，…2，1，0，−1，−2，…

函数说明：

- MATCH 函数会返回参数 lookup _ array 指定区域中匹配值的位置而不是匹配值本身。例如：MATCH("b",{"a","b","c"},0）会返回值“2”，即“b”在数组{"a","b","c"}中的相对位置。
- 查找文本值时，MATCH 函数不区分大小写字母。
- 如果 MATCH 函数查找匹配项不成功，它会返回错误值“#N/A”。
- 如果 match _ type 值为“0”且 lookup _ value 为文本字符串，可以在 lookup _ value 参数中使用通配符问号（?）和星号（*）。问号匹配任意单个字符；星号匹配任意一串字符。如果要查找实际的问号或星号，请在该字符前键入波形符（~）。

MID 函数

功能： 返回文本字符串中从指定位置开始的特定数目的字符，该数目由用户指定。

语法： MID(text, start _ num, num _ chars)

函数参数：

- text：必需项。包含要提取字符的文本字符串。
- start _ num：必需项。文本字符串中要提取的第一个字符的位置。在 Excel 软件中文本字符串第一个字符的 start _ num 值为 1，以此类推。
- num _ chars：必需项。指定希望 MID 从文本字符串中返回字符的个数。

函数说明：

- 如果 start _ num 大于文本长度，则 MID 返回空文本（""）。
- 如果 start _ num 小于文本长度，但 start _ num 加上 num _ chars 超过了文本的长度，则 MID 只返回直到文本末尾的字符。
- 如果 start _ num 小于 1，则 MID 返回错误值“#VALUE!”。
- 如果 num _ chars 是负数，则 MID 返回错误值“#VALUE!”。

MOD 函数

功能： 返回两数相除的余数。结果的符号与除数相同。

语法： MOD(number, divisor)

函数参数：

- number：必需项。要计算余数的被除数。
- divisor：必需项。除数。

MONTH 函数

功能：返回日期中的月份。月份是介于 1（一月）到 12（十二月）之间的整数。

语法：MONTH(serial _ number)

函数参数：

- serial _ number：必需项。要查找的月份的日期。如果日期以文本形式输入，则会出现问题。

NA 函数

功能：返回错误值“#N/A”，表示“无法得到有效值”。可以运用 NA 函数标示空单元格。在没有内容的单元格中输入“#N/A”，可以避免不小心将空白单元格计算在内而产生的问题（当公式引用到含有“#N/A”的单元格时，会返回错误值“#N/A”）。

语法：NA()

函数参数：NA 函数语法没有参数。

OFFSET 函数

功能：以指定的引用参照系，通过给定偏移量得到新的引用。返回的引用可以为一个单元格或单元格区域，并可以指定这返回的行数和列数。

语法：OFFSET(reference, rows, cols, height, width)

函数参数：

- reference：必需项。作为偏移量参照系的引用区域。引用必须是对单元格或相邻单元格区域的引用，否则函数 OFFSET 返回错误值“#VALUE!”。
- rows：必需项。相对于偏移量参照系的左上角单元格向上或向下偏移的行数。例如：rows 值为 5 时，则目标引用区域的左上角单元格为 reference 下方的 5 行。rows 可为正数（在起始引用的下方）或负数（在起始引用的上方）。
- cols：必需项。相对于偏移量参照系左上角单元格的自左或向右偏移的列数。例如：cols 值为 5 时，则目标引用区域的左上角单元格为 reference 右侧的 5 列。cols 可为正数（在起始引用的右侧）或负数（在起始引用的左侧）。
- height：可选项。需要返回的引用区域的行数。height 必须为正数。
- width：可选项。需要返回的引用区域的列数。width 必须为正数。

函数说明：

- 如果 rows 和 cols 的偏移使引用超出了工作表边缘，则函数 OFFSET 返回错误值“#REF!”。
- 如果省略 height 或 width，则假设其行数或列数与 reference 相同。

● 函数 OFFSET 实际上并不移动任何单元格或更改选定区域，它只是返回一个引用。函数 OFFSET 可以与任何期待引用参数的函数一起使用。例如：公式“SUM(OFFSET(C2，1，2，3，1))”可计算 3 行 1 列区域（即单元格 C2 下方的 1 行和右侧的 2 列的 3 行 1 列区域）的和。

ROUND 函数

功能：将数字四舍五入到指定的位数。例如：如果单元格 A1 的值为 23.782 5，需要将此数值舍入到两个小数位数，可以使用以下公式：“=ROUND(A1，2)”此函数的结果为 23.78。

语法：ROUND(number, num _ digits)

函数参数：

● number：必需项。要四舍五入的数字。

● num _ digits：必需项。要进行四舍五入运算的位数。

RANK. EQ 函数

功能：返回一列数字的数字排位。其大小与列表中其他值相关；如果多个值具有相同的排位，则返回该组值的最高排位。

如果要对列表进行排序，则数字排位可作为其位置。

语法：RANK. EQ(number, ref, order)

函数参数：

● number：必需项。要找到其排位的数字。

● ref：必需项。数字列表的数组，对数字列表的引用。ref 中的非数字值会被忽略。

● order：可选项。一个指定数字排位方式的数字。如果 order 为零或省略，Excel 软件对数字的排位基于 ref 指定区域按降序排列。如果 order 不为零，Excel 软件对数字的排位基于 ref 指定区域按照升序排列。

函数说明：

● RANK. EQ 赋予重复数相同的排位。但重复数的存在将影响后续数值的排位。例如：在按升序排序的整数列表中，如果数字 10 出现两次，且其排位为 5，则 11 的排位为 7（没有排位为 6 的数值）。

SUMIF 函数

功能：对范围中符合指定条件的值求和。

语法：SUMIF(range, criteria, sum _ range)

函数参数：

● range：必需项。用于条件计算的单元格区域。每个区域中的单元格都必须是数字或名称、数组或包含数字的引用。空值和文本值将被忽略。

● criteria：必需项。用于确定对哪些单元格求和的条件，其形式可以为数字、表达式、单元格引用、文本或函数。任何文本条件或任何含有逻辑或数学符号的条件都必须使用双引号括起来。如果条件为数字，则无须使用双引号。

● sum _ range：可选项。要求和的实际单元格。如果省略 sum _ range 参数，Excel 软件会对在 range 参数中指定的单元格求和。

SUMIFS 函数

功能：用于对一组给定条件指定的单元格进行求和，可以同时设定多个条件。

语法：SUMIFS(sum _ range, criteria _ range1, criteria1, criteria _ range2, criteria2, …)

函数参数：

● sum _ range：必需项。指定进行求和的单元格或单元格区域。

● criteria _ range1：必需项。指定要计算的第一个条件区域，通常是指与求和单元格处于同一行的条件区域，在求和时，该区域将参与条件的判断。

● criteria1：必需项。指定第一个求和的条件，条件的形式为数字、表达式、单元格引用或者文本。

● criteria _ range2，criteria2，…：可选项。附加的区域及其关联条件。最多可以输入 127 个区域/条件对。

函数说明：

● criteria _ range1 和 criteria1 成对出现，设置用于搜索某个区域是否符合特定条件的搜索对。一旦在该区域中存在到符合条件的项目，将 sum _ range 参数中的相应值求和。

● 函数 SUMIFS 与函数 SUMIF 相似，但是参数顺序有所不同。具体而言，参数 sum _ range 在函数 SUMIFS 中是第一个参数，而在函数 SUMIF 中则是第三个参数。

TODAY 函数

功能：返回当前系统日期的序列数。序列数是 Excel 软件用于日期和时间计算的日期-时间代码。如果在输入该函数之前单元格格式为“常规”或“数字”，运用该函数后 Excel 软件会将单元格格式更改为“日期”。

语法：TODAY（）

函数参数：TODAY 函数没有参数。

函数说明：

● 运用该函数输入的日期是可以更新的，当重新打开工作簿或重新计算工作表（如按 F9 键）时已插入的日期会更新为当前最新的系统日期。

● 如果要获得静态的当前系统日期，可以使用组合键“Ctrl+；”。

TEXT 函数

功能：将指定的数值格式转换为文本，并且用户可以通过使用特殊格式字符串来指定显示格式。

语法： TEXT(value, format _ text)

函数参数：

● value：必需项。数值、计算结果为数值的公式，或对包含数值的单元格的引用。

● format _ text：必需项。使用双引号（英文状态）括起来作为文本字符串的数字格式，例如："m/d/yyyy" 或 "＃,＃＃0.00"。

VLOOKUP 函数

功能： VLOOKUP 函数是一个查找函数。搜索表区域首列满足条件的元素，确定待检索单元格在区域中的行序号，再进一步返回选定单元格的值。默认情况下，表以升序排列。

语法： VLOOKUP(lookup _ value, table _ array, col _ index _ num, range _ lookup)

函数参数：

● lookup _ value：必需项。要在表格或区域的第一列中搜索的值。lookup _ value 参数可以是值或引用。如果为 lookup _ value 参数提供的值小于 table _ array 参数第一列中的最小值，则函数 VLOOKUP 将返回错误值"＃N/A"。

● table _ array：必需项。包含被查找数据的单元格区域。可以使用对区域（例如，A2:D8）或区域名称的引用。table _ array 第一列中的值是由 lookup _ value 搜索的区域。这些值可以是文本、数字或逻辑值。文本不区分大小写。

● col _ index _ num：必需项。指定 table _ array 参数中必须返回的匹配值的列号。

col _ index _ num 值为"1"时，返回 table _ array 第一列中的值；

col _ index _ num 值为"2"时，返回 table _ array 第二列中的值，以此类推。

如果 col _ index _ num 参数小于 1，函数 VLOOKUP 返回错误值"＃VALUE!"。

如果 col _ index _ num 参数大于 table _ array 的列数，则函数 VLOOKUP 返回错误值"＃REF!"。

● range _ lookup：可选项。一个逻辑值，指定函数 VLOOKUP 查找精确匹配值还是近似匹配值。

如果 range _ lookup 为"TRUE"或被省略，函数 VLOOKUP 将查找精确匹配值或近似匹配值。如果找不到精确匹配值，则返回小于 lookup _ value 的最大值。当 range _ lookup 为"TRUE"或被省略，则必须按升序排列参数 table _ array 第一列中的值，否则，函数 VLOOKUP 可能无法返回正确的值。

如果 range _ lookup 参数为"FALSE"，函数 VLOOKUP 查找精确匹配值。如果 table _ array 的第一列中有两个或更多值与 lookup _ value 匹配，则使用第一个找到的值。如果找不到精确匹配值，则返回错误值"＃N/A"。

函数说明：

● 在参数 table _ array 的第一列中搜索文本值时，请确保 table _ array 第一列中的数据不包含前导空格、尾部空格、非打印字符或者未使用不一致的英文引号（'或"）与中文引号（'或"）。否则，函数 VLOOKUP 可能返回不正确或意外的值。

● 在搜索数字或日期值时，请确保 table _ array 指定区域第一列中的数据未被存储为文本值。否则，函数 VLOOKUP 可能返回不正确或意外的值。

● 如果 range _ lookup 为“FALSE”且 lookup _ value 为文本，则可以在 lookup _ value 中使用通配符问号（?）和星号（*）。问号匹配任意单个字符；星号匹配任意字符序列。如果要查找实际的问号或星号，请在字符前键入波形符（～）。

WEEKDAY 函数

功能：返回对应于某个日期的一周中的第几天。默认情况下，天数是 1（星期日）到 7（星期六）范围内的整数。

语法：WEEKDAY(serial _ number, return _ type)

函数参数：

● serial _ number：必需项。一个序列数，代表尝试查找的那一天的日期。应使用 DATE 函数输入该日期，或者以其他公式或函数的返回结果输入该日期。例如：使用公式“DATE(2008，5，23)”输入 2008 年 5 月 23 日。如果日期以文本形式输入，则会出现错误。

● return _ type：可选项。用于确定返回值类型的数字，return _ type 的取值及返回值的说明如表 A-4 所示。

表 A-4　Return _ type 的取值及返回值的说明

Return _ type	返回的数字
1 或省略	数字 1（星期日）到 7（星期六）。同 Microsoft Excel 早期版本。
2	数字 1（星期一）到 7（星期日）。
3	数字 0（星期一）到 6（星期日）。
11	数字 1（星期一）到 7（星期日）。
12	数字 1（星期二）到 7（星期一）。
13	数字 1（星期三）到 7（星期二）。
14	数字 1（星期四）到 7（星期三）。
15	数字 1（星期五）到 7（星期四）。
16	数字 1（星期六）到 7（星期五）。
17	数字 1（星期日）到 7（星期六）。

函数说明：

● Excel 软件可将日期存储为可用于计算的序列数。默认情况下，1900 年 1 月 1 日的序列数是 1，而 2008 年 1 月 1 日的序列数是 39448，这是因为它距 1900 年 1 月 1 日有 39 448 天。如果 serial _ number 不在当前日期基数值范围内，则返回错误“#NUM! ”。

● 如果 return _ type 不在上述表格中指定的范围内，则返回错误“#NUM!”。

YEAR 函数

功能：返回对应于某个日期的年份，以 1900～9999 之间的整数返回。

语法： YEAR(serial _ number)

函数参数：

- serial _ number：必需项。要查找的年份的日期。如果日期以文本形式输入，则会出现错误。

连接符“&”

功能： 将多列的内容合并到一列中。例如：将 A、B、C 几列中的数值或文本合并到 D 列中表示，则在 D 列单元格中输入公式：“＝A&B&C”。

函数说明： 引用汉字时需要用英文状态的双引号引住。

附录 B
Excel 软件常见错误信息

用户在使用 Excel 软件的过程中可能会遇到一些看起来似懂非懂的错误值信息，例如“# N/A!”“#VALUE!”“#DIV/O!”等，出现这些错误的原因有很多种，下面介绍常见的错误信息及其解决方法。

一、错误值：#####

如果单元格所含的数字、日期或时间长度比单元格列宽宽，或者单元格的日期时间公式产生了一个负值，就会产生错误值“#####”。

解决方法： 如果单元格所含的数字、日期或时间长度比单元格列宽宽，可以通过拖动或设置列的宽度来修改列宽，数据将可以正常显示。

如果使用的是 1900 年的日期系统，那么 Excel 软件中的日期和时间必须为正值。如果公式正确，也可以将单元格的格式改为非日期和时间型来显示该值。

二、错误值：#VALUE!

当使用错误的参数或运算对象类型，或者当公式自动更正功能不能更正公式时，将产生错误值“#VALUE!”，以下几种情况均可能产生该错误值：

1. 当公式或函数的参数类型不正确，在需要数字或逻辑值时输入了文本型数据，例如：如果单元格 A1 包含一个数字，单元格 A2 包含文本，则公式“=A1+A2”将返回错误值“#VALUE!”，Excel 软件不能将文本类型转换为正确的数据类型。

解决方法： 确认公式或函数所需的运算符或参数正确，并且公式引用的单元格中包含有效的数值。例如：在求和运算中尽量运用函数 SUM 将这两值相加（SUM 函数忽略文本），上述公式修改为：“=SUM(A1:A2)”。

2. 将单元格引用、公式或函数作为数组常量输入。

解决方法： 确认数组常量不是单元格引用、公式或函数。

3. 赋予需要单一数值的运算符或函数一个数值区域。

解决方法： 将数值区域改为单一数值。修改数值区域，使其包含公式所在的数据行或列。

三、错误值：＃DIV/0!

当公式被零除时，将会产生错误值“＃DIV/0!”。在具体操作中主要表现为以下两种情况。

1. 在公式中，除数使用了指向空单元格或包含零值单元格的单元格引用（在 Excel 软件中如果运算对象是空白单元格，Excel 软件将此空值当作零值）。

解决方法：修改单元格引用，或者在用作除数的单元格中输入不为零的值。

2. 输入的公式中包含明显的除数零，例如公式：“＝1/0”。

解决方法：将除数零改为非零值。

四、错误值：＃N/A

公式无法返回合法值时，将会出现该“＃N/A”错误，可能包含以下几种情况：

1. 手工标记单元格为暂时缺少的数据。例如：在单元格中输入“＃N/A”或公式“＝NA()”。

解决方法：删除手工标记的错误值“＃N/A”。

2. 省略了函数中必不可少的参数。

解决方法：将函数的必选参数输入完整。

3. 使用 LOOKUP、VLOOKUP 等函数做精确匹配查找时，若找不到精确匹配值，将返回错误值“＃N/A”。

解决方法：修改 LOOKUP 或 VLOOKUP 等函数的参数，保证可以得到正确查找结果。

4. 参加运算的数组为同一个方向，且尺寸不同，出现“＃N/A”错误。

解决方法：检查数组的尺寸。

五、错误值：＃REF!

当公式使用了无效的单元格引用时，将会出现“＃REF!”错误，可能包含以下几种情况：

1. 删除了已经被公式引用的单元格。例如：单元格 A1 中包含公式“＝B1＋C1”。如果将单元格 B1 删除，那么该公式将返回错误值“＃REF!”。

解决方法：撤销已删除的被公式引用的单元格。

2. 复制公式到其他位置时，其中的单元格引用变为无效。例如：单元格 B2 中包含公式“＝A1”，如果将该公式复制到 B1 中，公式将返回错误值“＃REF!”。因为单元格 B1 在 B2 上一行，由于相对引用的关系，需要调整公式中的单元格 A1 引用，它的上一行位于工作表之外，因此视为无效。

解决方法：确保引用的单元格未出现在工作表范围之外。

六、错误值：#NUM!

如果公式或函数中使用了无效数值，将会出现“#NUM!”错误值，可能会包含以下几种情况：

1. 当公式或函数需要数字参数时，传递给公式或函数的却是非数字参数。

解决方法：确保函数的参数类型正确。

2. 公式或函数使用了一个无效参数。例如：公式“=SQRT(-4)”。

解决方法：确保输入的参数为有效参数。

3. 公式的返回值太大或太小，超出了 Excel 软件限制的范围。Excel 软件对值的限制范围是-1E-307～1E+307。

解决方法：检查公式的返回值是否超出 Excel 软件的限制。

七、错误值：#NULL!

使用不正确的单元格区域、运算符或不正确的单元格引用，或使用空格运算符连接两个不相交的单元格区域时将产生错误值“#NULL!”。例如：对单元格区域 A1:A13 和 C12:C23 求和，因为两个区域的单元格不相交，如果使用空格而非“,”连接两个区域时将产生错误值“#NULL!”。

解决方法：如果要引用两个不相交的区域，请使用联合运算符逗号“,”。

八、错误值：#NAME?

在公式中使用 Excel 软件无法识别的文本时将产生错误值“#NAME?”，以下几种情况均可能产生该错误值：

1. 函数名拼写错误。

解决方法：检查引用的函数名称，函数名称拼写正确即可修正错误。

2. 公式引用了没有被定义的区域或单元格名称。

解决方法：检查是否使用了工作表或工作簿中不存在的名称，如果是这种情况则在“名称管理器”中定义名称，然后将该名称添加到公式。

3. 公式语法中缺少用于文本值的双引号。

解决方法：在公式中包含文本引用时，文本前后需要使用引号（即使仅使用一个空格），检查公式中是否存在未加双引号的文本，如果有则使用双引号将文本括起来。

4. 区域引用中遗漏了冒号分隔符。

解决方法：检查公式中的区域引用是否丢失冒号（即“:”）分隔，在区域引用中添加冒号。

5. 公式使用了未安装的加载项中的函数等原因。

解决方法：检查公式中引用的函数是否属于当前 Excel 软件版本的函数。

图书在版编目（CIP）数据

Excel人力资源管理实操/高峰主编．—北京：中国人民大学出版社，2018.10
ISBN 978-7-300-26328-1

Ⅰ.①E…　Ⅱ.①高…　Ⅲ.①表处理软件-应用-人力资源管理　Ⅳ.①F243-39

中国版本图书馆CIP数据核字（2018）第232296号

Excel人力资源管理实操
主　编　高　峰
副主编　孙　梦
Excel Renli Ziyuan Guanli Shicao

出版发行	中国人民大学出版社		
社　　址	北京中关村大街31号	**邮政编码**	100080
电　　话	010－62511242（总编室）		010－62511770（质管部）
	010－82501766（邮购部）		010－62514148（门市部）
	010－62515195（发行公司）		010－62515275（盗版举报）
网　　址	http://www.crup.com.cn		
	http://www.ttrnet.com(人大教研网)		
经　　销	新华书店		
印　　刷	北京东君印刷有限公司		
规　　格	185 mm×260 mm　16开本	**版　　次**	2018年10月第1版
印　　张	13	**印　　次**	2018年10月第1次印刷
字　　数	304 000	**定　　价**	35.00元